선심사가론

禪心四家論

盧菑虛 狂編某解

달마達摩 무심론無心論
우두牛頭 심명론心銘論
영가永嘉 증도론證道論
보조普照 수심론修心論

학자원

선심사가론서禪心四家論序

달마達摩대사의 무심론無心論, 우두牛頭대사의 심명론心銘論, 영가永嘉대사의 증도론證道論, 보조普照대사의 수심론修心論을 통해通解하지 못하면 좌선坐禪해도 이익이 적다고 하겠다. 무심론無心論은 불심佛心과 수행修行의 결목決目을 간명히 가리켜 드러내고, 심명론心銘論은 오직 무심無心과 무위無爲를 드러내어 가르치며, 증도론證道論은 각覺의 내용과 절학絶學과 한도인閑道人의 경지境地를 흔연欣然히 보여준다. 수심론修心論은 정안正眼을 결택決擇하고, 정로正路를 세우며 수행인修行人의 허다許多한 의심疑心을 해소解消하여 대법大法으로 나아가게 한다.

배우는 이가 달마대사, 우두대사, 영가대사, 보조대사의 친절한 고론高論을 외면한다면 만세萬歲에 한恨이 될 것이다. 아직 듣지 못했으면 찾아서 배워야 하고, 읽어도 통해通解하지 못했다면 심처心處에 그늘이 짙음을 자해自解하여, 회광반조廻光返照에 젖어 삼매三昧가 깊어지는 노력에 힘을 더해야 할 것이다.

마음공부란 자기自己를 밝히는 것이니 어찌 밖을 향하랴! 이미 반조返照에 익었다면 반조당체返照當體를 돌아보라! 크게 나아감이 있을 것이다.

菑虛 識.

차례

달마達摩 무심론無心論

達摩 述傳
荷澤 義做
菑虛 粗解

무심론서無心論序

육조혜능六祖慧能스님은 "무념無念을 종宗으로 삼는다."하였고, 황벽희운黃檗希運스님은 "종사宗師는 다만 마음[妄心]을 쉴 뿐 다른 법法은 말하지 않는다."하였으며, 중봉명본中峰明本스님은 "선禪은 다만 무심종無心宗이다. 여기에 일자一字라도 더하면 무심종無心宗과는 멀어진다."라 하였다. 고로 무심론無心論은 불법佛法의 종宗을 직지直指하는 가르침인 것을 알 수 있다. 무심無心을 자세하게 설명한 경經은 능엄경楞嚴經이며 무심無心을 간명簡明하게 드러낸 경經은 원각경圓覺經과 능가경楞伽經이다. 불법공부佛法工夫란 진심眞心을 자증自證하여 망심妄心이 환幻임을 아는 것으로 개오문開悟門으로 삼는다. 개오문開悟門을 연 이후에 보살菩薩의 수행修行이 있는 것이다.

누가 있어 진심眞心과 망심妄心을 통해通解하는 이 노정路程을 피해서 인생의 정로正路를 밟을 수 있겠는가? 달마達摩의 무심론無心論을 통해通解한다면 참다이 사교입선捨教入禪할 수 있을 것이다.

달마대사達磨大師의 무심론無心論은 돈황문서燉煌文書와 대정신수대장경 85권에 수록되어 전해온다. 일부 학자들이 달마무심론達摩無心論을 위서僞書라 하여 연구의 대상에서 제외한지 오래이다. 그러나 눈이 바르게 붙은 선객禪客은 무심론無心論이 공부길의 요체要諦를 간명히 가르치는 지남指南인 것을 안다. 무심론無心論이 능엄경楞嚴經과 원각경圓覺經의 요목要目에 부합符合하고, 무심無心의 설명이 불지佛智에 특통特通하는 것이다. 배우는 이가 무심론無心論을 통파通破하지 않고서 선수행禪修行에 나아가면 이익이 적다고 하겠다.

달마대사의 무심론無心論이 거듭된 필사筆寫에 의해 전해왔던 까닭으로 그 내용에 오자誤字와 탈자脫字와 군더더기가 몇 군데 보이나 바로 잡기에 큰 어려움이 없다. 이는 필사본筆寫本이 가지는 어쩔 수 없는 허물이나, 무심론無心論의 본의本意에는 훼손이 없다.

선가禪家의 구전口傳에 무심론無心論은 하택신회荷澤神會의 차명저술借名著述이란 말이 보이나, 달마대사의 구전口傳을 뒷날의 하택신회가 정리하여 세상에 유통했다는 설이 보다 유력하다. 무심론無心論의 내용에 능엄경楞嚴經, 보적경寶積經, 유마경維摩經의 인용은 무심론無心論의 본원本源를 이른 것이며, 태상太上은 도가道家의 말로써 무상진인無上眞人을 의미하는데 당시 중국의 문화가 황제黃帝 신농神農 노장老莊을 성인聖人으로 존숭尊崇하여 태상太上이라 하였던 바, 하택신회荷澤神會가 지극한 경지를 태상太上이라 설명한 것으로 보인다. 무심론無心論은 사교입선捨教入禪의 관문이다. 무심론無心論을 읽어 통해通解하지 못하면 미혹迷惑에 거처하는 것이다.

蘆山草廬에서

무심론無心論

무심無心이란 망상妄想없는 마음이요,

지극한 이치는 말이 끊어졌다.

만약 마음이 없음을 깨치면, 일체의 죄가 멸하나니

번뇌煩惱와 보리菩提는 끝내 불가득不可得이다.

무심無心이라야 능히 무심無心을 아나니

마음[妄心]이 없으면, 일체의 전도몽환顚倒夢幻이 없다

아직 미운迷雲 속에 있거든

세상世上과 자기自己를 일시一時에 놓아라.

만약 놓았거든 다만 자세히 관觀하라.

마음[妄心]이 없으면, 곧 진심眞心이니라.

그런 까닭에 마음[妄心]이 없는 줄을 깨달으면,

곧 수행修行이라 하니라.

지리무언 至理無言

지극한 이치는 말이 없다.

夫至理無言이나 要假言而顯理하고 大道無相이나 爲接而見形하나니 今且假立二人하야 共談無心之論矣노라
부지리무언 요가언이현리 대도무상 위접이견형 금차가립이인 공담무심지론의

지극한 이치는 말이 없으나 말을 빌려야 그 이치가 드러나고, 대도大道는 모양이 없으나 작용을 통해서 그 형체를 드러낸다.

이제 여기 두 사람이 있다고 가정假定하여 무심無心에 대해서 함께 논論해 보기로 한다.

某解

지리至理는 생기거나 없어지는 데 속하지 아니하며 허공虛空과 같아 공적空寂하며, 진심眞心의 대도大道는 모습이 없으나 영지靈知의 작용을 통해서 그 참 면목面目을 드러낸다. 그 면목面目을 드러내나 망심妄心의 그림자에 가리운 이는 스스로 보지 못하는 것이다. 이러므로 성인聖人이 부득이 언설言說을 두어 직지直指의 교설敎說과 적해的解를 두는 것이다.

무심 능지무심 無心 能知無心

무심無心이라야 무심無心임을 능히 안다

弟子問和尙曰 有心가 無心가 答曰 無心이니라 問曰
제 자 문 화 상 왈 유 심 무 심 답 왈 무 심 문 왈

旣云無心인댄 誰能見聞覺知며 誰知無心고 答曰 還
기 운 무 심 수 능 견 문 각 지 수 지 무 심 답 왈 환

是無心이 能見聞覺知며 還是無心이 能知無心이니라
시 무 심 능 견 문 각 지 환 시 무 심 능 지 무 심

問曰 旣若無心이면 卽今無有見聞覺知니 云何得有
문 왈 기 약 무 심 즉 금 무 유 견 문 각 지 운 하 득 유

見聞覺知오 答曰 我無心이나 能見能聞能覺能知니라
견 문 각 지 답 왈 아 무 심 능 견 능 문 능 각 능 지

問曰 能見聞覺知면 卽是有心이어니 那得稱無오 答
문 왈 능 견 문 각 지 즉 시 유 심 나 득 칭 무 답

曰 只是見聞覺知나 卽是無心이니 何處更離見聞覺
왈 지 시 견 문 각 지 즉 시 무 심 하 처 갱 리 견 문 각

知하야 別有無心고 我今恐汝不解일새 一一爲汝解說
지 별 유 무 심 아 금 공 여 불 해 일 일 위 여 해 설

하야 今汝得悟眞理하노라 假如見은 終日見이나 由爲無
금 여 득 오 진 리 가 여 견 종 일 견 유 위 무

見일새 見亦無心이며 聞終日聞이나 由爲無聞일새 聞亦
견 견 역 무 심 문 종 일 문 유 위 무 문 문 역

無心이며 覺終日覺이나 由爲無覺일새 覺亦無心이며 知
무 심 각 종 일 각 유 위 무 각 각 역 무 심 지

由(終日知나) 爲無知일새 知亦無心이며 終日造作이나
유 종 일 지 위 무 지 지 역 무 심 종 일 조 작

(由爲無作일새) 作亦無作이니 作亦無心이라 故云見
유 위 무 작 작 역 무 작 작 역 무 심 고 운 견

聞覺知總是無心이니라
문 각 지 총 시 무 심

* 괄호 속은 빠진 문장을 바로 잡은 것

(제자가 화상에게 여쭈었다.)

문: "마음이 있습니까, 없습니까?"

답: "마음이 없다(無心)."

문: "마음이 없다(無心)고 하신다면 무엇이 보고 듣고 이해하여 알며, 무엇이 마음이 없는(無心) 줄을 압니까?"

답: "도리어 이는 마음이 없음(無心)이 이미 보고 듣고 이해하여(見聞覺知) 알지만, 도리어 이 마음 없음(無心) 이 마음이 없는(無心) 것임을 능히 안다."

문: "마음이 없다(無心)면 지금 보고 듣고 이해하여 아는 것(見聞覺知)이 없어야 할텐데, 어찌하여 보고 듣고 이해하여 아는 것(見聞覺知)이 있게 됩니까?"

답: "나는 마음이 없으나(無心이나), 볼 수 있고 들을 수 있고 이해하여 알 수 있다."

문: "보고 듣고 이해하여 알 수 있다면 마음이 있는(有心) 것인데, 어떻게 마음이 없다할 수 있습니까?"

답: "그저 보고 듣고 이해하여 아는(見聞覺知) 그대로가 마음이 없

는(無心) 것이니, 보고 듣고 이해하여 아는(見聞覺知) 것 말고 어디 따로 마음이 없음(無心)이 있겠느냐. 그대가 이해하지 못할까 하여, 내 낱낱이 설명하여 참 이치(眞理)를 깨닫게 하겠다.

가령 보는 것을 예로 들어보세. 종일토록 보나[見] 그것은 보는 것 없는 데서 나오므로, 보는[見] 것에 역시 마음이 없는 것(無心)이다. 듣는[聞] 것도 마찬가지로 종일토록 들으나 그것은 듣는 것 없는 데서 나오므로 듣는 것에 역시 마음이 없다(無心). 이해하는[覺] 것도 종일토록 이해하나 그것은 무각無覺에서 나오므로 이해하는 것에 역시 마음이 없다(無心). 아는[知] 것도 종일토록 알지만 앎이 없나니, 그 앎에 역시 마음이 없다(無心). 또한 종일토록 마음으로 조작造作하나 조작造作에 지음이 없나니, 그 지음에 역시 마음이 없다(無心). 그러므로 견문각지見聞覺知 모두에 무심無心이라 하는 것이다."

某解

범부 역시 견문각지見聞覺知 모두에 무심無心이나, 범부가 정념情念에 거처하여 희로우구喜怒憂懼를 주인삼아 동용주선動容周旋 속에 생주이멸生住異滅하며 떠도는 것이다. 그러기에 본래本來의 무심無心을 짐작하거나 알지 못하는 것이다.

범부는 정념情念에 거처하므로 스스로 유심有心으로 인생으로 꾸린다. 범부에게 정념情念이 있으므로 유심有心이라 하고, 유심有心의 내용이 환幻이므로 망심妄心이라 이름하는 것이다. 정념情念, 유심有心, 망심妄心이 같은 뜻이다. 만약 견문각지見聞覺知에 정념情念이 없으면 곧 무심無心이다.

무심無心인 까닭에 보되 봄이 없는데서 보고, 듣되 들음이 없는데서 듣는다.

단자세추구간 但仔細推求看

다만 자세히 추구하여 관觀하라.

問曰 若爲能得知是無心고 答曰 汝但仔細推求看
문왈 약위능득지시무심 답왈 여단자세추구간

하라 心作何相貌며 其心復可得가 是心가 不是心가 爲
심작하상모 기심부가득 시심 불시심 위

復在內아 爲復在外아 爲復在中間가 如是三處推求
부재내 위부재외 위부재중간 여시삼처추구

하나 覓心了不可得이니 乃至於一切處求覓하야도 亦
멱심요불가득 내지어일체처구멱 역

不可得이니 當知卽是無心이라 (是故空寂眞心이 可
불가득 당지즉시무심 시고공적진심 가

知見聞覺知也니라)
지견문각지야

* 괄호 속은 빠진 문장은 바로 잡은 것

문: "어떻게 마음이 없는(無心) 줄을 알 수 있습니까?"

답: "그대가 다만 자세히 추구하여 관觀하면 된다. 마음은 어떤 모양을 하고 있으며, 그 마음이란 것이 과연 얻어질 수 있는 것인가? 같은 마음인가, 다른 마음인가? 안에 있는가, 밖에 있는가, 아니면 중간에 있는가? 이렇게 세 군데로 따져서 (망령된) 마음을 찾아보나 얻을 수 없고, 나아가 일체처一切處에서 찾아보더라도 끝내 얻을 수 없나니, (망령된) 마음이 없는(無心) 줄을 알아야 한다. 그러므로 공적空寂한 진심眞心이 견

문각지見聞覺知하는 줄 알 수 있다."

▌某解

제3목은 능엄경楞嚴經에서 진심眞心의 처소處所를 설명한 요목要目을 약해略解하여 담았다.

자기自己의 진심眞心이 얻어질 수 있는 것인가? 라고 묻는다. 자기自己가 자기自己를 얻음이 어찌 필요하며 가능하겠는가? 진심眞心이 본래로 자기에게 자족自足함을 보이고, 진심眞心이 본래 밝음을 설명하며, 진심眞心은 본래 청정각체淸淨覺體라 필경畢竟에 각覺한다하여도 옳지 않음을 설하였다.

또한 범부가 마음으로 삼는 정념情念을 찾아보아도 얻을 수 없고, 나아가 일체처一切處에서 찾아보더라도 끝내 얻을 수 없음을 설하였다. 그러하나니, 망령된 마음인 정념情念이 없는 줄 능히 알아야 하는 것이다. 그러므로 망념을 일으키는 당체가 진심眞心인줄 밝히 알아서 공적空寂한 진심眞心이 견문각지見聞覺知하는 줄 해맑게 밝혀야 하는 것이다.

조사祖師께서 망념妄念이 본래 없으므로 무심無心을 곡진히 설명하는 것이다. 만약 무심無心을 믿어 이해하지 아니하면 정법正法에 나아가기 어렵다. 무심無心을 적확的確하게 신해信解하여야 전신轉身하여 진아眞我의 길에 나아갈 수 있는 것이다. 신해信解연후에 행行과 증證의 길을 밟을 수 있나니, 공부工夫는 반드시 무심신해문無心信解門을 통해通解해야 바른 길에 드는 것이다.

약오무심若悟無心 일체죄멸一切罪滅

만약 마음이 없음을 깨치면, 일체의 죄가 멸하니라.

問曰 和尙旣云一切處總是無心이면 卽合無有罪福
문 왈 화 상 기 운 일 체 처 총 시 무 심 즉 합 무 유 죄 복

이어늘 何故衆生이 輪廻六趣하야 生死不斷고 答曰 衆
하 고 중 생 윤 회 육 취 생 사 부 단 답 왈 중

生迷妄하야 於無心中而妄生心하야 造種種業하야 妄
생 미 망 어 무 심 중 이 망 생 심 조 종 종 업 망

執爲有하야 足可致使輪廻六趣하며 生死不斷이니라
집 위 유 족 가 치 사 윤 회 육 취 생 사 부 단

譬有人於暗中見槐木爲鬼하고 見繩爲蛇하야 便生
비 유 인 어 암 중 견 괴 목 위 귀 견 승 위 사 변 생

恐怖하나니 衆生妄執도 亦復如是니 於無心中에 妄執
공 포 중 생 망 집 역 부 여 시 어 무 심 중 망 집

有心하야 造種種業하나 而實無輪廻六趣니라 如是衆
유 심 조 종 종 업 이 실 무 윤 회 육 취 여 시 중

生이 若遇大善知識하야 教令坐禪하야 覺悟無心하면
생 약 우 대 선 지 식 교 령 좌 선 각 오 무 심

一切業障이 盡皆銷滅하야 生死卽斷하나니라 譬如暗
일 체 업 장 진 개 소 멸 생 사 즉 단 비 여 암

中에 日光이 一照하면 而暗皆盡하나니 若悟無心하면 一
중 일 광 일 조 이 암 개 진 약 오 무 심 일

切罪滅도 亦復如是니라
체 죄 멸 역 부 여 시

문: "화상和尙께서 모든 곳에 다 마음이 없다(無心)고 하셨으니, 그렇다면 죄罪와 복福이 없어야 할 것입니다. 그런데 어찌하여 중생들은 육취六趣에 윤회輪回하며 생사生死가 끊어지지 않습니까?"

답: "중생이 어리석어 마음이 없는(無心) 가운데서 헛되이 마음을 내어 갖가지 업業을 짓고, 헛되이 마음이 있다고 집착執着하여, 마침내는 육취六趣에 윤회하며 생사生死가 끊어지지 않게 된 것이다. 비유컨대 어떤 사람이 어두운 데서 나무 그루터기를 도깨비로 보거나 새끼줄을 뱀으로 보아 공포심恐怖心을 내는 것과 같다. 중생의 망령된 집착도 그러해서 마음이 없는(無心)가운데서 헛되이 마음이 있다고 집착執着하여 갖가지 업業을 지으나, 실제로는 육취六趣에 윤회輪回 함이 없다.

이러한 중생이 만일 대선지식大善知識을 만나 불법佛法의 종요宗要에 대한 가르침을 받고 좌선坐禪을 하여 마음이 없음(無心)을 깨치면, 모든 업장業障이 다 녹아 없어져 생사生死가 끊어진다. 비유컨대 어두운 곳에 햇빛이 한 번 비치면 어둠이 모두 없어지듯이, 무심無心을 깨칠 때 모든 죄罪가 없어지는 것도 그러하다."

某解

진심眞心에는 죄罪와 복福이 붙을래야 붙을 수 없다. 범부의 인생에 죄와 복이 교차하는 것은 다 망심妄心의 소산이다. 고로 고덕古德이 이르되 "인과因果에 불매不昧하노라."하였던 것이다. 경經에 이르기를 "心生則種種法生이요, 心滅則種種法滅이라" 함은 마음이 나는 고로 갖가지 법法이 나고, 마음이 멸하면 갖가지 법法이 멸한다는 의미가 아닌가. 여기서 마음[心]은 망심妄心을 뜻한다. 육취六趣는 지옥, 아귀, 축생, 아수라, 인간, 천상을 가리킨다. 대선지식大善知識은 무심無心으로 임성소요任性逍遙하는 대현달사大賢達士의 별칭이다.

번뇌보리불가득 煩惱菩提不可得

번뇌煩惱와 보리菩提는 불가득不可得이니라.

問曰 弟子愚昧하야 心猶未了하니 審一切處六根所
문왈 제자우매 심유미요 심일체처육근소
用者 應答曰語와 種種施爲煩惱菩提生死涅槃이
용자 응답왈어 종종시위번뇌보리생사열반
定無心否아 答曰 定是無心이니라 只爲衆生妄執有
정무심부 답왈 정시무심 지위중생망집유
心하야 卽有一切煩惱生死菩提涅槃이니 若覺無心하
심 즉유일체번뇌생사보리열반 약각무심
면 卽無一切煩惱生死涅槃이니라 是故如來爲有心
즉무일체번뇌생사열반 시고여래위유심
者說有煩惱生死하니 菩提는 對煩惱得名이요 涅槃者
자설유번뇌생사 보 대번뇌득명 열반자
는 對生死得名이니 此皆相對之法이라 若無心可得하
대생사득명 차개상대지법 약무심가득
면 卽煩惱菩提亦不可得이며 乃至生死涅槃도 亦不
즉번뇌보 역불가득 내지생사열반 역불
可得이니라
가득

문: "제가 어리석어 마음에 아직도 온전히 이해가 되지 않습니다. 육근六根이 작용하는 모든 곳, 즉 대답하고 말함과 갖가지 움직임과 번뇌煩惱 보리菩提와 생사生死 열반涅槃에 마음이 없

다(無心)는 말씀입니까?"

답: "그렇다. 마음이 없다(無心). 다만 중생이 마음이 있다고 헛되이 집착하여 번뇌煩惱 생사生死 보리菩提 열반涅槃 등이 있게 된 것이니, 만약 마음이 없음(無心)을 깨치기만 한다면 번뇌 생사 보리 열반 등이 모두 없어지는 것이다. 그러므로 여래如來는 마음이 있는 자에게 생사生死가 있다고 설하였다. 보리는 번뇌의 상대 이름이요, 열반은 생사에 상대하는 관념의 이름으로서 모두가 상대법相對法이다. 만약 마음이 없으면 번뇌煩惱와 보리菩提를 얻을 바 없고, 나아가 생사生死와 열반涅槃도 얻을 바가 없다."

■ 某解

범부가 대답하고 말함과 갖가지 움직임과 번뇌煩惱 보리菩提와 생사生死 열반涅槃에 마음이 본래로 있지 아니하다. 그런고로 "마음이 없다(無心)"고 설하는 것이다. 없는 마음이란 곧 망심妄心이다. 깊이 생각하고 정조精照하여 관觀하라. 정조精照란 잡념雜念이 없는 경계境界요, 별다른 경계境界를 이르는 것이 아니다.

그러므로 이른다. "다만 중생이 마음이 있다고 헛되이 집착하여 번뇌煩惱 생사生死 보리菩提 열반涅槃 등이 있게 된 것이니, 만약 마음이 없음(無心)을 깨치기만 한다면 번뇌煩惱 생사生死 보리菩提 열반涅槃 등이 모두 없어지는 것이다."

"모두 없어진다."는 말씀은 환幻이 사라진다는 뜻이니, 환幻이 사라지면 진심眞心이 두렷이 현전現前하는 것이다. 진심眞心이 현전現前하면 환幻은 이미 있지 아니하다. 진심眞心이 현전하는 이는 없는 것을 없다고 하고, 불멸不滅의 진심眞心만이 청정광명淸淨光明으로 무시상재無始常在하여 함이 없이 진공묘유眞空妙有를 나툰다고 설說하는 것이다.

무심즉無心則 일체전도몽환무一切顚倒夢幻無

마음[妄心]이 없으면, 일체의 전도몽환顚倒夢幻이 없다.

問曰 菩提涅槃도 旣不可得到면 過去諸佛이 皆得菩
문 왈 보 열 반 기 불 가 득 도 과 거 제 불 개 득 보
提니 此謂可乎아 答曰 但以世諦文字之言으로 得이요
차 위 가 호 답 왈 단 이 세 문 자 지 언 득
於眞諦에는 實無可得이니라 故로 維摩經에 云 菩提者
어 진 실 무 가 득 고 유 마 경 운 보 자
不可以身得不可以心得이라 하고 又金剛經云 無有
불 가 이 신 득 불 가 이 심 득 우 금 강 경 운 무 유
少法可得이니 諸佛如來但以不可得而得이라 하니 當
소 법 가 득 제 불 여 래 단 이 불 가 득 이 득 당
知有心卽一切(顚倒夢幻이)有하고 無心하면 一切(顚
지 유 심 즉 일 체 전 도 몽 환 유 무 심 일 체 전
倒夢幻이)無니라
도 몽 환 무

* 괄호 속은 빠진 문장은 바로 잡은 것

문: "보리菩提와 열반涅槃을 얻어 이를 곳이 없다고 한다면, 과거 부처님들이 모두 보리菩提를 얻었다는 말씀은 어떤 것입니까?"

답: "다만 세속 이치[世諦]인 (상대적 관념인) 문자文字를 두어 설명함에 (부득이) 얻었다고 하는 것이요, 진실된 이치[世諦]에는 실다이 얻을 것이 없다. 그러므로 유마경維摩經에서 '보리菩

提란 몸으로도 얻을 수 없고 마음으로도 얻을 수 없다(菩提者 不可以身得 不可以心得)'고 하였고, 금강경金剛經에는 '조금도 얻을 법이 없으니, 모든 불여래佛如來는 다만 얻을 것 없음으로 얻음(諸佛如來但以不可得而得이라)'이라 하였다. 그러므로 마음[妄心]이 있으면 일체의 전도顚倒된 몽환夢幻이 있고, 마음[妄心]이 없으면 일체의 전도顚倒된 몽환夢幻이 없음을 알아야 한다."

■ 某解

세제世諦란 모습과 몽환夢幻의 정념情念에 의해 판단하는 변화하는 이치요, 진제眞諦는 모습없는 본연불변本然不變의 이치이다. 세제世諦는 몽환夢幻의 정념情念에 의지하여 문자文字와 사상思想에 머물며 주장하는 논리論理요, 진제眞諦는 진실眞實하여 불변不變하는 사실事實을 사실事實대로 간명簡明히 설하는 말씀이다.

어찌 몽환夢幻 속의 상대적 논리의 주장을 사실事實의 진리眞理에 비교하겠는가? 반야심경般若心經에 진실불허眞實不虛라 함이 이러한 뜻이다. 범부가 무심無心을 자득自得하여 밝히면 진심眞心이 드러난다. 그 때에 참다이 자증自證하여 진실불허眞實不虛의 도리에 합하는 것이다.

그런 까닭에 "마음[妄心]이 있으면 일체의 전도顚倒된 몽환夢幻이 있고, 마음[妄心]이 없으면 일체의 전도顚倒된 몽환夢幻이 없음을 알아야 한다."라고 조사祖師께서 설하는 것이다.

무심자無心者 진심야眞心也

마음[妄心]이 없으면, 곧 진심眞心이니라.

問曰 和尙旣云 於一切處盡皆無心이라하니 木石도 亦無心이니 豈不同於木石乎아 答曰 以我(道)無心은 心不同木石이니 何以故오 譬如天鼓無心이나 自然出種種妙法하야 敎化衆生하며 又如如意珠하야 雖復無心이나 自然能作種種變現하나니 而我無心도 亦復如是하야 善能覺了諸法實相이니, 具眞般若하야 三身自在하야 應用無妨하나니 故寶積經云 以無心意而現行이라하니 豈同木石乎아 夫無心者는 卽眞心也요 眞心(現前)者는 卽無心也니라

문왈 화상기운 어일체처진개무심 목석 역무심 기부동어목석호 답왈 이아(도)무심 심부동목석 하이고 비여천고무심 자연출종종묘법 교화중생 우여여의주 수부무심 자연능작종종변현 이아무심 역부여시 선능각요제법실상 구진반야 삼신자재 응용무방 고보적경운 이무심의이현행 기동목석호 부무심자 즉진심야 진심(현전)자 즉무심야

* 괄호 속은 빠진 문장은 바로 잡은 것

문: "화상和尙께서는 일체처一切處에 다 마음이 없다(無心)고 하셨습니다. 그렇다면 나무나 돌도 마음이 없는(無心)데 어찌하여 목석과 다릅니까?"

답: "내가 말하는 무심無心은 목석木石과는 다르다. 어찌하여 그러한가? 비유하건대 하늘 북[天鼓]은 마음[妄心]이 없으나 갖가지 묘법妙法을 저절로 흘려내어 중생을 교화한다. 또한 여의주 같아서 마음[妄心]이 없으면서 갖가지 변화된 모습을 자연히 지어 보이는 것이다. 나의 마음이 없음도 그러하여 제법의 실상實相을 잘 깨달아 참된 반야를 갖추어서, 삼신三身이 자재하여 응용에 방해됨이 없다. 그러므로 보적경에 '마음[心意]이 없이 행을 나툰다'고 하였으니, 어찌 목석과 같겠는가? 대저 마음[妄心]이 없으면 곧 진심眞心이요, 진심眞心이 현전現前하면 곧 마음[妄心]이 없느니라."

■ 某解

하늘 북[天鼓]은 공적영지空寂靈地의 진심眞心에 비유한 것이다. 진심眞心이 현전現前하면 곧 마음[妄心]이 없음(眞心現前者卽無心也)을 스스로 증명證明할 수 있다. 무심無心의 설은 망심妄心의 내용이 본래 환幻인 까닭에, 진심眞心이 현전現前하면 망심妄心이 이미 없다고 한 것이다. 범부란 진심眞心이 망심妄心에 가리운 이를 가리킨다.

그러므로 망심妄心이 사라지면 진심眞心이 드러나고, 진심眞心이 드러나면 곧 망심妄心이 없는 것이다. 모든 범부가 망심妄心에 가리운 채로, 망심妄心을 진심眞心으로 여기며 인생을 꾸리기에 부처님이 출현出現하시어 본래本來의 소식消息을 설說하시고, 뒤

이어 조사祖師들이 나시어 증명證明하고 요설了說하신 것이다. 그 밖에 수많은 보살菩薩과 선사禪師들이 모두 본래本來의 무심無心을 종宗으로 설說하는 것은 불법佛法이 다만 무심종無心宗이기 때문이다.

각료무심覺了無心 즉시수행卽是修行

마음[妄心]이 없는 줄을 깨달으면 곧 수행修行이다.

問曰 今於心中作이니 若爲修行고 答曰 但於一切事上에 覺了無心하면 卽是修行이니 更不別有修行이니라 故知無心하면 一切寂滅하야 卽無心也니라
(문왈 금어심중작 약위수행 답왈 단어일체사상 각요무심 즉시수행 갱불별유수행 고지무심 일체적멸 즉무심야)

문: "그렇지만 지금의 마음속에 짓는 바가 있으니, 어찌 수행修行해야 합니까?"

답: "다만 일체의 행위(行住坐臥見聞覺知) 가운데서 마음[妄心]이 없는 줄을 깨달으면 곧 수행修行이라, 따로 이 수행修行을 둘 것이 없다. 그러므로 마음[妄心]이 없는 줄 알면 일체가 적멸寂滅하나니, 곧 마음[妄心]이 없느니라."

某解

대저 수행修行에 셋이 있으니, 하나는 정법수행正法修行이요, 다른 하나는 유사수행類似修行이요, 또 하나는 기타수행其他修行이다. 정법수행正法修行은 일체의 행行 가운데서 마음[妄心]이 없는 줄을 깨닫고 보살菩薩의 수행修行에 나아가는 것이요, 유사수

행類似修行은 진아眞我를 반조返照하는 수행으로써 간화선看話禪, 위빠사나, 관심법觀心法등의 각찰覺察수행이요, 기타수행其他修行은 염불결사念佛結社, 삼천배三千拜, 기도祈禱 등으로 정신精神을 집중執中하여 삼매三昧의 힘을 빌리는 것이다. 숙세宿世의 선근善根은,

> "但於一切事上에 覺了無心하면 卽是修行이니 更不別有
> 단 어 일 절 사 상 각 요 무 심 즉 시 수 행 갱 불 별 유
>
> 修行이니라 故知無心하면 一切寂滅하야 卽無心也니라"
> 수 행 고 지 무 심 일 절 적 멸 즉 무 심 야

에서 수행修行의 상로上路에 합合하고, 각찰覺察의 정情을 여의어 휴헐休歇의 묘행妙行에 나아간다. 이는 그 사람이 그 때를 얻은 것이라, 그 경지境地가 천연天然이니, 무심無心을 자증自證한 이의 공부이다.

> 弟子於是에 忽然大悟하야 始知心外無物하며 物外無
> 제 자 어 시 홀 연 대 오 시 지 심 외 무 물 물 외 무
>
> 心하야 擧止弟子於是에 忽然大悟하야 始知心外無物
> 심 거 지 제 자 어 시 홀 연 대 오 시 지 심 외 무 물
>
> 하며 物外無心하야 擧止動用皆得自在하야 斷諸疑網
> 물 외 무 심 거 지 동 용 개 득 자 재 단 제 의 망
>
> 하야 更無罣碍하야 卽起作禮而銘無心하니 乃爲頌曰
> 갱 무 괘 애 즉 기 작 례 이 명 무 심 내 위 송 왈

제자가 "覺了無心하면 卽是修行이니 更不別有修行이니라"는 데서 홀연히 대오大悟하여, 마음 밖에 물物 없고, 물物 밖에 마음 없음(마음 밖에 수행 없고, 수행 밖에 마음 없음)을 비로소 알았다. 모든 행동에 자재를 얻어 의심의 그물을 끊고, 다시는 걸림이 없게 되었다. 즉시 일어나서 예배禮拜하고 무심無心을 새기며 송頌을 읊었다.

心神廻寂하야 無色無形하나니
覩之不見하고 聽之無聲이라
似暗非暗이며 如明不明하야
捨之不滅하고 取之無生이로다.
大卽廓周法界요 小卽毛端不停하나니
煩惱混之不濁하며 涅槃澄之不淸하니라.
眞如本無分別하나 能辯有情無情하니
收之一切不立하고 散之普遍含靈하야
神妙非知所測이며 正覺絶於修行이니라.
滅則不見其壞하고 生則不見其成이니
大道寂兮無相하고 萬像窈兮無名하야
如斯運用自在가 總是無心之精이로다.

心神逈寂하야 無色無形하나니
심신형적 무색무형

신령한 참마음[眞心]은 빛나고 고요하여
빛깔 없고 모습도 없나니.

覩之不見하고 聽之無聲이라
도지불견 청지무성

覩(도) : 보다.

보아도 보지 못하고
들어도 소리 없나니.

似暗非暗이며 如明不明하야
사암비암 여명불명

어두운 듯하나 어둠이 아니요
밝은 듯 하나 밝음이 아닐세라.

捨之不滅하고 取之無生이로다.
사지불멸 취지무생

버려도 없어지지 아니하고
취取해도 생기는 것 아니로다.

大卽廓周法界요 小卽毛端不停하나니
대즉확주법계 소즉모단부정

廓(확) : 둘레, 울타리.

크기로는 온 법계法界를 감싸고
작기로는 털끝도 용납하지 않나니.

煩惱混之不濁하며 涅槃澄之不淸하니라.
번 뇌 혼 지 불 탁　　열 반 징 지 불 청

澄(징) : 맑히다.

번뇌煩惱가 섞여도 흐려지지 아니하고
열반涅槃으로 맑히나 맑아지는 것 아닐세.

眞如本無分別하나 能辯有情無情하니
진 여 본 무 분 별　　능 변 유 정 무 정

진여眞如는 본시 분별이 없으나
능히 유정有情과 무정無情을 변별辨別하나니.

收之一切不立하고 散之普遍含靈하야
수 지 일 체 불 립　　산 지 보 편 함 령

거두어도 일체의 상념想念이 서지 아니하고
흩으면 모든 중생에 두루하나니라.

神妙非知所測이며 正覺絶於修行이니라.
신 묘 비 지 소 측　　정 각 절 어 수 행

그 신묘神妙함은 세속의 지知로 헤아릴 바 아니며
정각正覺에는 수행修行이 끊어졌네.

滅則不見其壞하고 生則不見其成이니
멸 즉 불 견 기 괴　　생 즉 불 견 기 성

없어져도 그 무너짐을 볼 수 없고,
생겨나도 그 이뤄짐을 볼 수 없네.

大道寂兮無相하고 萬像窈兮無名하야
대 도 적 혜 무 상　　만 상 요 혜 무 명

窈(요) : 그윽하다, 幽玄하다.

대도大道의 고요함이여! 모양이 없어라
만상萬象의 그윽함이여! 이름 없도다.

如斯運用自在가 總是無心之精이로다.
여 사 운 용 자 재　　총 시 무 심 지 정

이와 같이 자재自在한 운용運用이
모두 무심無心의 정미현묘精微玄妙로다.

某解

"心外無物 物外無心"의 물物은 정情이니 곧 망심妄心이다. 상문上文 "心外無物 物外無心"의 물物은 수행修行이라 읽어야 무심론無心論의 취지趣旨에 통한다. 시해時解는 이러하나 물物은 정情이다. 물物이 환幻임을 아는 것이 수행修行이요, 물物이 없어야 진심眞心을 회복回復한 것이다.

무심론無心論 第9目

무심자無心者 즉무망상심야卽無妄想心也

무심無心이란, 망상妄想없는 마음이다.

和尙又告曰 諸般若中에 以無心般若而爲最上하나
화 상 우 고 왈 제 반 야 중 이 무 심 반 야 이 위 최 상

니 故維摩經云 以無心意無受行하나 而悉摧伏外道
고 유 마 경 운 이 무 심 의 무 수 행 이 실 최 복 외 도

라하고 又法鼓經云 若知無心可得하면 法則不可得이
우 법 고 경 운 약 지 무 심 가 득 법 즉 불 가 득

며 罪福亦不可得이며 生死涅槃亦不可得이며 乃至一
죄 복 역 불 가 득 생 사 열 반 역 불 가 득 내 지 일

切盡不可得이니 不可得도 亦不可得이니라
체 진 불 가 득 불 가 득 역 불 가 득

화상和尙께서 다시 이른다.

"여러 가지 반야般若 중에 무심반야無心般若가 으뜸이다. 그러므로 유마경維摩經에서는 심의心意도 없고 수행受行도 없으나 외도外道를 모두 꺾어버린다'고 하였다. 또 법고경法鼓經에서는 '만일 얻을 마음이 없음을 알면 법法도 얻을 것이 없으며, 죄도 복도 얻을 것이 없으며, 생사生死도 열반涅槃도 얻을 것이 없다. 나아가 아무것도 얻을 것이 없나니, 얻을 것 없다는 그것마저도 얻을 바 없다'고 하였다."

■ 某解

무심반야無心般若는 금강반야金剛般若의 다른 이름이다. 무심반야無心般若는 망심妄心이 적멸寂滅한 반야般若이니 곧 십지보살十地菩薩이라야 온전히 거처할 수 있다. 무심반야無心般若에는 청정광명淸淨光明이 장덕부지藏德不止하여 죄복罪福과 생사生死와 열반涅槃 등이 끊어져 없는 것이다. 무심반야無心般若의 경지는 금강삼매金剛三昧가 절로 따른다. 반야般若와 삼매三昧에 나아가야 함을 설명하나, 반야般若와 삼매三昧는 나아가 얻는 것이 아니므로 불가득不可得이라 하는 것이다. 반야般若와 삼매三昧는 진심眞心에 자족自足하나니 공부工夫는 다만 진심眞心을 밝혀 회복回復하는데 있는 것이다.

乃爲頌曰
내 위 송 왈

昔日迷時爲有心하야
석 일 미 시 위 유 심

今時悟罷了無心하니
금 시 오 파 요 무 심

雖復無心能照用하야
수 복 무 심 능 조 용

照用常寂卽如如로다.
조 용 상 적 즉 여 여

그리고 송頌하였다.

지난날 미혹迷惑할 때는 (망령된) 마음이 있더니,

이제 깨닫고 나니 (망령된) 마음이 없어라.

(망령된) 마음이 없으면서 능히 비추어 쓰나니

비추면서 항상 고요한 즉 여여부동如如不動이로다.

重曰
중 왈

無心하야 無照亦無用하며
무 심 무 조 역 무 용

無照無用卽無爲로다.
무 조 무 용 즉 무 위

此是如來眞法界며
차 시 여 래 진 법 계

不同菩薩與辟支니라.
부 동 보 살 여 벽 지

言無心者는 卽無妄想心也니라.
언 무 심 자 즉 무 망 상 심 야

다시 송頌하였다.

무심無心하여 비춤도 없고 쓰임도 없나니,

비춤 없고 쓰임 없는 이 바로가 무위無爲로다.

이것이 여래如來의 진실眞實한 법계法界라,

보살菩薩과 벽지불辟支佛과는 같지 않도다.

무심無心이란 말은 망상妄想 없는 마음이니라.

■ 某解

범부凡夫와 보살菩薩의 차별은 다만 미오迷悟에 있다. 그런고로 송頌하여 "지난날 미혹범부迷惑凡夫일 때는 (망령된) 마음이 있더니 / 이제 깨닫고 나니 (망령된) 마음이 없어라. / (망령된) 마음이 없으면서 능히 비추어 쓰나니 / 비추면서 항상 고요한 즉 여여부동如如不動이로다. /"라 하는 것이다.

보살菩薩은 도심중생道心衆生이라, 도심道心에 밝으나 경지境地에 따라 망심妄心의 그늘이 짙고 옅음이 있으며, 벽지불辟支佛은 비록 무심無心을 깨쳤으나 견처見處가 두루하지 못하며 밝음과 어두움의 그림자가 남아 있는 것이다. 화엄팔지華嚴八地의 보살이라야 무심無心이 부동不動하여 대력보살大力菩薩의 위位에 이른 것이다.

달마대사達磨大師는 십지보살十地菩薩이라 전한다. 무심無心이란 말은 망상妄想없는 마음이니 다만 마음이 온전히 없으면 불佛이다. 개오開悟하면 단지 불지佛智를 아는 것이다. 그런 까닭에 공부가 높을수록 부처님께 예배함을 게을리 하지 않는다. 누가 불지佛地를 함부로 헤아리는가?

무심론無心論 第10目

태상자太上者 적연무위야寂然無爲也

태상太上이란, 적연무위寂然無爲의 경지이다.

又問 何名爲太上고 答曰 太者는 大也요 上者는 高
우 문 하 명 위 태 상 답 왈 태 자 대 야 상 자 고

也니 窮高之妙理故云太上也니라 又太者通泰之位
야 궁 고 지 묘 리 고 운 태 상 야 우 태 자 통 태 지 위

也니 (夫)三界之天이 雖有延康之壽나 福盡할새 是故
야 삼 계 지 천 수 유 연 강 지 수 복 진 시 고

終輪廻六趣하나니 未足爲太요 十地菩薩이 雖出離生
종 윤 회 육 취 미 족 위 태 십 지 보 살 수 출 이 생

死而妙理未極亦未爲太하며 十地修心도 亡有入無
사 이 묘 리 미 극 역 미 위 태 십 지 수 심 망 유 입 무

하야 又無其無有雙遣하나 不忘中道일새 亦未爲太며
우 무 기 무 유 쌍 견 불 망 중 도 역 미 위 태

又忘中道하야 三處都盡하야 位階妙覺이라 菩薩이 雖
우 망 중 도 삼 처 도 진 위 계 묘 각 보 살 수

遣三處하나 不能無其所妙亦未爲太니라 又忘其妙하
견 삼 처 불 능 무 기 소 묘 역 미 위 태 우 망 기 묘

면 則佛道至極도 則無所存이요 無存思則無思慮라도
즉 불 도 지 극 즉 무 소 존 무 존 사 즉 무 사 려

兼忘하야 心智永息하고 覺照俱盡하야 寂然無爲라 此
겸 망 심 지 영 식 각 조 구 진 적 연 무 위 차

名爲太也니라 太是理極之義며 上是無等等也니 故
명 위 태 야 태 시 이 극 지 의 상 시 무 등 등 야 고

云 太上하니라 即是佛如來之別名也니라
운 태 상 즉 시 불 여 래 지 별 명 야

* 괄호 속은 빠진 문장을 바로 잡은 것

또 물었다.

"무엇을 태상太上이라 합니까?"

"태太는 크다, 상上은 높다는 뜻이니 가장 높고 묘한 이치이므로 태상太上이라고 한다. 또한 태太는 통태자재通泰自在의 신인위神人位를 이른다. 대저 삼계三界의 하늘신[天神]들이 수복강녕壽福康寧을 누리나 복이 다함으로써 결국 육취六趣에 윤회하게 되니, 크다[太]할 수 없다. 십지보살十地菩薩도 생사生死는 벗어났지만, 묘한 이치를 다하지는 못했으므로 역시 크다 할 수 없다. 십지十地의 수심修心도 (妄心의) 유有를 없애고 무無에 들어가, 유무有無를 동시에 떨쳐버리기는 했으나, 중도中道의 념念을 잊지 못했으므로 그 역시 크다 할 수 없다. 나아가 중도中道를 잊어 세 곳이 모두 다해야만 묘각妙覺의 지위이다. 보살菩薩이 세 곳을 다 떨어버리기는 했으나 묘妙하다는 당념當念를 쉬지 못했으므로 역시 크다 할 수 없다.

그 묘妙함을 잊으면 불도佛道의 지극함도 없나니, 생각을 용납하지 않아 생각 없음도 함께 잊어서, 심지心智가 영원히 쉬고, 각覺과 조照가 함께 쉬어야 적연무위寂然無爲라 하나니라. 이를 일러 크다[太]고 하는 것이다. 태太는 이치가 지극함이요, 상上은 견줄 바가 없다는 뜻이다. 그러므로 태상太上이라 하는 것이니, 바로 불여래佛如來의 다른 이름이다."

某解

하택신회荷澤神會가 불여래佛如來의 경지를 자세히 설명하고자 함에 태상太上이란 도가道家의 용어를 빌린 것으로 보인다. 태상太上은 성인聖人과 천자天子의 별칭이다. 고로 이 장章은 달마대사의 소설所說이 아니라 하겠다. 장요章要는 지극한 경지의 이름을 쉬고, 중도中道와 각覺과 조照 모두를 쉰, 적연무위寂然無爲의 경지를 설명하고자 함이 본지本旨임을 알 수 있다.

천신天神은 긴 수명을 누리나 윤회를 벗지 못하고, 십지十地보살은 망심妄心의 유有를 떨치고 무념無念에 거처하였으나 중도中道의 념念을 잊지 못한다. 그러므로 모두가 불여래佛如來의 묘각경지妙覺境地가 아니다.

하택신회荷澤神會가 무심無心을 자증自證하여 임성소요任性逍遙에 나아가서, 필경에 적연무위寂然無爲의 경지에 이르러야 본각本覺에 합合한다고 설명하는 것이다. 적연무위장寂然無爲章은 하택의 높은 안목眼目이 깃든 소설所說이라 하겠다.

무심론후기無心論後記

무심론無心論은 불법佛法의 종宗을 간명히 설명한 논論이다. 무심론을 통해通解하면 무심無心을 측해測解할 수 있을 것이다. 측해測解가 익어 묵연默然히 좌선坐禪에 젖는다면 어느 때에 진심眞心이 오롯이 드러나리라. 간경看經과 좌선坐禪을 겸수兼修하는 이라면 능엄경楞嚴經, 원각경圓覺經, 해심밀경解深密經, 기신론起信論, 신심명信心銘, 심명心銘, 증도가證道歌, 심부心賦, 종경록宗鏡錄, 수심결修心訣 등을 읽어 스스로의 미진未盡한 곳을 발견해야 할 것이다.

그리하면 벽견僻見을 벗어나서 대도大道에 소요逍遙하는 때가 있을 것이다. 무심론無心論이 달마설達摩說인가? 하택설荷澤說인가? 라는 논의는 불교학자들에게 맡겨두고, 참 공부인은 무심론無心論이 종지宗旨를 올곧게 잘 설명했는가? 아닌가? 만을 살펴볼 일이다. 무심론無心論은 무심無心과 수행修行의 상의上義를 잘 밝힌 것이다. 위의 군말로써 後記를 삼는다.

2015. 方奴

우두牛頭 심명론心銘論

牛頭法融 撰

三碧菑虛 譯解

심명론서心銘論序

오조五祖 우두법융牛頭法融은 사조四祖 도신대사道信大師의 문인이다. 도신대사가 홍인대사弘忍大師에게 법을 전한 뒤, 우두산牛頭山의 독로자명獨露自明한 대력인大力人, 법융을 찾아가 솔지率指하고 인가認可하였다. 이로써 우두종牛頭宗이 나와 홍인弘忍의 동산종東山宗과 쌍을 이루었으며 남북양종과는 관련이 없다.

유우석劉禹錫과 규봉종밀이 법융의 독로獨露를 높이 인정하였다. 법융은 강남에서 행각하면서 노장老莊과 불전佛典을 섭렵하여 홀로 깨치고, 우두산 유서사 북쪽 바위의 석실에 은거하였다. 사조도신이 원관遠觀하고 우두산으로 찾아가 미진처未盡處에 가르침을 주었다. 법융이 도신을 인도하여 암자에 이르렀는데 주위에 범과 이리들이 눈에 띄었다. 도신이 두 손을 들고 무서워하는 모습을 지었다. 법융이 말한다. "오히려 이것 밖에 없습니다." 도신이 이른다. "이것이 무엇인고?" 법융은 아무 말이 없었다. 얼마 후, 도신이 법융이 앉은 바위 위에 불佛자를 쓰니 법융이 보고 놀랐다. 도신이 이른다. "이것 밖에 없다." 이에 법융이 크게 깨치니 도신이 심설心說을 송頌하고 허여許與하였다. 때는 당태종 정관 년간이다.

우두법융은 심명心銘과 절관론絶觀論을 남겼다. 우두의 설說은 곧바로 무심無心을 가리키고 무위無爲를 드러내나니 상지上智가 아니면 배우기 어려운지라 그 맥이 일찍이 끊어졌다. 고덕古德이 이른다. "심명心銘에 합하면 지견知見이 열린 것이다." 위의 간어로써 後記를 삼는다.

菑.

心性不生 何須知見 本無一法 誰論熏鍊
심성불생 하수지견 본무일법 수론훈련

마음[妄心]의 성품은 일어남이 없거니
지견知見 세워 논論함이 무슨 소용 있으리오?
본래 한 법法도 없거늘
누가 있어 수련修鍊을 논하는가?

某解

현성賢聖은 일심一心이나 범부凡夫는 진심眞心과 망심妄心이 혼재混在하여 이심二心이다. 깨친 이는 진심眞心만이 오롯하나, 범부는 진심眞心과 망심妄心이 혼재混在하는 것이다. 그러나 범부가 진심眞心을 밝히면 망심妄心은 흔적 없이 사라진다. 왜냐하면 망심妄心의 실체가 환幻이기 때문이다. 진심眞心을 가리켜 보이고, 망심妄心의 내용을 설명하는 것이 깨친 이의 가르치는 바이다.

往返無端 追尋不見 一切莫作 明寂自現
왕반무단 추심불견 일체막작 명적자현

오고감은 실마리가 없어
찾아도 보지 못하나니
일체의 마음[妄心]을 짓지 않으면
진심眞心은 밝고 고요하여 스스로 나타난다네.

某解

진심眞心은 모습이 없이 고요히 비추운다. 밝은이는 모습 없는 진심眞心을 설명하나, 그 설명과 이해에 한계가 있을 수밖에 없다. 모습 없는 영지靈知의 설명과 이해에 글이나 말을 인하여 통명通明에 나아가기는 더욱 쉽지 아니한 것이다. 글은 말을 다 담을 수 없고, 말은 뜻을 다 담을 수 없기 때문이다(書不盡言 言不盡意). 그러나 숙연宿緣이 있어, 밝은 스승의 직지直指를 입는다면 십년 내에 특지特旨의 얻는 바가 있을 것이다. 숙근宿根이 아니라면 그 배움에 남다른 노력이 필요한 것이다. 공부란 필경에 스스로 힘 다해 어둠을 지우고 밝음을 자득해야 한다. 망심妄心은 범부의 허망한 의식으로 지어져, 범부가 자기의 마음으로 굳게 집착하는 바이다. 진심眞心은 항상하게 나타나 있으나 다만 범부의 허망한 정념情念에 가려져 범부가 스스로 알지 못하는 것이다.

前際如空 知處迷宗 分明照境 隨照冥蒙
전제여공 지처미종 분명조경 수조명몽

지나간 일은 빈 것
헤아리면 종宗을 미迷하네
진심眞心이 분명하게 경계[境]를 비추건만
망심妄心을 따르면 비추면서도 흐릿하네.

某解

진심眞心에는 오욕五慾과 칠정七情의 정념情念이 있지 아니하다. 범부가 편벽偏僻되어 세상사 가운데서 정념情念의 꿈을 실實로 여기므로 몽환夢幻의 오욕칠정五欲七情이 헛되이 나타나는 것이다. 오욕칠정의 내용은 다만 환幻일 따름이다.

과거 현재 미래와 욕계 색계 무색계는 오온五蘊의 의식意識작용이 지어낸 환幻이다. 고로 삼계유심三界唯心이요, 만법유식萬法唯識이라 설하는 것이다. 만약 삼계가 마음이 지어낸 가짜인 줄 알면 개심開心의 문門을 연 것이라 하겠다. 환幻을 환幻인 줄 밝히 알아야 불법佛法의 문門을 연 사람이다. 문門을 열면 길이 보인다.

심명론心銘論 第4目

一心有滯 諸法不通 去來自爾 胡假推窮
일 심 유 체 제 법 불 통 거 래 자 이 호 가 추 궁

한 마음[一心]이 머무는 바가 있으면
모든 법法이 통하지 아니하네.
한 마음[一心]이 머무는 바 없다면
궁구窮究를 받들어 멀리 돌아갈 것 있겠는가?

某解

한 마음[一心]이란 진심眞心이다. 진심眞心이 망념妄念에 머무는 바가 있으면 곧 장애障礙가 생기나니, 곧 모든 법法에 통하지 아니하는 것이다.

망념妄念을 쉬면 진심眞心이 드러난다. 만약 망념이 쉬면 망념을 만날 수 없다. 망념의 내용은 환幻이기 때문이다. 망념의 다른 이름은 망심妄心이다.

환幻에 머물기 때문에 범부라 하는 것이다. 누가 있어 환幻에 머물며, 엉뚱한 길에서 헤매는 인생을 즐겨할 것인가? 환幻을 밝히 알면 환幻에 거처했던 시절을 부끄러워한다. 그리고 환幻에 속지 않으려 임성수연任性隨緣의 성성공부惺惺工夫에 나아간다.

生無生相 生照一同欲得心淨 無心用功
생무생상 생조일동 욕득심정 무심용공

일어남[生]에 일어나는 모습이 없고
일어남과 비춤이 한 몸일세
마음을 깨끗하고자 하면
정념情念 없기를 노력하라.

某解

정념情念이 없음을 무심無心이라 한다. 마음공부란 다만 정념情念을 쉬어 진심眞心을 드러내는 공부이다. 홀연히 무심無心을 알게 되더라도 무심無心은 이루는 것이 아니다. 사람사람이 본래로 무심無心인 것이다. 무심無心이란 '마음이 없다'는 뜻이다. 만약 무심無心이라는 마음이 있다고 생각하면 곧 크게 어긋난다.

망념妄念의 다른 이름이 정情이다. 범부에게는 정념情念을 떠난 철학哲學과 문학文學과 예술藝術과 인생人生을 이루는 길을 생각하기 어렵다. 만약 정념情念을 떠나서 철학哲學과 문학文學 등에 노닌다면, 동파東坡의 상서로운 기운과 마힐摩詰의 해맑은 빛이 그윽하리라.

심명론心銘論 第6目

縱橫常照 最爲微妙 知法無知 無知知要
종횡상조 최위미묘 지법무지 무지지요

진심眞心은 종횡으로 항상히 비추나니
이것이 가장 미묘微妙한 도리道理거다.
불법佛法을 안다는 것은 불법을 알지 못하는 것.
불법있음을 알지 못함이 불법의 근원을 아는 것일세.

某解

만약 진심眞心에 계합契合했다면, 망념妄念의 막힘이 없다. 허공虛空에 어떤 막힘이 있겠는가? 허공虛空이 어찌 두 모습이며, 허공虛空이 어찌 나고 늙어 죽음이 있으며, 허공虛空이 허공虛空과 만나거나 계합契合함이 있겠는가? 사람의 진심眞心이 허공虛空과 같은 것이다.

허공虛空이 허공虛空에 대하여 안다거나 모른다는 견해를 낸다면 허망虛妄한 일이 아니겠는가?

종횡상조縱橫常照를 종횡무조縱橫無照라 한 판본이 보인다. "진심은 종횡으로 비춤이 없나니 ……" 역시 뜻이 통한다. 진심이 비춤없이 비추는 것은 진심이 스스로 해맑은 밝음이기 때문이다.

將心守靜 猶未離病 生死忘壞 即是本性
장심수정 유미이병 생사망괴 즉시본성

마음[妄心]으로써 고요함을 지키려 하면
오히려 망환妄幻의 병을 떠나지 못한다네.
마음[妄心]의 생사生死를 잊으면
곧 본래의 성품性品이라네.

某解

망심妄心을 고요히 하려면 안팎의 마음을 문득 잊어야 한다. 다시 풀어 이르면 바깥으로 모든 인연因緣을 쉬고, 안으로 정념情念의 헐떡임을 없애야 한다. 만약 마음을 일으켜 마음을 없애고자 한다면 이것은 설상가상雪上加霜일 뿐이다. 망심妄心이 나고 사라짐이 쉬고 쉬어 적연寂然해진 연후에 마침내 진심眞心이 드러나게 되는 것이다.

망심妄心의 심함은 애욕愛欲이 으뜸이요, 물욕物欲이 다음이다. 항우와 안록산이 끝내 서글픈 죽음을 맞이함에도 애욕이 그 뿌리요, 다수의 범부인생에 죽을 때가 되어도 물욕이 그치지 아니한다. 애욕과 물욕의 정체는 환식幻識일 따름이다. 애욕愛欲과 물욕物欲을 잊은 다음에 공부가 맑아지는 것이다.

至理無詮 非解非纏 靈通應物 常在目前
지 리 무 전 비 해 비 전 영 통 응 물 상 재 목 전

지극한 도리는 온전히 설명할 수 없나니
헤아릴 것 아니며, 법칙에 매여 있는 것도 아닐세라.
진심眞心은 만물에 응하여 신령히 통通하나니
항상 눈앞에 있다네.

某解

자성自性의 공적空寂한 영지靈知는 모습이 없으면서 무념無念의 지혜를 쓴다. 그 씀이는 무너짐이 없으며 무한불멸無限不滅이다.

마음공부의 직로直路는 진심眞心을 회광반조回光返照하는 데 있다. 반조返照는 고요하게 깨어있어야 약간의 체험體驗을 이룰 수 있고, 밝아지면 체인體認하는 것이다.

만약 자성自性에 계합契合하면 반조返照도 부득이한 방편임을 알게 된다. 반조返照하는 자가 조이상적照而常寂하기 때문이다.

目前無物 無物宛然 不勞智鑿 體自虛玄
목전무물 무물완연 불노지착 체자허현

눈앞에 망심妄心이 없으면
무물無物이 분명分明하나니
궁리窮理로써 수고로이 새기지 말라
심체心體는 스스로 비고 그윽하니라.

▮ 某解

여기서 무물無物은 망심妄心이 없다는 뜻이다. 문자文字와 사유思惟를 온전히 쉬어야 자성自性이 현전現前하는 것이다.

허현虛玄은 본디 노자老子의 말로 자성自性의 체體를 표현한 말이다. 자성自性은 상방대광명常放大光明하되 모습이 없는 까닭에 진공묘유眞空妙有라 한다. 진공眞空은 무상無相의 뜻이요 묘유妙有는 상방대광명常放大光明의 의미이다. 상방대광명常放大光明의 체體를 일러 영지靈知라 한다. 노자老子는 영지靈知를 곡신谷神에 비유하였다. 곡신谷神은 빈 골짜기이다. 빈 골짜기는 모습 없으나 메아리로써 만사萬事에 응應하여 답答하지 않음이 없지 않은가?

念起念滅 前後無別 後念不生 前念自絶
염기염멸 전후무별 후념불생 전념자절

생각이 일어나고 생각이 사라지나
심체心體는 앞생각 뒷생각에 다름이 없네.
뒷생각이 나지 않으면
앞생각이 절로 끊어진다네.

某解

앞생각이 어지러우면 범부요, 뒷생각에 자성自性이 현전現前하면 개오開悟이다. 앞생각 뒷생각이 허물이 아니라 허망한 정념情念이 자성自性을 가리는 것이 허물이다.

자성自性이 현전現前하면 곧 무위無爲를 체험體驗한다. 망정妄情에 자성自性이 가리워진 작용作用을 유위有爲라 하는 것이다. '뒷생각이 나지 않고, 앞생각이 끊어진다.'는 것은 생각함에 정념情念이 없다는 뜻이요, 생각함이 없다는 뜻이 아니다. 생각이 없으면 영지靈知가 없는 것이니 곧 죽은 나무토막이 아닌가?

三世無物 無心無佛 衆生無心 依無心出
삼 세 무 물 무 심 무 불 중 생 무 심 의 무 심 출

과거. 현재. 미래는 허상虛像이요
마음[妄心]도 없고 부처도 없다네.
중생衆生은 본래로 마음[妄心]이 없나니
없는 것에 의지하여 마음[妄心]을 내누나.

■ 某解

우두선牛頭禪을 규봉선사圭峰禪師는 민절무기종泯絶無寄宗이라 평評한다. 본래로 오온五蘊과 제법諸法이 끊어져 없어, 부치고 기댈 바 없음을 종宗으로 삼는다는 뜻이다. 우두대사가 절관론絶觀論에 이른다.

"제법諸法은 꿈과 같아서 본래 무사無事하나니, 마음[妄心]과 경계境界가 본래 고요하다. 지금에 와서 비로소 공空한 것이 아니다. 꿈속에서 짓고 꿈속에서 받는 것에 무슨 손익損益이 있겠는가?"

범부는 진심眞心을 온전히 갖추고도 망심妄心 속에서 어지러이 오가다가 일생一生을 마친다. 어찌 안타까운 일이 아니겠는가?

分別凡聖 煩惱轉盛 計巧乖常 求眞背正
분별범성 번뇌전성 계교괴상 구진배정

범부凡夫와 성인聖人을 분별하면
번뇌煩惱는 갈수록 심해지나니
궁리로써 헤아리면 진리眞理에서 멀어지고
진리眞理를 구하면서 정법正法을 등지네.

某解

우두선牛頭禪의 요체要諦는 곧바로 무사무위無事無爲를 가리키므로 규봉선사圭峰禪師는 반半만 드러낸 것이라 평한다. 무사무위無事無爲를 곧바로 세워서 가르치면, 따르고 계합契合하는 이가 몇몇에 그치는 허물이 있기 때문이다.

반半만 드러낸 것이라는 평은, 우두문牛頭門의 문인門人들이 스스로의 지견知見을 높이 여겨 우두대사牛頭大師의 흉내를 내는 것을 황벽선사黃蘗禪師와 규봉선사圭峰禪師가 나무란 것이요, 우두대사牛頭大師에게 허물이 있다는 뜻이 아니다. 큰 스승의 베풂을 소작小雀의 흉내로써 감당할 수 없는 것이다. 무위선無爲禪은 배울 수는 있으나 그 경지境地가 아니면 베풀 수 없는 것이다.

雙泯對治 湛然明淨 不須功巧 守嬰兒行
쌍 민 대 치 담 연 명 정 불 수 공 교 수 영 아 행

범성凡聖의 대치견해對治見解를 없애면
고요하여 밝고 깨끗하다네.
모름지기 고행苦行과 총명聰明은 부질없다네.
어린아이 같은 해맑은 마음을 지켜야하나니.

▮ 某解

불법佛法의 구경究竟은 스스로 독실篤實히 공부하여, 자신自身이 자신自身을 제도濟度하는 것이다. 깨친 이는 깨친 바 없으며, 비록 설법說法을 두나 설법說法한 바 없음이 참 도리道理이다.

불법佛法이란 범정凡情을 지우는데 있을 뿐이다. 영아嬰兒는 때 묻지 않은 어린아이이다. 혹은 적아赤兒로 표현한다. 다만 비유이다. 살펴보면 영아嬰兒마다 다른 습성習性을 지니고 즐거워하고 싫어하는 바가 다르다. 영아嬰兒가 숙세宿世의 업식業識을 지녔으나 금세今世에는 아직 학습식學習識에 새로이 망집妄執하여 젖지 아니한고로 천진天眞에 비유하는 것이다.

惺惺了知 見綱轉彌 寂寂無見 暗室不移
성 성 요 지 견 망 전 미 적 적 무 견 암 실 불 이

망념妄念으로 또렷하게 안다 해도
망견妄見의 그물은 더욱 늘어나네.
고요하고 고요한 가운데, 망념이 없어야
어두운 방에서 움직이지 않는 것이네.

某解

대저 자성自性을 알아차리는 공부 즉 '알아차림'을 주업主業으로 삼는 비파사나(위빠사나)는 초학자初學者의 반조공부返照工夫이다. 보고 들음의 당체當體를 아는 연습은 진심眞心을 향한 발걸음이다. 그 내용은 향성식向醒識이다. 배운 바 기억記憶과 지식知識에 의한 '알아차림' 연습은 대체로 여래장如來藏이 아닌 6식六識과 7식七識의 작용인 까닭이다. 그러나 기도祈禱나 염불念佛보다는 근원根源에 가깝다고 하겠다.

'알아차림'이 또렷하더라도 지식知識에 의한 반연심攀緣心이므로 번뇌煩惱에 속한다. 일체의 마음이 쉬어야 고요히 비춤寂而常照에 합할 수 있는 것이다.

惺惺無妄 寂寂明亮 萬象常眞 森羅一相
성성무망 적적명량 만상상진 삼라일상

깨어있으면서 망념妄念이 없으면
고요하고 고요하며 밝고 밝느니라.
만상萬象이 항상하게 참되나니
삼라森羅가 한 모습이로다.

某解

공부를 지어감에 있어 문제問題는 만상萬象이 아니라 자기의 착식錯識에 있다. 착식錯識이 사라지면 심경心鏡에 만상萬象이 비칠 따름이다. 명상名相에 대한 기왕旣往의 관념觀念이 있어도 다시 만상萬象을 보고 듣는데 장애障碍되지 아니하는 것이다.

어느 날 성성무망惺惺無妄에 들게 되면, 한 줄기 진여무위眞如無爲를 맛 볼 수 있을 것이다. 진여무위眞如無爲를 맛본 연후에 일직심一直心으로 만상萬象을 바라보는 법을 참되이 알 수 있는 것이다. 일직심一直心으로 듣고 보는 세상世上은 세상世上 속의 다른 세상世上이다.

去來坐立 一切莫執 決定無方 誰爲出入
거래좌립 일체막집 결정무방 수위출입

가고 오고 앉고 섬에
일체의 경계境界에 집착執着하지 말라.
일체의 경계境界에 정념情念이 없으면
누가 출입을 하겠는가? (妄念의 나고 듦이 있겠는가?)

某解

집착執着하지 말라!는 말씀에 대한 해석이 구구區區하다. 범부는 집착執着하지 말아야 한다는 가르침을 통하여 집착의 내용을 살펴서, 일상日常에 이러저러한 병病이 있음을 보고 고쳐야 한다. 이러한 과정은 수행연습修行練習이다.

참 수행은 안팎의 망념妄念을 모두 놓는 것이다. 다시말해 세상世上을 잊고 자기自己를 잊어야 비로소 참 삶의 서序가 나타나는 것이다. 서序를 세우고 식망수행息忘修行을 행하면 찰나刹那에 망념妄念이 사라지는 때가 있을 것이다.

無合無散 不遲不疾 明寂自然 不可言及
무합무산 부지부질 명적자연 불가언급

진심眞心은 합合하거나 흩을 것 없으며

진심은 늦음과 빠름도 없다네.

밝고 고요함은 진심眞心의 스스로 그러함이라

설명說明으로써 이를 수 없다네.

某解

진심眞心은 하나이다. 진심眞心은 하나인 까닭에 합하거나 나눌 수 없다. 그러므로 도道란 일이관지一以貫之인 것이다.

대저 처음 지견知見이 생기면 택멸무위擇滅無爲 혹은 비택멸무위非擇滅無爲에 거처한다. 택멸무위擇滅無爲는 지혜의 간택簡擇으로 판정하는 무위無爲이고, 비택멸무위非擇滅無爲는 지혜智慧의 힘에 의하지 아니하고 생겨날 인연이 없어 나타나는 무위無爲이다.

비택멸무위非擇滅無爲는 일체의 세상사世上事를 잊고 선정禪定에 자주 드는 이에게 쉬이 나타난다.

心無異心 不斷貪淫 性空自離 任運浮沈
심무이심 부단탐음 성공자리 임운부침

마음에는 다른 마음이 없나니
탐욕貪慾과 음욕淫慾을 끊을 것 없네.
탐욕과 음욕의 성품이 비어 스스로 떠나나니
탐욕과 음욕이 뜨거나 가라앉는 대로 맡겨두게나.

某解

대저 몽환夢幻이란 꿈에서 깨면 흔적 없이 사라진다. 어찌하여 그러한가? 몽환夢幻이기 때문이다. 탐욕貪欲과 음욕淫欲을 없애려 하는가? 고요히 탐욕貪欲과 음욕淫欲을 바라보라! 잠시라도 세상과 나를 잊게 되면 그때에 약간의 통응通應이 있으리라.

몽환夢幻을 없애려면 오직 꿈에서 깨는 하나의 길 밖에 다른 길이 있지 아니하다. 몽환夢幻의 기억記憶은 개인의 역사歷史가 되나, 그 일은 다만 환幻일 뿐이다. 고로 범부는 환幻에 묶여있는 까닭에 환幻의 역사歷史에 매달리는 것이다. 몽환夢幻은 본래 없는 것이다. 온 곳이 없는 것은 사라질 수가 없다. 몽환夢幻이 그러하다.

非淸非濁 非淺非深 本來非古 見在非今
비청비탁 비천비심 본래비고 현재비금

진심眞心은 맑지도 탁하지도 아니하고
얕지도 깊지도 아니하네.
본래 예[古]가 없고
지금只今도 이제[今]가 아니라네.

某解

진심眞心은 물에 젖지 아니하고, 불에 타지 아니한다. 진심眞心은 실재實在하나 모습이 없이 그 대용大用이 부지不止하므로 실재實在한다고 하지 않고 묘유妙有라 한다. 묘유妙有이므로 유有와 무無에 속하지 않는 것이다. 진심眞心은 본래 모습 없음이요, 불생불멸不生不滅이요, 부증불감不增不減이라, 젖을 수 없고 탈 수 없는 것이다.

진심眞心은 만고萬古에 적연부동寂然不動이라 예[古]와 지금只今이 붙을 수 없으며, 없애거나 사라지게 할 수가 없다.

見在無住 見在本心 本來不存 本來卽今
견재무주 견재본심 본래부존 본래즉금

지금 망심妄心에 머무르지 아니하면
바로 지금의 본심本心이니라.
본래 망심妄心은 존재存在하지 않았고
본래가 곧 지금의 본심本心이라네.

▮ 某解

미혹迷惑의 내용은 망심妄心이 주인노릇하는 것이요, 망심의 내용은 몽환夢幻이다. 환幻이라면 본래 없는 것이니, 본래 없는 것에 머문다면 착각錯覺일 따름이다.

비록 환幻에 가리워 한 때에 망령되이 환幻에 속으나, 속는 자는 진심眞心이다. 비록 장애障礙에 의해 속기는 하나 진심眞心은 적연부동寂然不動이다. 진심眞心이 곧 참나眞我요, 여래如來요, 불성佛性이다. 그러므로 탐진치貪嗔痴와 애증愛憎을 쉬면 진심眞心이 드러나는 것이다.

탐진치貪嗔痴와 애증愛憎의 내용은 환幻이다. 환幻에 집착하면서 진심眞心을 밝히고자 하는 것은 불가不可하다.

심명론心銘論 第21目

菩提本有 不須用守 煩惱本無 不須用除
보 본유 불수용수 번뇌본무 불수용제

보리菩提는 본래 갖추어 있어
애써 지킬 것 없네.
번뇌煩惱는 본래 없는 것,
없애려고 하지 않네라.

某解

진심眞心을 공적영지空寂靈知 혹은 진공묘유眞空妙有라 한다. 공적空寂하므로 진공眞空이라하고 영지靈知하므로 묘유妙有라 하는 것이다. 진심眞心이 진심眞心이 되기 위해 애쓴다면 어리석은 병통病痛이 아니겠는가? 그러므로 역대歷代의 스승들이 '밝힌다' 혹은 '깨닫는다'고 말씀하는 것이다.

세속世俗의 말로써 가려본다면, 밝힌다고 하는 것은 지혜智慧가 어두움에 가려진 때문이요, 깨닫는다고 하는 것은 미혹迷惑에 갇혀 있기 때문이다. 지혜智慧가 망심妄心에 가려져서 갇혀 있으므로 범부凡夫라 이름하는 것이다. 그러나 자성自性의 실상實相에는 범부凡夫와 성인聖人의 이름이 붙지 못한다.

심명론心銘論 第22目

靈知自照 萬法歸如 無歸無受 絶觀忘守
영 지 자 조 만 법 귀 여 무 귀 무 수 절 관 망 수

신령神靈스러운 지혜智慧가 스스로 비출세라.
만법萬法이 여여如如로 돌아가나니
돌아감[歸]도 없고 받음[受]도 없어
관법觀法을 그치고 진심眞心을 지킴도 잊었네.

某解

공부工夫의 서추瑞樞는 먼저 진심眞心을 밝히 아는[知]데 있다. 진심眞心을 아는 것이란 망심妄心이 환幻임을 확인하는 것이다. 그런 연후에 상사上士의 공부工夫에 나아갈 수 있는 것이다. 상사上士는 점차로 환幻을 쉬어가며 나날이 진심眞心이 성성惺惺이 밝아짐을 귀貴하게 여긴다. 곧 함이 없이 탐진치애증貪嗔痴愛憎을 쉬므로 성성惺惺해지는 것이다.

진심眞心이 드러나면 망심妄心이 환幻인 줄 알고, 망심妄心이 환幻이면 제법諸法은 본래 공空이다.

공空이란 없는 것이다. 이런 연후에 '관법觀法을 그치고, 진심眞心을 지킴도 잊었네.'란 구절句節에 순합順合할 수 있는 것이다.

심명론心銘論 第23目

四德不生 三身本有 六根對境 分別非識
사덕불생 삼신본유 육근대경 분별비식

네 가지 덕德은 생겨나지 않았고
세 가지 몸은 본래 갖추어 있나니
육근六根이 경계境界를 만나도
진심眞心의 분별은 의식意識이 아니라네.

▮ 某解

사덕四德이란 열반涅槃의 내용, 즉 상常 락樂 아我 정淨이다. 삼신三身은 법신法身 보신報身 화신化身이다.

생사윤회生死輪廻의 병목病目은 무상無常 고苦 무아無我 부정不淨이다.

범부는 진심眞心에 어두운 까닭에 식識으로 사유思惟하고 행동行動한다. 진심眞心의 체體는 식識이 아니다. 진심眞心의 대용大用은 식識하지 않음이 없으나 식識이라 하지 않고 성性이라 한다. 만약 식識을 여의고서 사유思惟하고 행동行動한다면 그러한 이는 대력보살大力菩薩이라 하겠다.

심명론心銘論 第24目

一心無妄	萬緣調直	心性本齋	同居不虧
일심무망	만연조직	심성본재	동거불휴

일심一心에는 망념妄念이 없나니
온갖 그러함이 조화調和하여 곧도다.
마음[眞心]의 성품은 본래 한결같아
만연萬緣을 함께 하되 어그러지지 아니하네.

某解

일심一心이란 진심眞心을 가리킨다. 일심一心에는 인因과 연緣이 없으나 인因과 연緣에 화합하지 않음이 없다. 일심一心은 온갖 연緣에 망심妄心없이 해맑게 작용作用하므로 곧다[直]하고 또 무위無爲라 하는 것이다.

무위無爲란 만연萬緣을 나투되, 만연萬緣에 속하지 아니하는 것이다.

無生順物 隨處幽棲 覺由不覺 卽覺無覺
무 생 순 물 수 처 유 서 각 유 불 각 즉 각 무 각

망심妄心이 남이 없이 만연萬緣에 순응하면
곳 따라 진심眞心이 그윽히 드러나네.
각覺은 불각不覺으로 말미암아 그 이름이 있고
깨침은 실로 깨친 바 없음이라네.

某解

망심妄心이 환幻인 줄 알지 못하면, 불법佛法의 종지宗旨에 미혹迷惑한 것이다. 망심妄心이 환幻인 줄 알아야 참 공부[工夫]의 시작始作이다.

진심眞心이 곧 각체覺體이다. 각체覺體에는 각覺이니 불각不覺이니 하는 이름이 붙지 아니한다. 그러므로 "깨침은 실로 깨친 바 없음이라네."라 송頌하는 것이다.

이 도리道理를 믿지 아니하고 수행하는 이를 둔근외도鈍根外道라 하겠다. 황벽화상이 "도道가 어떤 물건 이길래 그대는 수행修行하려 하는가?(道是何物이건대 汝欲修行고?)"하고 묻는데서 배휴거사裵休居士가 대오大悟하였다. 이 소식消息에서 문득 얻는 바가 있어야 정로正路를 아는 사람이라 할 수 있다.

得失兩邊 誰論好惡 一切有爲 本無造作
득 실 양 변 수 론 호 오 일 체 유 위 본 무 조 작

망심[兩邊]을 얻고 잃음에 대해
누가 좋고 나쁨을 말하랴!
일체一切의 유위有爲는
본래 조작造作할 수 없는 것을

某解

양변兩邊이란 망심妄心의 상대적[相對] 관념觀念이다. 유위有爲란 인연因緣으로 생겨서 생멸변화生滅變化하는 망심妄心의 모든 현상을 가리킨다.

무위無爲란 생멸변화生滅變化가 없는 진심眞心의 적연지대용寂然之大用이다. 망심妄心이 없는 마음이므로 열반涅槃, 법성法性, 실상實相, 진심眞心, 무영수無影樹, 무현금無絃琴 등의 이름으로 불린다. 오직 무심無心을 증득證得한 뒤에야 무위無爲의 길에 나아갈 수 있는 것이다.

불법공부佛法工夫란 일용日用에 진심眞心이 온전하는 데 목표가 있는 것이다. 만약 일용日用에 진심眞心이 온전하다면 상지보살上智菩薩의 경지이다.

知心不心 無病無藥 迷時捨事 悟能非異
지심불심 무병무약 미시사사 오능비이

망심妄心은 진심眞心이 아님을 알지니
이 소식消息은 병病도 없고 약藥도 없다네.
미혹迷惑할 때는 망정妄情을 버리나
깨달으면 진망眞妄이 다르지 않음을 아나니라.

某解

범부凡夫는 망심妄心을 참마음으로 여기나, 망심妄心은 참마음이 아니다. 망심妄心은 다만 환幻이다. 비록 범부가 일용日用에 망심妄心을 쓰나 진심眞心을 여의지 않는 것이다.

허공은 병이 없으므로 약藥이 필요하지 아니하다. 그러므로 범부의 병病됨은 다만 착식錯識에 있는 줄 알아야 한다. 범부는 착식錯識에 물든 지 오래된 까닭에 진심眞心의 묘설妙說을 듣고도 곧바로 믿고 이해하기 어려운 것이다. 만약 진심眞心을 깨치게 되면 진심眞心과 망심妄心이 다르지 아니함을 안다. 진심眞心으로 만사에 작용함을 무위無爲, 적멸무위寂滅無爲, 허공무위虛空無爲, 진여무위眞如無爲 등이라 부른다.

本無可取 今何用棄 謂有魔興 言空象備
본 무 가 취 금 하 용 기 위 유 마 흥 언 공 상 비

본래 취할 바가 없었는데

지금에 어찌 버릴 바가 있겠는가?

누가 있어 마구니[心魔]가 일어난다고 한다면

공空을 말하나 환幻의 모습을 두는 것일세.

某解

심마心魔는 착식錯識이다.

착식錯識을 공空이라 이름 붙이는 것은, 환幻에다 이름의 모습을 붙힌 것이다.

착식錯識에 공空이니 환幻이니 하는 관념觀念을 두는 것은 범부를 위한 부득이한 설명일 따름이다.

만약 공空이란 개념에 묶여 공空이 있다고 생각한다면 공空이 유有에 속하게 되고 마는 것이니, 유견有見을 지니면 공空이란 위대한 설명도 하나의 병통病痛이 되고 마는 것이다.

莫滅凡情 唯教息意
막 멸 범 정 유 교 식 의

범부의 정情을 없애려 말고

오직 정념情念을 쉬어야 하니라.

■ 某解

대저 배우는 이가 정념情念이 망심妄心이란 말을 듣고, 정념情念을 끊어 없애려 한다. 끊어 없애려는 정념情念이 또 다른 정념情念을 짓는다. 그러기에 곧바로 정념情念을 쉬는 것이 공부의 지름길이다.

정념情念의 내용이 환幻임을 이해하면 정념情念의 일용사日用事 모두가 환幻인 줄 이해하게 될 것이다.

정념情念의 내용이 환幻임을 이해하지 못하면 더디고 더딘 길에 섰는 것이다. 자기 인생을 관조觀照하여 모든 행行이 하나의 관념觀念이요, 기억記憶이며 억견臆見임을 본다면 환幻을 앎이 가까울지라.

정념情念을 쉬고 쉬는 것이 오래되면, 온전히 쉬게 될 때가 있을 것이다.

심명론心銘論 第30目

意無心滅 心無行絶 不用證空 自然明徹
의무심멸 심무행절 불용증공 자연명철

정념情念이 없으면 마음[妄心]이 사라지고
마음[妄心]이 없으면 유위有爲가 끊어지네.
공空을 자증自證하여도 공空은 쓸모가 없나니
진심眞心을 밝히면 스스로 명철明徹해 진다네.

某解

공空이란 망심妄心을 환幻인 줄 아는 내용일 뿐이라, 용처用處가 없으므로 쓸모가 없다고 하는 것이다.

처음으로 맛보는 무위無爲는 비택멸무위非擇滅無爲이다. 세상사를 환幻으로 관觀하므로 생겨날 인연因緣이 없어 나타나는 무위無爲이다. 공적영지空寂靈知는 무연無緣의 지知인 까닭이다. 다음은 택멸무위擇滅無爲이다. 지혜智慧의 힘으로 간택하여 판정하는 힘에 따라 얻는 무위無爲이다.

그 다음은 상수멸무위想受滅無爲이다. 오욕五欲과 정념情念으로 지은 사변사식思變思識과 학습식學習識이 쉬는 무위無爲의 경지境地이다. 상수멸무위想受滅無爲가 쉬어 진심眞心이 흐려지지 않는 경지를 부동무위不動無爲라 한다.

사무위四無爲를 살펴본다.

비택멸무위非擇滅無爲; 처음으로 문득 진심眞心이 드러나, 정념情念이 허환虛幻임을 확인하고, 옛 스승들이 본래무심本來無心이라 하신 말씀을 자증自證한 경지境地이다. 진심眞心이 드러나서 마음[妄心]이 없는 줄 알았으나 여전히 삼세육추三細六麤가 있음을 보고 마음[妄心]을 쉬는 공부에 나아간다. 화엄초지華嚴初地이다.

택멸무위擇滅無爲; 개오開悟 연후에 지혜智慧의 힘으로 간택揀擇하여 판정하는 힘에 따라 얻는 무위無爲이다. 공적영지空寂靈知가 무연無緣의 지知임을 항상히 본다. 화엄삼지華嚴三地에서 오지五地를 이른다.

상수멸무위想受滅無爲; 오욕五欲과 정념情念으로 지은 사변사식思變思識과 학습식學習識과 미세망상微細妄想을 쉬는 무위無爲의 지地이다. 화엄육지華嚴六地에서 칠지七地를 이른다.

부동무위不動無爲; 상수멸무위想受滅無爲가 쉬어 진심眞心이 흐려지지 않는 경지境地이다. 화엄팔지華嚴八地이상을 이른다.

滅盡生死 冥心入理 開目見相 心隨境起
멸 진 생 사 명 심 입 리 개 목 견 상 심 수 경 기

망심妄心의 생사生死를 소멸하면
진심眞心에 계합契合하여 참 이치에 드나니
눈[肉眼]을 열어 모습을 취하면
망심妄心따라 경계境界가 일어난다네.

某解

오직 망심妄心의 생사生死가 소멸消滅하여 망심妄心이 불생不生하여야 진심眞心이 드러나는 것이다.

명冥이란 계합契合하다는 의미요, 입리入理란 참 이치에 든다는 뜻이다. 우두대사牛頭大師의 절관론絶觀論의 다른 이름이 입리연문설入理緣門說이다. 연문선자緣門禪子의 거친 질문에 입리대사入理大師가 의심을 풀어주는 문답형식의 논論이다. 우두대사牛頭大師를 친절親切을 만나려면 절관론絶觀論을 읽어 볼 일이다.

心處無境 境處無心 將心滅境 彼此由侵
심 처 무 경 경 처 무 심 장 심 멸 경 피 차 유 침

마음에는 경계境界가 없고
경계境界에는 마음이 없네.
마음으로써 경계境界를 없애려 하면
마음과 경계境界가 서로 마주하리니.

某解

마음[妄心]과 경계境界를 모두 잊어 지워야 참마음[眞心]이 나타난다. 금金나라 정언政言의 진심직설眞心直說에 열 가지 공부 방법을 두었는데, 그 중에서 각찰覺察과 휴헐休歇만이 바른 길이다. 마음[妄心]을 두고 경계境界를 멸한다거나, 경계境界는 두고 마음[妄心]을 없앤다는 등의 말은 공부를 어지럽히는 망설亡說이다. 참다이 경지境地가 열렸다면 이러히 말하지 않는다.

마음과 경계境界가 민멸泯滅한 온전한 무위無爲를 진여무위眞如無爲라고 한다. 마음과 경계境界를 민멸泯滅한다고 하였으나, 그 실은 마음이 멸滅하면 경계境界는 없다. 여기서의 마음은 망심妄心을 가리킨다.

心寂境如 不遺不拘 境隨心滅 心隨境無
심적경여 불유불구 경수심멸 심수경무

마음이 고요하고 경계도 고요하여

버리지도 않고 붙들지도 않네.

경계境界는 마음[妄心]따라 소멸消滅하고

마음[妄心]은 경계境界따라 사라지네.

某解

망심妄心이 경계境界를 낳았으니 망심妄心이 없으면 경계境界도 사라지는 것이다. 망심妄心으로 경계境界를 지었는지라 망심妄心이 멸滅하면 경계境界도 멸滅하는 것이다. 미망迷妄의 원인처原因處는 바로 망심妄心일지니, 당금當今에 망심妄心을 타파打破할 웅기雄氣를 세워야하는 것이다.

진심眞心이 삼라만상森羅萬象을 비추나, 그 비춤을 경계境界라 하지 않는다. 다만 고요히 비추나니 삼라만상森羅萬象이 따라서 담길 따름인 것이다. 이 도리道理는 해오解悟로써 요지了知하기 쉽지 아니하다.

兩處不生 寂靜虛明 菩提影現 心水常淸
양처불생 적정허명 보 영현 심수상청

마음[妄心]과 경계境界가 일어나지 않으면
진심眞心의 적정寂靜과 허명虛明이 드러나서
보리菩提의 기미幾微가 드러나나니
참마음[眞心]의 물결은 항상하게 해맑도다.

某解

진심眞心의 허명虛明과 적정寂靜은 학습하여 익히는 것이 아니다. 익히는 것이 아니므로 배울 수 없다. 오직 자증自證으로 확인할 수 있다. 자증自證연후에 진심眞心으로 소요逍遙할 수 있는 것이다.

마음공부란 진심眞心이 현전現前하지 아니하면 갖가지 교설敎說이 서로 부딪히고 섞어지나, 진심眞心이 드러나면 제법諸法을 버리고 홀로 자명自明하는 것이다. 그 길에 서면 전성前聖의 명지明旨를 새로이 새기며 존숭尊崇의 예禮를 올리고 숙연肅然히 따르게 되는 것이다.

德性如愚 不立親疏 寵辱不變 不擇所居
덕성여우 불립친소 총욕불변 불택소거

진심眞心의 덕성德性은 바보 같아서
세연世緣의 가깝고 멂을 두지 않네.
총애寵愛와 욕辱됨에 변變하지 않으며,
머무는 처소處所를 가리지 않네.

某解

진심眞心은 정념情念이 지은 탐진치貪嗔痴밖에 두렷하여 해맑다. 그러므로 범부의 정념情念으로 진심眞心의 본원本源을 헤아리면 어긋나는 것이다. 세사世事에는 높은 계급과 부귀를 복으로 여기며 총애寵愛와 욕辱됨 사이를 오간다. 그러나 진심眞心에는 평등平等하고 광명光明이 자족自足하여 시종始終없는 대자유大自由가 언제나 넘친다. 누가 여기에 참여할 수 있는가? 오직 진심眞心을 회복回復한 이가 그것을 누리는 것이다. 고덕古德이 이르기를 누구라도 뜻을 두어 삼년三年을 노력하면 대지大智를 연다고 하였다.

우愚, 총寵, 욕辱은 노자老子의 말이다. 우두대사牛頭大師가 소시少時에 노자老子를 읽다가 견처見處가 열렸음을 넘겨 보는 구절句節이라 하겠다.

諸緣頓息 一切不憶 永日如夜 永夜如日
제연돈식 일체불억 영일여야 영야여일

안팎의 모든 인연因緣을 단박에 쉬어
일체의 망념妄念을 잊네.
영원한 낮은 밤과 같고,
영원한 밤은 낮과 같다네.

某解

세상世上을 잊고 또한 자기自己를 잊어서 적연부동寂然不動이 삼월三月을 지나면, 행주좌와行住坐臥에 도道가 떠날래야 떠날 수 없다. 진아眞我가 드러나면 세상의 부귀富貴와 총욕寵辱이 한갓 아지랑이가 되고 만다. 이러한 이후에 도道를 가히 말할 수 있는 것이다.

진아眞我가 나타난 효용效用이 어찌 여기에 그치겠는가? 시공時空이 끊어진 자리는 사생死生이 엿보지 못하고, 항상히 적연寂然으로 소요逍遙한다. 이 경지는 요순堯舜과 허유許由와 장주莊周와 이통현李通玄 등과 어깨를 나란히 하는 것이다. 배우는 이가 비록 오래오래 닦으나, 필경에는 단박에 쉬어 밝아져서 무위無爲에 거처하는 것이다.

外似頑嚚 內心虛直 對境不動 有力大人
외 사 완 은 내 심 허 직 대 경 부 동 유 력 대 인

진인眞人은 겉은 어리석은 듯하고
안은 비고 곧다네.
경계境界를 마주하여도 부동不動하여야
세상을 벗어난 대력진인大力眞人이라네.

某解

진인眞人이 비고 곧은 것을, 칠정七情이 없는 까닭이다. 그러므로 진인眞人은 칠정七情에 머물지 아니하는 것이다.

무소주無所住란 정념情念에 머물지 않음이요, 무소유無所有란 정념情念이 없다는 뜻이다. 정념情念이 없게 되면 어찌 정념情念에 머물 수 있겠는가?

진인眞人은 쉬임 없이 부동무위不動無爲를 향한다. 정념情念 없음이 한결같아야 부동不動이라 한다. 영가永嘉스님 등이 다겁多劫에 수행하였다는 자토自吐가 어찌 빈말이겠는가? 부동무위不動無爲의 경지라야 대각大覺이다. 대각大覺의 다른 이름이 묘각妙覺이니 곧 세존世尊의 위位이다.

심명론心銘論 第38目

無印無見 無見常現 通達一切 未嘗不遍
무인무견 무견상현 통달일체 미상불편

망아妄我가 없으면 망아妄我를 봄이 없나니
봄이 없으면 진아眞我가 항상하게 나타난다네.
진심眞心은 일체처一切處에 통달通達하여
일찍이 시방十方에 두루하지 않음이 없네.

某解

밤을 지나 아침이 되면 어둠이 사라지고 산천초목山川草木이 드러난다. 이때 산천초목이 새로 생겨난 것이 아니다. 본래의 산천초목인 것이다. 진심眞心도 이와 같다. 그러므로 정념情念이 쉬면 진심眞心이 드러난다고 하는 것이다. 드러난다고 해야 진리眞理에 가깝다. 나타난다고 설명하는 것은 부득이不得已한 차언借言이거나 측지測知라 하겠다.

정념情念은 변하고 또 변하는 허상虛像의 몽환夢幻이요, 진심眞心은 모습 없는 참모습이다. 그러기에 무상無相이면서 실상實相이라 하는 것이다. 진심眞心은 시간時間과 공간空間에 머뭄 없이 시공時空을 소요逍遙한다. 세재世才가 듣기에 어렴풋이 보일 듯 잡힐 듯하나 분명치 않은 것은 학습식學習識에 젖어 사변사식思變思識에 거처하기 때문이다.

思惟轉昏 汨亂精魂 將心止動 轉止轉奔
사유전혼 골란정혼 장심지동 전지전분

汨 : 빠질 골

생각을 일으키면 도리어 혼미昏迷해지나니
정신이 어지러움에 잠긴다네.
마음[妄心]으로써 움직임을 애써 그치려하면
그치려 할수록 더욱 날뛴다네.

某解

진심설眞心說을 듣고 진심眞心을 생각妄心으로 헤아리면 곧 어긋난다. 생각妄心으로 헤아리지 않으려면 어떻게 해야 하는가? 이 구절句節이 세재世才들이 만나는 난제難題이다. 공자孔子의 사무사思無邪 말씀이 정념情念, 삿된 생각의 생각 없이 생각하는 것이다. 절세絶世의 소동파蘇東坡도 45세에 사무사思無邪에서 망연茫然하였다가 5년을 참구參究하여 마침내 개오開悟하였다. 뒷사람의 지남指南이 되는 절목節目이다. 진심眞心은 정념情念이 멸진滅盡하면 드러난다. 헤아려 추측推測하는 정념情念은 망심妄心이요, 몽환夢幻이기 때문이다.

萬法無所 唯有一門 不入不出 非靜非喧
만 법 무 소 유 유 일 문 불 입 불 출 비 정 비 훤

만법萬法은 온 누리에 가득한데
오직 하나의 문門이 있네.
들어가거나 나오는 문門이 아니며,
고요하거나 시끄러운 문門도 아닐세.

某解

진심眞心은 견문각지見聞覺知에 항상恒常하게 나타나 있다. 가릴 수 없고 숨지 않기 때문이다. 견문각지見聞覺知란 보고, 듣고, 몸으로 알며, 법法을 뜻으로 아는 것이다. 다시 말해 심식心識이 대경對境하여 아는 것의 총칭總稱이다.

견문각지見聞覺知 할 때, 무념無念으로 반조返照하면 진심眞心을 만나게 된다. 이때 진심眞心은 자족自足이라, 만남은 만남 없이 만나는 것이다. 무념無念이 아니면 어긋난다. 염기念起는 직심直心이어야 진심眞心이 현전現前하는 것이다. 그러므로 옛사람이 공부지음에 동념즉괴動念卽乖라! 하였다.

聲聞緣覺 智不能論 實無一物 妙智獨存
성 문 연 각 지 불 능 론 실 무 일 물 묘 지 독 존

성문聲聞과 연각緣覺의
지혜智慧로는 설명할 수 없다네.
진실로 한 물건妄想도 없고,
영묘靈妙한 지혜智慧가 홀로 존재한다네.

某解

범부가 몸과 정념情念에 의지한 삶을 사는지라, 세상살이에 번다하지만, 범부 진심眞心의 영묘靈妙한 지혜智慧는 부동不動하여 온전하다. 성문聲聞과 연각緣覺의 지혜는 술지術智라 약간의 지견知見에 그친다. 약간의 지견知見으로 공적묘지空寂妙智를 통해通解할 수 있으나 대개가 측지測知이다. 정안正眼이 열린 연후라야 공적묘지空寂妙智가 현전現前하는 것이다. 이 도리道理를 믿지 않으면 배울 수 없고, 바르게 통해通解하지 않으면 앞으로 나아갈 수 없다.

本際虛沖 非心所窮 正覺無覺 眞空不空
본제허충 비심소궁 정각무각 진공불공

본래면목本來面目은 비고 모습 없어
사념思念으로는 헤아릴 수 없다네.
바른 깨달음은 깨달은 바가 없으며,
진공묘유眞空妙有는 공空이 아니라네.

某解

진공묘유眞空妙有는 공적영지空寂靈知이다. 진공眞空이란 진심眞心의 공적空寂함을 설명한 것이다. 망념妄念을 공空이라 한 것과는 다른 뜻이다. 공적영지空寂靈知와 공적묘지空寂妙智는 같은 뜻이다.

공空이란 '없다[無]' '본래 없다[本無]'는 뜻이다.

진심眞心이 현현顯現한 연후에 공空의 바른 뜻을 알 수 있다. 공空의 당체當體를 보면 공空이라할 것조차 없음을 알게 된다.

허충虛沖은 공적空寂의 뜻이다. 노자老子의 충허沖虛는 공적영지空寂靈知의 뜻이다.

심명론心銘論 第43目

三世諸佛 皆乘此宗 此宗毫末 沙界含容
삼세제불 개승차종 차종호말 사계함용

과거 현재 미래의 모든 부처님은
모두 이 종宗에 의거하거니
종宗의 털끝 하나에도
항하사같이 무수한 세계를 포함한다네.

某解

불법佛法은 오직 무심종無心宗일 뿐이다. 무심無心 밖의 설說은 다 대기설법對機說法이다. 불법의 종지宗旨는 무념無念이요, 무념無念이 요목要目이며 무심과 무념은 같은 뜻이다. 불법을 배우면서 요목要目을 알지 못하면 오래토록 고초苦楚를 겪게 되는 것이니, 성문聲聞의 옷을 벗고 무심종無心宗의 지리至理를 통해通解해야 하는 것이다.

불법佛法이란 무념無念을 설명하여 진심眞心의 무위無爲 즉 진공묘유眞空妙有를 드러내는 대법大法이다. 제법諸法을 거두면, 한 법法도 자취가 없는 것은 대법大法이 무념無念에 거처하기 때문이다. 무념無念이란 생각에 정념情念이 없는 수연粹然한 마음이요, 대적大寂의 본원本源이다.

심명론心銘論 第44目

一切莫顧 安心無處 無處安心 虛明自露
일 체 막 고 안 심 무 처 무 처 안 심 허 명 자 로

일체의 망념妄念을 돌아보지 말고
마음을 편히 하여 경계境界를 두지 말라.
경계境界가 없으면 마음이 편안하여
빈 밝음이 스스로 드러나니라.

某解

화두話頭는 의심疑心을 근원根源에 두어야 한다. 화두話頭를 되뇌이며 화두話頭에 매달리면, 다만 화두話頭에 매달린 사람일 뿐이다. 만약 화두話頭에 매달렸다면 화두話頭를 놓아버려야 한다. 놓을 때, 홀연히 화두 들기 이전以前을 보면 견처見處가 열리는 것이다. 화두話頭에 매달렸는데 어찌 텅 빈 드밝음이 나타나겠는가? 화두話頭도 하나의 망심妄心일 뿐이다. 망념妄念이 일면 곧 진심眞心이 가려져 어긋나는 것이다.

상근上根은 스스로 자기를 궁구窮究하여 돌아보고 부모미생전면목父母未生前面目을 관觀한다. 그리하여 경론經論 가운데서 밝아지거나, 대선지식大善知識의 기연機緣과 명지明指를 입어 개오開悟하는 것이다.

寂靜不生 放曠縱橫 所作無滯 去住皆平
적정불생 방광종횡 소작무체 거주개평

고요하여 망념妄念이 일어남이 없으면
드밝아 오고 감에 걸림 없는 자유自由라네.
일체처一切處에 걸림이 없으면
가고 머무름이 모두 평등平等하네.

某解

육조대사六祖大師께서 이른다

"본래부터 생生이 없기 때문에 멸滅이 없는 것이다."

"번뇌煩惱는 더러운 것이 아니며, 선정禪定도 깨끗한 것이 아니다."

"번뇌煩惱가 곧 보리菩提이니 둘도 아니고 각각도 아니다. 그대가 지혜로써 비춘다는 것은 이승二乘의 견해見解이다. 지혜로운 자는 모두 이와 같지 않다."

"만약 심요心要를 얻고자 하면, 모든 선善과 악惡을 사량思量해서는 아니 된다. 심체心體는 담적湛寂하여 작용作用이 자유자재自由自在하다."

慧日寂寂 定光明明 照無相苑 朗涅槃城
혜일적적 정광명명 조무상원 낭열반성

지혜智慧의 해는 고요하고 고요하여
대적大寂의 광명光明이 밝고 밝네.
모습 없이 삼라만상을 비추우고,
열반涅槃의 성城에서 맑고 화안하네.

某解

육조대사께서 '守眞心이 勝念十方諸佛이니라' 하였다. 즉 진심眞心을 지키는 것이 시방十方의 모든 부처님을 생각하여 받드는 것보다 낫다는 뜻이다. 이 구절句節이 심중心中을 관통貫通하지 아니하면 지름길을 알지 못한다고 하겠다. 진심眞心을 밝히 알아야 진심眞心을 지킬 수 있는 것이다.

범부의 공부는 먼저 한 줄기의 대적광명大寂光明을 만나 불법佛法의 진실한 가르침을 확인해야 한다. 그런 연후에 하심下心하고 소박素朴하며, 오롯이 진심眞心을 지킬 수 있는 것이다.

오로지 정념情念이 적멸寂滅한 연후에 대적광명大寂光明이 나타나는 것이다.

심명론心銘論 第47目

諸然忘畢 詮神定質 不起法座 安眠虛室
제 연 망 필 전 신 정 질 불 기 법 좌 안 면 허 실

모든 인연因緣을 잊어 마치면
정신精神이 온전하여 선정禪定이 항상하네.
법좌法座를 일으키지 아니하고
빈 방에서 편안히 잠을 자네.

某解

우두대사牛頭大師는 모든 인연因緣을 잊어 '지킴'을 잊었다고 한다. 안팎의 인연因緣을 쉬었다면, 들고나는 선정禪定이 아니라 부동不動의 선정禪定이 항상恒常할 것이다.

어떤 이는 '진심眞心이 진심眞心을 지키면 병病이 아닌가?'라 한다. 그러한 이는 공부가 상지보살上地菩薩의 경지境地거나 어리석은 범부의 견해見解이다.

만약 모든 인연을 잊어 마치면, 정신이 온전하여 선정禪定이 떠나지 않을지라, 이러한 이는 따로 법좌를 두지 않아도 행주좌와가 설법 아님이 없는 것이다. 삼처전심三處傳心도 헛소리로 삼나니, 누가 그 있어 가운데 들리오.

심명론心銘論 第48目

樂道恬然 優遊眞實 無爲無得 依無自出
낙 도 염 연 우 유 진 실 무 위 무 득 의 무 자 출

優 : 넉넉할 우

담연澹然히 도道에 거처하며
넉넉히 소요逍遙함이 진실眞實하다네.
함이 없고 얻음도 없나니
의지하는 바 없이 스스로 비춘다네.

某解

무득無得, 무주無住, 무능소無能所, 무심無心에 적연히 통通해야 무위無爲에 첫발을 내디딜 수 있는 것이다.

의지依支하는 바 없어야 진실眞實한 경지境地이다. 지견知見은 무심無心에 의지하고, 무심無心은 무위無爲에 의지한다. 택멸무위擇滅無爲는 수상멸무위受想滅無爲에 의지하고, 수상멸무위受想滅無爲는 부동무위不動無爲에 의지한다. 마침내 부동무위不動無爲 이르러야 의지依支가 민멸泯滅하여 대적광지大寂光地가 드러나는 것이다. 약간의 지견知見에 머물면 교만驕慢이 붙기 쉬운지라 자기自己를 망치고, 또한 남을 어둡게 하나니라.

四等六度 同一乘路 心若不生 法無差互
사 등 육 도 동 일 승 로 심 약 불 생 법 무 차 호

사무량심四無量心과 육바라밀六波羅密은
모두 일승一乘의 한 길 위에 있나니,
망심妄心이 일어나지 않으면,
모든 법法이 차이가 없나니라.

某解

자慈 비悲 희喜 사捨의 사무량심四無量心은 소승小乘의 수행법修行法이다. 보시布施 지계持戒 인욕忍辱 정진精進 선정禪定 지혜智慧의 육바라밀六波羅密은 대승大乘의 수행법修行法이다.

달마대사 이르시길 "진심眞心을 관觀하는 일법一法이 일체 수행법의 근본이다.(觀心一法이 總攝諸行이니라)"라 하였다. 진심眞心을 관觀하여, 진심眞心을 깨치고, 진심眞心으로 일용日用하는 법法 외에 어떤 다른 공부법工夫法도 있지 아니하다. 관심법의 요목要目은 세상世上과 잡념雜念을 모두 잊고 깊은 삼매三昧에 드는 것이다. 깊은 삼매에 들어야 심반야深般若를 깨칠 수 있다. 깊은 삼매三昧가 없으면 심반야深般若의 대력지大力地에 나아가지 못한다.

심명론心銘論 第50目

知生無生 現詮常住 智者方知 非言詮悟
지 생 무 생 현 전 상 주 지 자 방 지 비 언 전 오

詮 : 설명할 전

마음[妄心]이 일어나도 일어남이 없음을 알면,

공적영지空寂灵知가 항상하게 현전現前하네.

지혜로운 이는 곧바로 알겠거니와

말로는 깨달음을 온전히 설명할 수 없다네.

某解

진실로 진심眞心에 계합契合하면 실로 망심妄心을 없앰이 없이 망심妄心이 있지 아니함을 자증自證한다.

깨친 이는 진심眞心을 증득證得했으되 새로운 마음을 득得함이 아니다. 다만 이러할 뿐이다. 앞에 많은 군말이 있으므로 여기서는 줄인다.

일승一乘의 가르침은 진심眞心과 망심妄心의 내용을 설명說明하고 나아가 진심眞心을 직지直指한다. 대력보살大力菩薩의 경지에 대해 약간의 기미機微를 드러낼 뿐 자세히 설하지 않는 까닭은 공부가 익어 가면 절로 알게 되는 때문이다. 이 밖의 설說은 다 이승二乘을 위한 가르침이다.

心銘某解 終.

영가永嘉 증도론證道論

무상경직해無相經直解

永嘉玄覺　著
三碧甾虛 譯解

증도가證道歌의 별칭이 무상경無相經이다. 또한 증도가證道歌를 증도론證道論이라고도 한다. 그 내용이 간명簡明하며 높고 밝기 때문이다. 증도가는 북송北宋의 고승高僧들이 증도론證道論으로 그 격格을 올렸는데, 남송南宋과 명明에 이르러 그 선리禪理의 절직截直이 무상無相이라 하여 무상경無相經으로 높혀졌다.

증도론서證道論序

영가현각永嘉玄覺스님(665~713)은 육조六祖 혜능대사慧能大師 문하의 오대종장五大宗匠가운데 한 분이다. 다섯 분의 종장은 하택신회荷澤神會(670~762), 혜충국사慧忠國師(?~775), 영가현각永嘉玄覺, 남악회양南嶽懷讓(677~744), 청원행사淸源行思(?~740) 등 이른바 칠조七祖스님들이다.

선설禪說에 하택荷澤과 영가永嘉는 영산회상靈山會上의 고덕古德이라하고, 혜충慧忠은 용수龍首의 후신後身이라 하며, 남악南嶽과 청원淸源은 전세前世에 서천西天의 고승高僧이라 전한다.

영가永嘉스님은 처음에 천태종에서 배웠으나 스스로 밝아진 연후에 육조六祖스님을 뵙자마자 인가認可받고, 하룻밤을 육조六祖스님과 지내고 떠났으므로 일숙각一宿覺이라 칭한다. 혹설에 영가永嘉스님은 부처님 당시의 보살菩薩이라 한다.

천태종天台宗은 천태지자天台智者(智顗538~597)대사가 교의를 세움에 중국불교의 표상이었으나 지자智者대사가 떠난 이후, 문도들이 교학에 치우쳤으므로 교가敎家로 분류된다. 비록 상근上根을 이끌었으나, 중근中根을 이끄는 방편이 넓은 까닭에 지망정관止妄正觀의 의意가 묻혀 곡해曲解된 것이다. 천태지자天台智者

대사는 승찬대사僧璨大師(?~606)와 동시대 인물이며 오지보살五地菩薩이라 전한다.

육조대사의 종지宗旨는 본래무일물本來無一物에 있다. "본래 하나의 물건도 없다."라는 말의 일물一物의 뜻을 통해通解해야 육조의 종지宗旨를 통해했다고 할 수 있다. 육조대사가 이른다.

"정定은 혜慧의 체體요. 혜慧는 정定의 용用이다."
"번뇌煩惱가 곧 보리菩提이다."
"일직심一直心을 행하면. 즉시 일행삼매一行三昧이다."
"무념無念으로 종宗을 삼고, 무상無相으로 체體를 삼으며, 무주無住로써 본本을 삼는다."

만약 뒷사람이 육조대사의 종지宗旨를 통해通解하여 탐貪 진嗔 치痴 애愛 증憎의 망령된 마음[妄心]을 문득 쉬게 된다면, 영가스님이 걸어간 길을 밟을 수 있을 것이다. 마침내 개오開悟하여 공리空理를 참다이 자득自得했다면, 다음 공부에 나아감에 비록 숙정宿情이 어른거리더라도 세추細麤의 진습塵習이 아지랑이 같고 그림자 같을지라, 일상日常의 삼매三昧에 방해롭지 않을 것이다. 비록 삼매三昧에 방해롭지 않을 것이나 무념無念의 념念에 의지依支하는 바를 지우지 못하면 그 경지가 어떠하겠는가? 咄!

碧老粗析.

君不見가
군 불 견

그대는 보지 못하였는가.

▮ 某解

그대는 수행자修行者를 가리킨다. 절학무위한도인絶學無爲閑道人 즉 배움이 끊어진 무위無爲의 한도인閑道人을 보았는가? 하고 묻고 있다.

絶學無爲閑道人은 不除妄想不求眞이라
절 학 무 위 한 도 인 부 제 망 상 불 구 진

배움이 끊어져 함이 없는 한가로운 도인道人은
망상을 없애지 아니하고 참마음도 구하지 않나니,

某解

심반야深般若의 경지境地를 설하였다. 심반야深般若는 화엄팔지華嚴八地에서 십지十地의 경지요, 천반야淺般若는 화엄초지華嚴初地에서 칠지七地의 경지를 의미한다. 고로 절학무위한도인絶學無爲閑道人은 무생인無生忍의 화엄십지華嚴十地를 가리키는 것이다.

또한 현수賢首화상은 심반야深般若와 천반야淺般若의 해설에 심반야深般若는 십지十地 등각等覺 묘각妙覺을 이르고, 구지九地이하를 천반야淺般若라 설한다. 반야般若는 하나이나 그 경지에 따라 밝음이 다른 까닭이다. 도생道生화상은 상반야上般若와 하반야下般若로 설명했다. 석금昔今의 선가禪家에서 견성見性이라 이르는 경지는 초지보살初地菩薩의 경지를 의미한다.

절학絶學, 무위無爲, 한閑, 도인道人의 참 뜻은 범부가 필경에 자득自得해야 할 숙제宿題이다. 불법佛法의 참 뜻이 이 넷을 벗어나지 않기 때문이다. 문자반야文字般若로는 대강의 이해와 해석이 가능하지만, 안팎이 쉬어 고요함이 산과 허공같이 관조반야觀照般若가 익은 연후에, 실상반야實相般若를 자득自得해야 그 뜻을 적확的確히 알 수 있다. 자득自得한 연후에 다시는 망심妄心에 속지 않을 수가 있는 것이다. 고덕古德이 개오開悟이후에 종신終身토록 스스로에게 "속지 말아라! 속지 말아라!"한 까닭을 알아야 한다.

절학絶學이란 진심眞心이 현현顯現하여 성성惺惺이 그치지 아니하는 경지이니 곧 멸진정滅盡定을 성취한 화엄팔지華嚴八地요, 무위無爲는 망심妄心의 함이 없음이니 곧 망심妄心의 생멸生滅이 끊어짐이라 곧 열반涅槃의 다른 이름이다.

한閑이란 망심妄心이 본래 환幻임을 자증自證하여 다시는 망심妄心에 속음이 없으므로 한閑이라 하며, 도인道人이란 무심도인無心道人이니 진심眞心이 성성惺惺하여 오직 진심眞心으로 소요逍遙하므로 무심도인無心道人이라 하는 것이다. 대저 팔지보살八地菩薩 이상을 무심도인無心道人이라 칭한다. 말법의 가칭假稱에는 삼지보살三地菩薩을 무심無心에 거처居處한다고 이른다.

절학絶學이란 다만 오온五蘊이 환幻인 줄 증오證悟해야 배움이 끊어지는 것이다. 환幻의 도리를 자득해야 망상妄想이 곧 보리菩提인 이치에 통한다. 그리하면 제법諸法제법이 본공本空함에 계합하여 절학絶學의 문에 드는 것이다.(絶學者 但知五蘊皆幻면 通明

妄想是菩提요 諸法本空이라 則入絶學門故絶學也니라)

어찌하여 입절학入絶學 즉 절학絶學의 문에 드는 것이라 하는가? 진심眞心이 현현顯現하여 다만 범부의 정情을 쉬는 무수이수無修而修의 성성惺惺에 들었기 때문이다. 견성見性 연후에는 보살의 공부길이 있다. 그러하기에 보살을 도심중생道心衆生이라 하는 것이다. 공부길을 말하자면 돈오법頓悟法이 으뜸이요, 그 속제俗諦의 세행細行은 점수로漸修路를 거치지 않을 수 없다.

이르건대 십지十地와 등각等覺 등이 돈오점수頓悟漸修의 구경究竟인 것이다. 보살의 계위에 따라 거칠고 미세한 망념妄念, 즉 삼세三細와 육추六麤가 남아 있기 때문이다. 추망麤妄과 세망細妄을 수연粹然히 쉬어가는 경지에 따라 계위階位의 이름이 있다. 그러나 그 이름은 부득이 붙힌 이름일 따름이다. 누가 있어 증오證悟와 동시에 삼세육추가 사라지는 경지境地에 이르겠는가? 큰 보살의 시현示現이 아니고는 불가하다.

육조六祖 혜능대사慧能大師도 문인 남악회양南嶽懷讓이 "한 물건이라 하여도 맞지 않습니다. 남은 숙세의 정습情習이 있는지라 닦아야할 도리가 있습니다.(一物이라도 的否中이라 有餘宿習이라 必有修理이니이다.)"하니 육조께서 "나 역시 그대와 같다.(我亦是如汝니라)"라 하였다. 육조와 칠조七祖도 이러하거늘 그 밖의 선객禪客들이랴! 이치는 돈오頓悟이나 정습情習은 단박에 없애지 못하는 것(理則頓悟이나 事는 非頓除라)이다. 닦음에 있어 돈오頓悟 후의 닦음과 돈오頓悟 전의 닦음을 가름하면 닦음의 그 내용이 다르다. 그 다름에 대해서는 여기서 논하지 않는다.

무위無爲란 진심眞心을 깨달아 망심妄心을 여읜 후의 행이다. 무위無爲는 지도至道이다. 측지測知에 거처하는 이는 비록 약간의 소견이 있더라도 무위無爲를 쉽게 입에 담아서는 아니 된다. 무위無爲를 설한 옛글을 더듬어 본다. 천황선사보림게天皇禪師保任偈이다.

任性逍遙　성품에 맡겨 소요逍遙하고,
隨緣放曠　인연因緣 따라 놓아버려라.
但盡凡心　다만 범부凡夫의 마음만 없어 졌을 뿐,
別無聖解　별다이 성인聖人의 견해見解가 없느니라

백운선사白雲禪師의 보림게保任偈를 본다.

若欲保任　만약 보림保任하려면
但忘諸見　다만 모든 견해見解를 쉬어라.
諸見若盡　모든 견해가 없어지면
昏霧不生　어두운 안개가 생기지 않고
智照洞明　지혜로 비추움이 환히 밝으면
更無餘事　다시는 다른 일이 없나니라.

공구대사孔丘大士의 설을 본다.

從心所欲不踰矩 종심소욕불유구

참마음[眞心]을 따르나니, 하고자함에 어긋남이 없노라.

의상대사義湘大師의 요목을 본다.

無名無相切一切 무명무상절일체
不守自性隨緣成 불수자성수연성

자성自性은 이름 지을 수 없고 모습 없어 일체의 지식知識이 끊어 졌나니, 이 도道는 자성自性을 지키지 아니하고 인연 따라 만사萬事를 이루나니라.

망심妄心이 본래 없는 도리를 확인確認한 이는 걸음걸음마다에 오직 진심眞心으로 행한다. 이구지보살離垢地菩薩의 경지에 이르면 비록 묵은 삼세三細와 육추六麤가 나타나도 대개가 방해롭지 아니하다. 왜냐하면 망심의 체성體性이 본시 환幻이라, 본래 없는 것이기 때문이요, 그 행行 가운데서 정情의 공성空性을 보기 때문이다. 망심妄心의 내용은 환幻이다. 누가 있어 환幻을 실재實在라 하는가?

한도인閑道人은 한閑과 도인道人을 묶어서 이른 것이다. 한閑이란 '정념情念으로부터 한가롭다'는 뜻이다. 견성見性한 도인道人은 정념情念에 속지 않는 경지이다. 그러므로 한도인閑道人은 '깨어 있는 이'라는 뜻이다. 한도인閑道人은 숙습宿習의 망심妄心이 일어나도 방해롭지 아니하다. 그러나 부동지不動地, 八地菩薩位에 나아가지 못했다면 공부가 퇴보退步할 수 있다. 운문선사雲門禪師(864~949)가 읊는다.

足下萬里靑　발아래 세상 만리 푸르고녀.
東山水上行　동산이 물 위를 가누나.
吾道此是中　나의 도는 이 가운데 있나니
行之貴日惺　나날이 성성만을 귀하게 여기노라.

운문선사의 게송, 행지귀일성行之貴日惺은 오도悟道 후의 공부길을 보인 것이다.

한도인閑道人은 삼지보살三地菩薩이상의 경지境地일 것이다. 초지初地의 환희지보살歡喜地菩薩은 처음 견성見性한 기쁨에 머무는 이가 허다하여 공부가 퇴굴退屈하기 쉽다. 기쁨 또한 하나의 정념情念의 병통病痛인 것이다.

환희지보살歡喜地菩薩의 공부길 즉 처음 견성처見性處에 대해 고덕古德이 이른다. "법공法空을 새로이 자득한 이는 희열이 많아 마음이 산란하니라.(新得法空者 夛喜悅心散亂也)" 근세의 이름난 선객禪客 중에 스스로 높이 여겨 주색酒色을 가까이하는 망행妄行을 하다가 말년에 산골에 은거하여 성성惺惺의 공부에 힘쓰다 떠난 이가 경허鏡虛이다. (以下敬稱省略) 방가方家의 해설이 구구區區하나 경허선사鏡虛禪師처럼 개오開悟하였으나 초지初地에서 높은 스승과 벗이 없으면 흐려지기 쉽다.

뒷사람은 경허鏡虛의 망행을 흉내내지 말아야 할 것이다. 영명선사永明禪師(904~975)는 개오開悟 후의 망행을 몹시 걱정하여 나무란다. 영명선사는 고불古佛이라 존숭되며 종경록宗鏡錄과 심부心賦 등을 지었다.

보살도 이욕지離欲地에 이르러야 거친 오욕칠정을 쉰다. 다시 말해 거친 탐진치를 쉬는 것이다. 삼지보살三地菩薩에 이르면 자성의 청정광명淸淨光明에 밝게 합한다.

이욕지離欲地를 이구지離垢地라고도 한다. 거친 번뇌의 때를 여의기 때문이다. 화엄대력보살華嚴大力菩薩에 계위가 있음은 공부의 차례인 돈오법頓悟法과 점수행漸修行을 보이는 것이다. 혹여 돈오돈수頓悟頓修를 주장하는 학자가 있으나 그들은 실지實地없이 허론虛論을 주장해 본 것이다. 돈오돈수설頓悟漸修說에 취醉하면, 약간의 구건垢愆과 천망天網의 지견知見이 열리고도 퇴굴退屈하는 것을 쉬이 볼 수 있다. 돈오돈수설의 해악害惡이 어찌 적다고 아니하겠는가?

돈오돈수설의 다른 해악에 보조대사普照大師의 수심결守心訣을 배우지 않고, 규봉대사圭峰大師의 도서都序를 멀리하는 이가 많아지는 것이라 하겠다. 경허鏡虛의 강설講說 주교재가 수심결修心訣이다. 혜월慧月 만공滿空 용성龍城등의 선사禪師가 강설교재로 삼았다.

십우도十牛圖, 행지귀일성설行之貴日惺說 등이 돈오점수頓悟漸修

가 바른 길임을 보인 것이다. 또한 대혜종고大慧宗杲가 이른다. "이치는 돈오頓悟이나 깨달음을 타고서 (宿習을) 모두 녹이니라. (理則頓悟 乘悟併銷)"

한도인閑道人은 어찌하여 망상妄想을 없애지 않으며, 참마음[眞心]도 구하지 않는가? - 의 뜻을 올곧게 알아야 한다.

부제망상불구진不除妄想不求眞의 구句에 망상妄想과 진심眞心만을 논하는 까닭은 중생과 부처의 차이는 다만 진심眞心의 미오迷悟에 있기 때문이다. 만약 스승을 찾거든, 망심妄心과 진심眞心을 명판明判하여 설명하는 이를 만나야 세월을 허비하지 아니한다. 도인道人은 일심一心이나 범부凡夫는 이심二心에 머무는 것이다.

드밝은 도인道人의 이름이 무심도인無心道人이다. 무심無心이란 생멸生滅하는 정념情念이 없다는 뜻이다. 범부는 생멸生滅하는 정념情念에 머물며 인생의 주인으로 삼는 까닭에 두 마음에 거처하는 것이다. 범부가 이심二心을 지니는 까닭을 사유思惟와 문자文字를 떠나서 스스로 밝히 알아야 한다.

無明實性이 則佛性이요 幻化空身이 則法身이라
무 명 실 성 즉 불 성 환 화 공 신 즉 법 신

무명無明에 가리운 참 성품이 곧 불성佛性이요,
환幻으로 나타난 빈 몸이 곧 법신法身이로다.

某解

무명無明의 내용이 환幻이요, 환幻의 이름이 망심妄心이다. 무명無明을 짓는 당체는 불성佛性 즉 진심眞心이다. 화신化身은 법신法身을 담아 드러내는 한 때의 그릇이다. 무명無明 등의 십이인연十二因緣도리는 무명無明 속의 세계이다. 그 세계의 당처當處가 본공本空이라, 십이인연十二因緣도리는 범부를 위한 부득이한 설명인 것이다.

환幻을 나투는 당체當體가 진심眞心이므로 '망심妄心의 환幻으로 나타난 빈 몸이 곧 법신이로다.'라 한 것이다. 그러므로 역대의 큰 스승들은 신심일여身心一如라 하고, 오직 진심眞心만이 두렷하다고 하는 것이다. 진심眞心이 드러나면 망심妄心은 이미 있지 아니하다.

진심眞心을 통해通解한 연후에는 자신의 처소處所를 밝히 알아야 한다. 선가구감에 '도를 배우는 이는 스스로를 낮추지 아니하고 스스로를 높이지도 아니한다.(道者不自屈不自高)'라 한 것은 스스로의 공부위工夫位를 밝게 알아야함을 의미한다. 공부의 나아감에는 문자반야文字般若를 거쳐 관조반야觀照般若를 통해 실상반야實相般若에 합하는 것이다. 공부인은 스스로의 공부위에 밝아야 공부길을 어지럽게 걷지 않는다.

法身覺了하면 無一物하나니 本源自性이 天眞佛이라
법신각요 무일물 본원자성 천진불

법신法身을 깨달으면 한 물건[情]도 없나니
자성自性의 본래 근원이 천진불天眞佛이니라.

某解

물物이란 망심妄心을 가리킨다. 망심妄心은 다만 망정妄情이라 실재實在하지 아니한다. 어찌하여 망심이 없다고 하는 것인가? 여기에 이유가 있을 수 없다. 망심은 다만 본래 환幻이기 때문이다. 범부는 망심을 진심眞心으로 착식錯識하여 실재實在로 여기는 것이다.

범부가 공부에 힘쓰나 실경實境의 소득所得이 없는 까닭은 범부의 마음이 모두 환幻임을 통해通解하여 믿고 이해하지 못하기 때문이다.

물物을 경계境界로 번역하는 학자學者가 허다許多하게 보인다. 경계境界란 망심妄心의 상대로 태어난 개념이다. 대저 망심妄心으로 망아妄我를 짓기에 경계境界를 두게 되는 것이다. 만약 망아妄我가 없으면 경계境界 또한 있지 아니하다. 그러므로 물物을 경계境界로 번역하면 불법의 이해에 병통을 남기는 것이다.

五陰浮雲이 空去來하고 三毒水泡가 虛出沒이로다
오음부운 공거래 삼독수포 허출몰

오음五陰의 뜬 구름이 부질없이 오가고,
탐진치의 물거품은 헛되이 나타나고 사라지누나.

某解

오음五陰, 오온五蘊, 망심妄心, 망정妄情, 탐진치貪瞋癡, 망상妄想, 삼세육추三細六麤, 육진六塵, 중생심衆生心, 정情이 모두 같은 뜻이다. 망심의 분석방법과 설해說解의 관점과 청자聽者의 분수에 따라 여러가지 이름이 나타난 것이다. 능엄경楞嚴經, 반야심경般若心經, 아함부경전阿含部經典 등의 설법과 기신론起信論 등의 설명방법에 각각의 다른 이름이 필요했던 것이다.

황벽선사黃檗禪師가 이른다. "망심妄心을 쉬고 묵은 근심을 잊으면, 홀연히 진심眞心이 앞에 나타나리라.(息心忘慮하면 忽然眞心顯現이니라.)" 마음공부란 망심妄心과 묵은 근심을 잊어 지우는 것이다.

범부가 진심眞心을 깨치면 망심妄心이 환幻이었음을 안다. 망심妄心이 환幻인 줄 알면 곧 망심妄心은 있지 아니하다. 그러므로 본공本空이라하고 무無라 이르는 것이다. 무無란 본래 없음이라, 유有가 무無로 변한다는 견해는 외도外道의 설說이다.

오음五陰이란 오온五蘊의 다른 이름이다. 오온은 색色 수受 상想 행行 식識으로 다섯 가지 심의식心意識의 행태를 가리킨다. 음陰이란 그림자란 뜻으로 실재하지 아니함을 의미한다. 옛사람은 나타났다가 사라지는 것을 오음에 비유하였다. 이는 환幻을 비유한 것이나 요즘 사람들은 과학적으로 짐작하여 구름, 비. 시냇물, 강, 바다 등이 모두 물의 성질이라 변하는 실체가 있는 것으로 이해하기도하나, 부운浮雲이란 실체가 없다는 옛 시절의 비유이다.

망심妄心, 망정妄情, 오음五陰, 오온五蘊, 탐진치貪瞋癡, 망상妄想, 삼세육추三細六麤, 육진六塵, 중생심衆生心이 모두 같은 뜻이다. 망심의 분석방법과 설해說解의 관점과 청자聽者의 분수에 따라 여러 가지 이름이 나타난 것이다. 능엄경楞嚴經, 반야심경般若心經, 아함부경전阿含部經典 등의 설법과 기신론起信論 등의 설명방법에 다른 이름이 필요했던 것이다.

삼독三毒은 탐진치貪瞋癡인데 망심의 작용을 셋으로 묶어 말한 것이다. 오음五陰은 범부가 탐진치貪瞋癡를 학습學習하여 지니며, 전변轉變하여 사용하고 저장하는 행위를 분석한 것이다.

범부가 세상과 인생이 한 때의 몽환夢幻임을 자각하여 탐진치貪瞋癡와 애증愛憎을 멀리 여의기를 오래하면, 어느 날 홀연히 자기의 본래면목本來面目이 해말쑥하게 나타나는 것이다. 이느 날 인생을 돌아보면, 인생의 족적足跡이 한 점의 몽환夢幻임을 보게 될 것이다. 현재의 인생살이는 어떠한가? 당장의 인생거래 역시 내용은 정념情念으로 지은 몽환夢幻이요 기억記憶일 뿐이다. 범부의 인생은 진심眞心을 등지고 정념情念의 몽환夢幻으로 꾸리고 있는 것이다. 이 몽환夢幻 가운데 변하지 않는 한 물건이 있으니 바로 나의 진심眞心이다. 자기의 진심眞心을 드밝게 쓰지 못하고 인생을 마친다면 서글프지 아니 할 것가?

證實相하여 無人法하니 刹那에 滅却阿鼻業이라
증실상 무인법 찰나 멸각아비업

진심眞心의 실상實相을 증득證得하면 망아妄我와 제법諸法이 없나니, 찰나刹那에 아비지옥의 업業을 없애니라.

■ 某解

도道를 알거나 알지 못하거나 간에, 오직 진심眞心만이 일상日常에 두렷 밝아 진실되다. 다만 범부가 스스로 알지 못할 따름이다. 인人은 망아妄我, 법法은 제법諸法을 의미한다. 망아妄我는 병病이요, 제법諸法은 약藥이다. 그러므로 법문法問을 응병여약應病與藥이라 하는 것이다.

정념情念의 환幻을 쉬어 진심眞心을 밝히면 다생의 업장이 녹으며 윤회가 끊어져서 청정광명이 현전現前하게 되는 것이다. 정념이 쉬면 윤회가 그친다. 어찌 망심妄心을 쉬는 공부를 게을리 할 것인가?

하사下士의 공부는 망심妄心을 쓸어내고 버리기를 반복하고, 중사中士는 망심妄心을 지우기에 힘쓰고, 상사上士의 공부는 다만 망심妄心을 쉬고 쉬고 쉴[休休]따름이다.

대각도인大覺道人은 범부의 진심眞心이 곧 본각本覺이라 한다. 이러므로 깨쳤다는 깨침도 허물이 남나니, 도인道人은 깨친 자취도 지우는 것이다.

心生則種種法生	妄心이 生하면 갖가지 法이 나고
心滅則種種法滅	妄心이 滅하면 갖가지 法이 滅하니라.
罪亡心滅兩俱空	罪와 妄心이 滅함은 罪와 妄心이 본래 空함이라
是則名爲眞懺悔	이 道理에 契合함을 참다운 懺悔라 하니라.

어찌하여 죄망심멸罪亡心滅의 차례가 있는가? 진심眞心이 현전現前하면 죄罪는 이미 공空하다. 그러나 묵은 정습情習 즉 삼세육추三細六麤를 지우는 공부는 그 다음의 공부이기 때문이다. 미회자未會者가 의심하나 실實이 그러하다. 스스로 계합하여 자증自證할지라.

若將妄語誑衆生하면 自招拔舌塵砂劫이로다
약장망어광중생 자초발설진사겁

거짓말로 중생을 속인다면,
진사겁塵沙劫토록 발설지옥보를 스스로 부르는 것이다.

■ 某解

인人과 법法의 실체가 망심妄心이 지어낸 환幻임을 알지 못하는 이가 설법說法하여 사람들을 어둠으로 인도引導하는 죄가 크나큼을 말한 것이다. 절학絶學, 무위無爲, 한閑, 도인道人의 뜻을 범부소견으로 곡해曲解하여 설說하는 이가 고금에 허다하게 보인다. 정견正見이 아니면 곧 거짓말이다. 거짓말이면 발설지옥보拔舌地獄報를 면하기 어려운 것이다.

얕은 지견知見으로 설함을 꾸짖는 말씀을 살피건대 승조대사僧肇大師가 혜원慧遠의 회상會上에 법지法智를 보냈으며, 영명永明대사가 종경록宗鏡錄을 지어 해설함이 그것이요, 대혜大慧선사가 묵조선默照禪을 주장하는 굉지宏智를 꾸짖음이 있으며, 연지蓮池대사가 넓게 탄식함이 그것이다. 범부가 자대자시自大自是하여 죄업을 지음을 알지 못하는 것이다. 대개의 설자說者가 발설지옥拔舌地獄의 화禍를 일으킨다. 어찌 안타까운 일이 아니랴!

頓覺了如來禪하니 六度萬行이 體中圓이라
돈각요여래선 육도만행 체중원

여래선如來禪을 단박에 깨치니, 육도만행六度萬行이 자성당체自性當體 가운데 원만圓滿함이라

■ 某解

마음의 실상實相을 증득證得하면 제법무아諸法無我 제행무상諸行無常의 본의本意를 밝게 알 수 있다. 정념情念이 쉬면 심성心性이 스스로 원만圓滿하여 밝히 아는 것이다.

제법무아諸法無我 제행무상諸行無常의 뜻을 바르게 알지 못하면 온갖 경經과 논論을 읽는다 해도 혼돈混沌과 찌꺼기가 남을 뿐이다.

제법무아諸法無我란 제법諸法에 환아幻我가 없음이요, 제행무상諸行無常이란 제행諸行에 망념妄念으로 행行하는 것은 허망한 행行이라는 뜻이다.

夢裏에 明明有六趣러니 覺後에 空空無大千이로다
몽리 명명유육취 각후 공공무대천

꿈속에서는 밝고 밝게 육취六趣가 있더니,
깨친 후엔 비고 비어 대천세계大千世界가 없도다.

某解

제법諸法은 본래 공상空相이다. 제법諸法이 본래 적멸寂滅함을 알지 못하고 마음을 고요히 함에 힘쓰는 것은 헛공부가 되는 것이다.

누가 있어 꿈속에서 본 것을 실재세계라고 우기는가? 꿈에서 깨면 삼세三世와 삼계三界가 흔적痕迹 없이 사라지는 것이다. 어찌하여 사라진다고 하는가? 본래 없는 것은 처음부터 나타난 바가 없다.

사라진다는 설명은 이승범부二乘凡夫의 자리를 빌려 부득이하게 두는 말의 찌꺼기인 것이니, 꿈에서 깨면 꿈의 허망한 기억이 있을 뿐 꿈은 없는 것이다. 그 꿈을 일러 공空이라 하고 또 무無라 가리키는 것이다. 망심妄心과 제법諸法이 본래 적멸寂滅하여 본래부터 한 법法도 있지 않음을 알아야 본래本來의 나[眞我]를 회복回復한 것이다. 법화경法華經에 이른다.

諸法從本來　모든 법法이 본래부터
常自寂滅相　항상하게 적멸寂滅하나니라.

無罪福無損益하니 **寂滅性中**에 **莫問覓**하라
무 죄 복 무 손 익　　적 멸 성 중　　막 문 멱

죄罪와 복福이 없고 손해와 이익도 없나니,

(妄念이) 적멸寂滅한 성품 가운데서 묻고 찾지 말라.

某解

망념妄念이 환幻인줄 알면 자성自性이 곧 적멸보궁寂滅寶宮이다. 천수경千手經에 이른다.

罪無自性從心起　罪는 自性이 없어 妄心따라 일어나고,
心若滅是罪亦亡　妄心이 滅하면 罪 역시 사라진다.
罪亡心滅兩俱空　罪亡하고 心滅하면 罪와 心이 本空할지라.
是卽名謂眞懺悔　이러한 道理를 참된 懺悔라 하니라.

죄란 망심따라 일어난 그림자요, 물거품이요, 몽환이요, 허깨비일 뿐이다. 다만 망심妄心을 쉬면 진심眞心이 드러나는 것이다. 참된 참회란 망념妄念을 쉬어 멸滅하는 것이다. 어떻게 끊어 멸하는가? 홀연히 탐진치가 환幻인 줄 아는 것이다. 환幻을 알면 곧 없는 것이다. 자성自性에 반조反照하여 몰록 망심을 쉬면 진심眞心이 현전現前할 것이다. 이 밖에 다른 도리가 있는 것이 아니다.

比來에 塵鏡을 未曾磨러니 今日에 分明須剖析이로다
비래 진경 미증마 금일 분명수부석

근래에도 거울 때를 말끔히 닦아내지 못했으나,
오늘에 분명히 닦아 내었다네.

■ 某解

영가대사가 거울 때를 말끔히 닦아내지 못했다고 함은 다세多世에 이미 대지大智를 밝혔으나 미세망상微細妄想인 근본무명根本無明의 여진餘塵이 남았다는 것이요, 오늘에 분명히 닦아 내었다고 함은 화엄십지華嚴十地의 무생인無生忍을 자득自得했다는 것이다. 이는 시현示現의 말씀이다.

거울은 자성自性을 비유한 것이다. 자성은 모습이 없는 까닭에 이름 붙일 수도, 그림 그릴 수도 없다. 부득이하여 허공과 거울을 자성에 비유하는 것이다. 그러나 허공은 영지靈知가 없고 거울은 모습이 걸린다. 허공虛空은 모습 없음을 비유하고, 거울은 항상 청정하게 비추움을 비유하는 것이다. 허공虛空은 불생불멸不生不滅과 부증불감不曾不減과 적연부동寂然不動을 비유하는 제일의 비유처譬喩處이다.

자성自性을 설명함에 칠조七祖 신회선사神會禪師는 공적영지空寂靈知라 하고, 십조十祖 황벽선사黃檗禪師는 허통적정虛通寂靜 명묘안락明妙安樂이라 하였다. 이것은 진심의 체용體用을 한마디로 드러낸 것이며, 담연원적湛然圓寂이라 한 것은 체體를 가리킨 것이다. 황벽선사가 '불성은 허공과 같다(佛性同虛空)', '마음이 허공이다.(心如虛空)'이라 함은, 다만 모습을 그리고 소리를 따르는 범부를 위해 참마음의 실상實相을 허공虛空에 비유한 것이다.

진심眞心은 모습이 없고, 허공 또한 모습이 없다. 모습 없는 진심을 설명하는 데는 허공이 비유의 으뜸인 것이다. 진심이 허공과 같다고 하면 상교上敎가 되나, '진심이 허공이다'라 하면 어긋난다고 하겠다.

백봉거사白峰居士의 설법說法에, '허공虛空이 곧 나' '허공은 천둥, 번개와 비바람이 몰아칠 때에도 언제나 고요하다.' '허공은 움직이거나 변하지 아니한다. 망심妄心은 나타났다가 사라지는 것이라 본래 없는 것이다. 허공은 과거 현재 미래에 속하지 아니하고, 욕계 색계 무색계에도 속하지 않는다. 언제나 해맑아 두렷하다. 여러분의 마음도 역시 그러하다. 망심이 사라지면 하늘, 땅의 앞 소식이 눈앞에 펼쳐지는 것이다. 펼쳐진다고 해서 새롭게 나타나는 것이 아니다. 나의 자성광명自性光明이 의젓하게 드러나는 것이다. 이것이 바로 소리와 빛깔을 나투되 소리와 빛깔에 물들지 않는 나의 본지풍광本地風光이다.'

– 등의 숱한 허공법문을 하였다. 이것은 허공을 진심眞心에 비유한 것에 다름 아니다. 다만 학인들을 모습 가운데서 모습 없는 진성眞性의 도리를 보게 하고자 허공을 제일의 비유처로 삼은 것이다. 황벽선사와 백봉거사는 허공법문으로써 많은 학인을 이끌었던 것이다.

자성自性을 체용體用으로 설명할 때에는 대개 물水에 비유한다. 소위 수불리파파불리수水不離波波不離水 즉 '물은 파도를 여의지 아니하고, 파도는 물을 여의지 아니한다.'는 말로써 자성自性이 언제나 적연부동寂然不動하여 불변不變임을 물과 파도에 비유하여 설명하는 것이다.

자성自性을 허공거울天鏡에 비유해도 무상無相과 무정無情은 빗댈 수 있으나, 영지靈知는 설명할 수 없다. 그런 까닭에 밝은 스승이 있어 해맑은 직지인심直指人心의 가르침이 필요한 것이다.

자성自性을 증득證得한 연후에야, 자성自性은 적이상조寂而常照하고, 망심妄心은 일어나거나 없어지거나 하지 않음을 밝히 알 수 있는 것이다.

증도론證道論(무상경無相經) 第12目

> 誰無念고 誰無生고 若實無生無不生이니
> 수 무 념 　 수 무 생 　 약 실 무 생 무 불 생

누가 망념妄念이 없는가? 누가 (妄念이) 남이 없는가?

(누가 생각이 없으며, 누가 생각이 남이 없는가)

실다이 (妄念이) 남이 없으면, 나지 않음도 없나니라.

某解

누가 있어 정념情念을 여의고 해맑은 성품性品의 있는 그대로를 쓸 수 있는가? 정념情念의 내용이 환幻인 줄 알지 못하는 까닭에 범부라 하는 것이다. 그러므로 환幻의 내용을 일러 드러내는 가르침을 정법正法이라 하는 것이다. 영가永嘉대사가 이른다.

"누가 망념妄念이 없는 사람인가? 누가 망념妄念이 남이 없는 사람인가? 실다이 망념妄念이 남이 없으면, 나지 않음도 없나니라."

무심도인無心道人은 망념妄念이 없는 이를 가리킨다. 영가永嘉대사가 누가 무심도인無心道人의 경지에 이르렀느냐고 묻고, 망념妄念의 남과 나지 않음이 없어야 무심도인無心道人이라 한다고 이르는 것이다. 범부가 망령되이 함부로 무심無心을 해석하

고 설說하는 것을 경계警戒한 것이다. 환병幻病을 치료하는 법을 불법佛法이라 하는 것이다. 환병幻病을 가리켜 보인 곳을 더듬어 본다.

첫째, 원각경圓覺經에 이른다. "눈병이 나면 허공에 어지러이 공화空華가 나타난다. 이것은 눈병이 생겨 허공에 헛것이 보이는 것이다. 그러므로 환幻을 여의면 참마음[眞心]이 드러나는 것이다."이는 환幻을 환幻이라 곧바로 가리킨 것이다.(離幻則眞)

둘째, 금강경金剛經에 이른다. "범부의 마음모습이 모두 다 허망하나니라. 봄에 모든 마음모습이 환幻이면 곧 자성自性을 보나니라.(凡所有相이 皆是虛妄이라 若見에 諸相이 非相이면 卽見如來니라.)"한 것은 다시 말해 '凡相이 虛妄하나니 若知諸相無相이면 是爲見性이니라'의 뜻이다.

셋째, 반야심경般若心經에 "오온개공五蘊皆空"이라 하였다. 오온五蘊이란 중생심衆生心이요, 망심妄心이요, 환幻을 가리킨다. 환幻의 내용을 색色 수受 상想 행行 식識 다섯으로 나누어 설명한 것이다. 색色은 총식總識, 수受는 학습지學習知, 상想은 오욕칠정五慾七情의 고집固執, 행行은 학습지學習知를 굴려 생각과 판단의 변화를 생산함이며, 식識은 온갖 기억의 곳간이다.

색色 : 總識. 1-8識. (학습지와 宿世의 本起無明 등.)

수受 : 學習知識. (是非. 善惡. 好惡, 憎愛 등의 學受固識.)

상想： 受識의 固執相識. (五慾七情을 일으키고 지어 固執함.)
행行： 思變思識. 念念相續識. (생각이 생각을 낳아 固執함.)
식識： 1-7識 (今世 기억과 前世 宿習의 藏庫.)

넷째, 무정설법無情說法이다. 무정설법이란 정情을 곧바로 환幻이라 가리키는 설법이다. 이는 장자莊子 열자列子 맹자孟子의 본지本旨도 인심人心이 환幻인 줄 알아서 드러낸 가르침이다. 장자莊子는 무심어세無心御世무위이화無爲而化라 하여 무심無心을 말하고, 열자列子는 무정無情을 세워 말했으며, 맹자孟子는 진심盡心이라 하여 정념情念을 없앤다고 하였다. 무심無心, 무정無情, 진심盡心은 같은 뜻이다. 노자老子는 불언무위不言無爲를 즉 진심眞心의 대기대용大機大用을 설하였다.

범부의 마음이 정情 즉 정념情念으로 가려져 있음을 보고, 도심道心 즉 참마음[眞心]을 밝혀야함을 드밝게 주장한 것이다. 노자, 장자, 열자, 맹자에게 배우는 이는 있었으나 제자 가운데 참마음을 밝힌 이가 드물었다. 뒤에 중국에 들어온 불법佛法이 그 이理를 거두어 무정법無情法으로 명쾌히 설파하였던 것이다. 오조五祖 홍인대사弘忍大師는 게송으로 혜능대사慧能大師에게 이른다.

有情이면 來下種하니	情이 있으면 일마다 (情의) 種子를 심나니
因地에 果還生이로다	심은 곳에 도리어 情의 果가 생기누나.
無情이면 皆無種이라	情이 없으면 일체 言行에 種子가 없나니
無性亦無生이로다	情은 性이 없고, 情은 生도 없느니라.

송초宋初의 선장禪丈, 동림상총선사東林常總禪師가 소동파蘇東坡에게 “그대는 어찌하여 무정설법無情說法은 듣지 않고, 유정설법有情說法만 들으려 하는가?”하였다. 이에 크게 느낀 소동파는 다음날 아침 여산廬山 동림사東林寺 앞의 폭포소리를 듣자마자 개오開悟한다.

이로써 무정설법無情說法이 내외의 참학자에게 널리 알려지는 계기가 되었다. 무정설법은 무심설법無心說法과 같은 뜻이다. 정情을 풀면 곧 칠정七情이다. 칠정七情에 대한 분별은 삼가三家가 아래와 약간 다르다.

유가儒家 : 희喜, 노怒, 애哀, 구懼, 애愛, 오惡, 욕欲
도가道家 : 희喜, 노怒, 우憂, 사思, 비悲, 경驚, 공恐
불가佛家 : 희喜, 노怒, 우憂, 구懼, 애愛, 증憎, 욕欲

유가儒家의 칠정七情은 감정感情을 중시하였고, 도가道家의 칠정七情은 감정의 병증病症을 중시하였으며, 불가佛家의 칠정은 감정의 원인原因을 중시한 분석分析이다.

다섯째, 기신론起信論에는 환幻의 내용을 삼세三細와 육추六麤로 자세히 설명한다.

삼세三細 ; 근본무명根本無明, 능견能見, 소견所見
육추六麤 ;
1. 지상智相 : 진성眞性을 알지 못하고, 시비是非 애증愛憎의

상相을 내는 것. (五蘊의 色, 즉 總識)

2. 상속상相續相 : 애증愛憎의 생각을 그치지 아니하고 상속相續하는 모양. (五蘊의 行)
3. 집취상執取相 : 앞의 생각이 망념妄念인줄 알지 못하고 경계에 집착하는 모양. (五蘊의 受)
4. 계명자상計名字相 : 경계의 선악善惡에 붙여 번뇌를 일으키는 모양. (五蘊의 想)
5. 기업상起業相 : 이름붙인 번뇌에 집착하여 다시 일으키는 번뇌 (五蘊의 行)
6. 업계고상業繫苦相 : 언어와 행동으로 지은 번뇌에 속박되어 반드시 받게 되는 고苦의 과보. (五蘊의 識)

여섯째, 조론肇論에서는 환幻을 본무本無 즉 본래 없는 것이라 한다. 육조六祖스님의 본래무일물本來無一物과 같은 뜻이다. 본래무일물本來無一物의 물物은 정情을 가리킨다. 정情은 망심妄心이다.

일곱째, 육조대사六祖大師는 "환幻 없음을 종宗으로 삼고, 모습 없는 진심眞心을 체體로 삼으며, 환幻에 머물지 않음을 근본으로 삼는다.(無念爲宗 無相爲體 無住爲本.)"라 하였다. 범부의 마음이 모두 환幻이므로 정념情念 없음을 무념無念이라 한 것이다.

여덟째, 유식론唯識論에서는 인식하는 의식의 내용을 일식一識에서 팔식八識까지 나누어 분석, 설명한다.

1 識 : 눈 眼 - 色識. 보는 의식.

2 識 : 귀 耳 - 聲識. 듣는 의식.

3 識 : 코 鼻 - 香識.

4 識 : 혀 舌 - 味識.

5 識 : 몸 身 - 觸識.

6 識 : 의식 意 - 法識. 學習識.

7 識 : 潛在意識 - 過去世習識.

8 識 : 微細 潛在無意識, 本起無明 (多生宿識).

9 識 : 白淨識. - 8식, 淸淨自性體의 別稱.)

- 모든 의식에 작용하는 주인主人이 진심眞心이다. -

喚取機關木人問하라 求佛施功早晩成이로다
환 취 기 관 목 인 문　　구 불 시 공 조 만 성

(누가 無念인가? 누가 妄念이 남이 없는가?)

기관목인無情道人에 물어 취하라.

부처 구하고 공功 베풂을 어느 때에 이루겠는가?

某解

기관목인機關木人이란 나무인형이니 곧 무정자無情者를 가리킨다. 무정無情이란 불법佛法의 요문要門이다. 무정설無情說을 통해通解하여 무정설법無情說法에 막힘이 없어야 지견知見이 언간하다고 할 수 있다. 요문要門이 아니면 곁길이니 돌아보지 말지어다.

불법佛法공부의 구경문究竟門은 진심眞心을 밝혀 무정無情으로 행주좌와行住坐臥에 거니는 것이다. 그 거님에 진심眞心이 성성惺惺하여 현전現前해야 조사祖師를 만난다. 그러므로 공부인은 바른 씨앗을 지녀야 하고, 항상 본원本源을 향해야 한다. 그러나 본원本源을 향하는 심기心機가 촘촘해지면 진심眞心의 대용大用과는 점점 멀어진다. 촘촘의 원인은 사유思惟와 기억이니, 사유思惟는 판단判斷에 그쳐야하고 판단하면 곧 마음을 쉬어야 한다. 여기서 마음은 망심을 의미한다.

증도론證道論(무상경無相經) 第14目

放四大莫把捉하고 寂滅性中에 隨飮啄이어다
방사대막파착 적멸성중 수음탁

사대四大에 붙들리지 말고 놓아서,

(妄念이) 적멸寂滅한 참 성품으로 먹고 마실지어다.

某解

사대四大와 오온五蘊은 나타났다가 사라진다. 나타났다가 사라지는 것은 변變하는 것이요, 변하는 것은 환幻이다. 환幻인 까닭에 진실로 나타난 바가 없으므로 본래 적멸寂滅인 것이다. 사대四大란 진심眞心이 한 때에 머무는 거처이다. 거처와 인연이 다하면 문득 거처는 지수화풍으로 돌아가므로 한 때의 모습의 내용은 환幻일 뿐이다.

사대四大와 오온五蘊이 모두 환幻이나 환幻의 내용이 약간 다르다. 그러므로 고덕古德이 "사대四大는 본래 있는 것이 아니요, 오온五蘊은 본래 공空이다."라 분판分判하여 설명하였다.

환幻은 착각錯覺으로 나타난 것이라, 착각錯覺에서 벗어나면 환幻이 없는 것이다. 그러므로 환법幻法이란 본래 없는 것을 없다고 설명하는 가르침이다. 만법萬法이란 다만 환법幻法일 따름이다.

諸行無常하여 一切空하나니 即是如來大圓覺이로다
제행무상 일체공 즉시여래대원각

모든 (情念의) 행行이 무상無常하여 일체가 공空하나니,
이것이 곧 여래如來의 대원각大圓覺이로다.

▮ 某解

정념情念이 환幻인 까닭에 정념의 작용 역시 허상虛像이다. 그러므로 일체의 범부행凡夫行이 모두 허상虛像인 것이다. 공부를 지음이란 일체의 정념情念을 쉬며, 본원자성本源自性을 관觀하는 것이요, 공부를 이룸이란 정념情念 없음에 합하여 본원자성本源自性따라 소요逍遙하는 것이다.

공空이란 없다는 뜻이다. 대개의 설자說者가 공空을 '비운다'로 이해하여 마음을 비우라고 한다. 공空은 실체가 없는 환幻이란 뜻이다. 범부를 넓게 건지기 위해 공空의 개념을 둔 것은 대력보살의 자비방편인 것이다.

諸行無常 諸法無我 一切皆苦 涅槃寂靜의 도리는 제행諸行이 환행幻行이라 헛되며, 제법에 환아幻我없음이 체體가 되고, 일체의 고苦가 망념으로 이루어졌으며, 열반이란 망심妄心이 적멸寂滅하

여 대적大寂을 이룸이다. 진심의 대적광명大寂光明에 거처하면 진아眞我만이 법계에 두렷하여 청정광명을 다함없이 나투는 것이다.

근기根機가 얕은 이들은 공부에 '행복 찾기' '생각 바꾸기' '마음 비우기' '세상을 떠나 구름처럼 바람처럼 살아가기' 등을 추구한다. 그러나 칠정七情 가운데의 행복은 모습이 있으며, 항상하지 아니하며, 생각을 바꾼다하나 생각으로 생각을 바꾸는데 그친다. 그러므로 마음을 비운다고하나 칠정의 모습 바꾸기에 불과하며, 세상을 떠나 유유悠悠히 산다고 하여도 칠정을 안고 산다면 그 곳은 칠정의 세상에 갇혀 있는 것이다. 이들은 칠정이 범부의 대병大病이며 칠정의 실체가 환幻인 도리를 듣고 배우지 아니한 까닭으로 공부를 한다고 하면서도 옆길에서 허망하게 서성이는 것이다.

범부의 이해에 사유思惟의 쉼터를 두었으니 바로 공空의 개념이다. 범부는 정념으로 마음을 삼는 바, 그 마음이 없다고 하면 당장의 범부 마음을 부정否定하는 것이라, 범부가 놀라서 불법佛法을 배우기 어렵게 되는 것이다. 그러기에 차례를 두어서 가르치는 것이다. 범부의 정념은 생멸법生滅法이요, 생멸법生滅法은 체體가 없어 실상實相이 없음을 설명하는 것이다. 보살은 정념이 본무本無임을 이해시키고자 설하는 것이다. 공空이란 무無의 뜻이며, 무無란 정념이 환幻이란 뜻이다. 여래如來란 청정한 진심眞心이요, 대원각大圓覺은 자성自性의 원융무애圓融無碍한 대광명大光明을 뜻한다.

증도론證道論(무상경無相經) 第16目

決定說表眞乘을 有人이 不肯하여 任情徵이라
결정설표진승 유인 불긍 임정징

결정된 부처님 말씀과 참됨을 나타낸 법法을,
어떤 이는 긍정하지 않고 정情에 맡겨 헤아리누나.

某解

정情이란 망심을 통칭하는 이름이다. 범부의 문제問題는 정情을 참마음으로 여기는데 있다. 정情의 내용을 통해通解하면 바른 지견知見이 생生한다. 진심이 현현顯現하여 정情의 그림자도 찾을 것 없으면 홀연히 견성見性하게 되는 것이다.

부처님의 참법은 정념情念을 쉬어 진심眞心을 밝혀서 오직 진아眞我로써 대적광명지大寂光明地에 나아가게 하는데 있다. 범부가 정념情念에 맡겨 헤아림으로 도道를 삼는 것을 영가永嘉대사가 걱정하는 것이다. 올곧고 드밝게 정념情念을 쉬어가면 어느 때에 진심眞心이 현전現前하리라.

말세의 죽통사竹筒師는 환幻의 도리道理를 알지 못한다. 그들은 스스로 밝지 못하면서 수단을 두어서 도道의 실상實相을 흉내 내려 하므로 악업을 짓는다.

증도론證道論(무상경無相經) 第17目

直截根源은 佛所印이요 摘葉尋枝는 我不能이로다
직절근원 불소인 적엽심지 아불능

정념의 근원을 바로 끊음은 부처님이 인가印可하시는 바요,
잎 따고 가지 찾음은 내 할 일 아니로다.

某解

공부의 지름길은 망심妄心의 근원根源을 곧바로 끊어 진심眞心을 드러내는 길 뿐이다. 잎을 따라 가지를 더듬으며 뿌리로 향하는 것은 더디고 더딘 길이다. 잎 따고 가지 찾는 일은 중사中士의 공부라, 종사宗師는 다만 망심妄心 쉬는 길만 이를 뿐, 다른 법을 두지 아니한다.

상근上根을 만나 곧바로 진심眞心을 직지直指하는 종사宗師를 진금포眞金鋪라 하고, 상근上根과 중근中根을 아울러 직지直指와 상교上敎를 아울러 가르치는 종사宗師를 잡화포雜貨鋪라 한다. 진금포眞金鋪에 마조馬祖 황벽黃檗 임제臨濟가 있으며, 잡화포雜貨鋪에 조주趙州 앙산仰山 운문雲門 영명永明 등이 보인다. 큰 스승은 진眞을 가리키고, 공空을 설명하며, 공空의 쓸모없음을 보인다. 그 밖은 이승교二乘敎에 기대어 설명할 따름이다. 망심妄心이 환幻임을 알았다면 누가 망심妄心에 머무려 하겠는가?

증도론證道論(무상경無相經) 第18目

摩尼珠를 人不識하니 如來藏裏에 親收得이라
마니주 인불식 여래장리 친수득

마니주自性清淨光明體를 사람들은 알지 못하나니,
여래장如來藏 속에 친히 갖추어 있음이라.

某解

여래장如來藏은 진여자성眞如自性이다. 진여자성은 청정광명清淨光明을 항상히 갖추어 허통적정虛通寂靜하며 명묘안락明妙安樂하다. 그러한 사실을 알지 못하는 이의 이름이 범부이다.

범부의 여래장如來藏이 제불諸佛과 다르지 아니하나, 망아妄我를 주인하여 망식妄識을 거두고, 곳간을 채운 까닭에 범부의 병病을 안고 허망虛妄한 인생人生을 꾸리는 것이다.

부처님이 도道를 이루신 후, 이르신다.

"기이하구나! 모든 중생이 여래如來의 지혜智慧와 덕상德相을 구비하였구나!"

六般神用空不空이요 一顆圓光色非色이로다
육 반 신 용 공 불 공　　일 과 원 광 색 비 색

顆 : 낟알 과

여섯 가지 신통묘용은 공空하면서 공空하지 않고,
한 줄기 두렷한 빛은 색色이면서 색色이 아니로다.

某解

공부의 요체要諦는 다만 망심妄心을 쉬는 것이다. 천황天皇스님이 '다만 범부의 마음만 없앨 뿐, 별다른 성인의 견해는 없느니라.(但盡凡心 別無聖解)'라 한 것이 간명簡明하게 밝힌 것이다.

공이불공空而不空이요, 색이불색色而不色이라 함은 진여자성眞如自性의 모습 없는 참 모습을 가리켜 보인 것이다.

여섯 가지 신통神通은 곧 묘용妙用이니, 대적광지大寂光地에서 함이 없이 나투는 일상日常이라, 범부의 사량思量 밖이다.

淨五眼得五力은 唯證乃知難可測이라
정 오 안 득 오 력 　 유 증 내 지 난 가 측

오안五眼을 깨끗이 하여 오력五力을 얻음은,
증득證得해야만 알뿐, 헤아려 짐작하기 어렵도다.

某解

부득이 오안五眼 오력五力으로 나누어 이름 지었으나 진여자성眞如自性은 오직 하나의 지혜智慧일 따름이다.

해오解悟는 망심妄心으로 가리워진 측해測解라 진심眞心의 실지實地를 알지 못한다. 그러므로 대기대용大機大用의 청정경지淸淨境地는 범부의 신해信解나 해오解悟로써 짐작하여 헤아리기 불가不可하다. 속견俗見으로 어찌 방외方外를 보리오.

범견凡見으로는 초지보살初地菩薩의 경지도 알 수 없거늘, 어찌 삼지보살三地菩薩의 경지를 헤아릴 수 있으리오. 더구나 대력보살大力菩薩의 경지境地랴!

다만 그 경지境地에 이르러야 그 경지境地를 알 수 있으며, 그 사람이라야 그 경지境地에 소요逍遙하는 것이다.

鏡裏에 看形見不難하나니 水中捉月爭拈得가
경리 간형견불난 수중착월쟁념득

거울 속의 형상 보기는 어렵지 않으나,
물속의 달을 붙들려 하나 어찌 잡을 수 있으랴.

某解

능가경楞迦經에 "선禪을 수행함에 미혹迷惑을 끊어 진심眞心을 보면, 당처當處가 고요하느니라."(禪者禪所緣에 斷惑見眞諦하면 當處便寂이니라) - 라 함이 수행修行의 절처絶處이다. 그러나 지처至處는 수행修行하는 마음을 일으키면 곧 어긋난다. 이름하여 동념즉괴動念卽乖이다.

공부의 노정路程에 회광반조廻光返照를 두어 대개의 정로正路로 삼으나 이는 중근中根을 위한 방편方便이다. 지처至處를 이르건대 청정광명자淸淨光明者가 어찌 회광반조廻光返照를 두리오. 반조返照하는 당체當體가 청정광명淸淨光明이다. 망심妄心으로 진심眞心을 더듬으면 어렴풋이 보이나, 이는 망심妄心에 가려진 진심眞心이라 참다이 봄이 아니다. 망심妄心이 홀연히 사라져야 진심眞心이 해맑게 드러나는 것이다.

常獨行常獨步하나니 達者同遊涅槃路로다
상독행상독보 달자동유열반로

항상 홀로 다니고 항상 홀로 걷나니,
통달한 이와 더불어 열반의 길에 노니네.

某解

인생이란 살아도 내가 살고 죽어도 내가 죽는 것이다. 인생은 천하와 더불어 하지 않음이 없으나, 다만 홀로 걷는 길이다. 그러나 자성自性을 독조獨照하면 삼계三界가 내 집이요 천지만물이 내 몸인 것을 안다. 그 가운데 자성自性이 허공과 더불어 상주불변하는 것을 보는 것이다.

통달通達한 이가 이른다. "부처가 부처를 보지 못하고, 조사祖師와 조사祖師가 만나지 못하니라."(佛佛이 不相見이요, 祖祖가 不相逢이라) 이러하면 망심妄心은 적멸寂滅하여 그림자도 없어 오직 진심眞心만이 상주조적常住照寂하는 것이다.

망심妄心의 내용은 몽환夢幻이요, 나타났다가 사라지는 생멸심生滅心이다. 범부가 망념妄念을 망령되이 진심眞心으로 인식認識하여 인생을 꾸리기에 윤회의 늪에서 헤어나지 못하는 것이다.

진심眞心은 상주불변常住不變이나 망심妄心은 인연 따라 생멸生滅하는 환幻이다.

고덕古德이 이른다.

자성自性은 물에 젖지 아니하며, 불에 타지 아니한다.
자성自性은 시종始終과 시공간時空間이 끊어졌다.
자성自性은 길고 짧음에 속하지 아니한다.
자성自性은 알거나 아지 못함에 속하지 아니한다.
자성自性은 인연因緣과 빛깔에 속하지 아니한다.
자성自性은 나고 죽음에 속하지 아니한다.
자성自性은 늘거나 줄지 아니한다.
자성自性은 더럽거나 깨끗함에 속하지 아니한다.
자성自性은 모습 없는 영원한 모습이다.

장자莊子가 이른다.

진아眞我는 죽어도 없어지지 않는다. (死而不亡)
진아眞我는 태어나도 난 것이 아니다. (生而不生)
진아眞我는 태워도 타지 않는다. (焚而不熱)
진아眞我는 물에 빠져도 젖지 않는다. (水而不溺)
진아眞我는 추위에 얼지 아니한다. (冱而不寒)
진아眞我는 부어도 차지 않는다. (注而不滿)
진아眞我는 퍼내도 마르지 않는다. (酌而不竭)
진아眞我는 비추어도 흔적이 없다. (照而不跡)
진아眞我를 밝혔다면 도道가 아니다. (昭而不道)

자성自性을 청정광명清淨光明이라 칭한다. 청정광명清淨光明의 처음 출처出處는 헌원씨軒轅氏이다. 참마음은 홀로 드밝으며 참마음을 밝힌 이는 오직 밝힌 이와 짝하여 벗하는 것이다.

반야심경般若心經에 이른다. 뒤바꾸어 인식한 몽상夢想의 견해를 멀리 여의어라.(遠離顚倒夢想하라)"

금강경金剛經에 이른다. "마땅히 환幻에 머무는 바 없이 진심眞心을 내어라.(應無所住而生其心하라)"

범부의 병病이 몽상夢想에 있음을 가리켜 보인 것이다. 범부의 병病이 몽상夢想의 생멸生滅에 있으므로, 범부가 해야 할 공부는 몽상夢想을 통해通解하여 민멸泯滅하는 무위無爲의 노력努力이 필요한 것이다.

육조대사六祖大師가 이른다. "오조께서 금강경을 설하여 주셨는데 '應無所住而生其心'이라는데 이르러 언하言下에 대오大悟하니 일체만법一切萬法이 자성自性을 여의지 않았더라." 육조가 오조께 말씀을 올린다.

> "어찌 自性이 본래 스스로 淸淨함을 알았으며,
> 어찌 自性이 본래 生滅하지 않는 것임을 알았으며,
> 어찌 自性이 본래 스스로 具足함을 알았으며,
> 어찌 自性이 본래 動搖가 없음을 알았으며,
> 어찌 自性이 능히 萬法을 냄을 알았겠습니까?"

부처님과 조사祖師의 가르침에 의지하지 않았다면 어찌 자성自性을 깨달았으며, 자성이 본래 적연부동寂然不動한 줄 어찌 알았겠느냐고 혜능慧能대사가 자오自悟 연후에 홍인弘忍대사에게 올린 말이다.

천지가 요동하여 먼지로 변하더라도 자성自性은 언제나 변함이 없으므로 적연부동寂然不動이라 한다. 허공虛空은 어제와 내일이 다르지 않고, 모습 없이 언제나 고요하지 아니한가. 공자孔子도 "허공이 무어라 하던가?(天何言哉시리오.)"라 하였다. 자성自性을 허공에 비유한 것이다. 자성自性은 시간과 공간을 초월하여 담담불변淡淡不變이다. 고로 적연무위寂然無爲라 하는 것이다. 상지보살上智菩薩이라야 적연무위寂然無爲에 거닌다. 그러므로 영가永嘉스님이 '통달通達한 이와 더불어 열반로涅槃路에 노닐도다'라 한 것이다.

증도론證道論(무상경無相經) 第23目

> **調古神淸風自高**여 **貌悴骨剛人不顧**로다
> 조 고 신 청 풍 자 고　모 췌 골 강 인 불 고

곡조自性 예스레 신기神氣 맑아, 풍모 스스로 높도다.

앙상하고 초췌한 꼴, 사람들은 거들떠보지 않구나.

某解

곡조曲調가 예스럽다 함은 자성自性의 본지풍광本地風光을 가리킨다. 꼴은 볼 품 없더라도 도道가 자족自足하면 굳센 천연天然의 풍모風貌가 스스로 해맑아 높다는 말씀이다.

도道는 겉모습에 머물지 아니한다. '그 사람'이 되어야 '그 사람'을 알 수 있는 것이다. 피갈회옥被葛懷玉의 청사淸士를 알아보는 이는 더러 있으나, 무정소요無情逍遙의 무심도인無心道人을 알아보는 이는 드물고도 드물다.

말법의 세상에도 무심도인無心道人이 세상과 더불어 살다가 어스름히 떠나가기를 그치지 아니한다. 그러나 무심도인의 대개가 그 꼴과 세위世位가 초라하여 사람들이 무시하여 돌아보지 아니한다. 무심도인은 세상 속에 머물지나 그 때가 아니면 설說하지 않고, 그 사람이 아니면 전傳하지 않는다. 범부를 사랑하고 포용

하지 않음이 없으나, 언제나 하거下居하여 스스로 높이거나 낮추지 않는 것이다

窮釋子口稱貧하나 實是身貧道不貧이라
궁 석 자 구 칭 빈 　 실 시 신 빈 도 불 빈

궁핍한 부처님 제자, 입으로는 가난하다 말하나,
실로 몸은 가난해도 도道는 가난하지 않노라.

某解

옛 사람은 위법망구爲法忘軀하여 목숨 걸고 공부했다. 한 벌의 옷과 창자를 달래는 음식이면 족하게 여겼다. 다만 망심妄心이 가난해져서 송곳 끝만큼의 망심도 남지 않을 가난을 추구했던 것이다. 장부의 공부 길에 바깥의 가난이 어찌 도道를 해害하겠는가?

도道가 온전하려면 탐貪 진嗔 치痴 애愛 증憎의 번뇌가 연기처럼 사라져야 한다. 오직 번뇌煩惱가 가난해야 도道가 온전하게 되는 것이다. 뒷날 소강절邵康節이 身貧道不貧의 구句를 身貧道未貧으로 고쳐 인음引吟하였다.

북송北宋의 소강절邵康節(雍,1011~1077)은 소박청빈素朴淸貧하여 벼슬을 멀리하고 농사를 짓고 홀로 공부에 전념하여 무사자오無師自悟한 인물이다. 삼조三祖 승찬대사僧璨大師의 신심명信心銘

을 읽고 크게 느낀 바 있었다. 그날 밤 달구경하며 강가를 거닐다가 문득 진심眞心을 알았다. 그 때의 개오시開悟詩 천심天心을 본다.

月到天心處　무사천심無邪天心에 달이 비침과
風來水面時　바람이 물위를 지남이라.
一般淸意味　일상日常의 해맑은 기운氣運일세.
料得少人知　이 도리道理 깨친 이 드물레라.

천심天心이란 진심眞心이다. 중용中庸에는 진심眞心을 천명天命, 상천上天, 명덕明德으로 표현하고, 열자列子는 진심을 천군天君이라 말한다. 소강절은 천심天心이라 한 것이다. 개오開悟 몇 년 뒤, 같은 의지意旨이나 안목이 일신一新하여 조해照解를 보인다.

月出松梢處　달이 소나무 가지에 걸리고
風來蘋末時　바람이 물풀蘋 위에 부는구나.
林間此光景　숲 사이에 펼쳐진 이 풍광風光,
能有幾人知　누가 이 해맑은 기미幾微를 알것가?

소강절의 청음淸陰 칠편 가운데 身貧道未貧 구句는 증도론證道論를 읽은 흔적이다. 不자를 未자로 고쳐 인음引吟하였다. 소강절이 지견知見이 열린 이후로 증도론證道論을 읽어 공부를 점검하고, 나아갈 바를 배웠던 것으로 보인다. 또한 무현금無絃琴 즉 줄 없는 거문고가 소강절의 시에 자주 나타남은 진심의 묘취가 현전하는 증거라 하겠다. 무현금無絃琴은 선어禪語로서 진심의 비유이다.

이로써 소강절이 선가禪家의 요서要書를 두루 읽은 것을 알 수 있다. 그러나 소강절의 견처見處는 밝은 지견知見에 그친듯하다. 그의 시는 자호自號 안락선생安樂先生처럼 즐거움이 크나, 임성소요任性逍遙의 성성적적惺惺寂寂의 기미가 우뚝 드러나지 않는다.

이 세상은 언제나 평등平等하고 태평太平하다. 다만 범부의 정념견해情念見解에 세상이 굴곡屈曲지고 어지러워 보이는 것이다. 그러나 세상의 바탕은 언제나 고요하여 해맑고 태평하다. 다문多聞에서 일로一路를 찾은 이는, 마음[妄心]과 법法을 함께 쉬고 쉬는 것이다. 伸!

春來自然青　봄 오니 절로 푸르고,
秋來自然紅　가을되니 절로 붉구나!
田中一村老　밭 가운데 일하는 촌 늙은이,
忘世歌泰平　세상을 벗고 태평을 읊는도다.

본래의 평등平等과 태평太平을 통해通解하였더라도, 일대장교一大藏敎를 능能과 소所로 나누는 데에서, 이미 무심종無心宗과는 멀다. 무심無心을 설說하지 아니하는 이는 종사宗師가 아니요, 무심無心을 논論하지 않는 논論은 정법正法이 아니다.

고덕古德이 이른다. "생각이 일어날 때 깨달아라. 당처가 문득 고요하니라.(念起則覺하라 當處便寂이니라)"
이는 공부工夫를 이루는 긴요緊要한 대목이다.

증도론證道論(무상경無相經) 第25目

貧則身常披縷褐이요 道則心藏無價珍이로다
빈 즉 신 상 피 루 갈 도 즉 심 장 무 가 진

縷: 실 루 褐: 베옷 갈

가난한 즉 몸에 항상 누더기를 걸치고,
도道를 얻은 즉 무가보無價寶를 감추었도다.

某解

인생과 세상은 한 장의 꿈이다. 꿈속에서 허세虛勢를 부리는 것이 어찌 참 영화榮華가 되겠는가? 낡은 베옷이 어찌 진심眞心에 해害가 될 수 있겠는가?

공자의 곡굉지락曲肱之樂이 어찌 한 때 하나의 결심決心의 표출이겠는가? 도道를 구하나 진심眞心에 계합契合하지 아니하면 공자의 곡굉지락曲肱之樂을 만날 수 없다. 곡굉지락曲肱之樂은 대적무위大寂無爲의 다른 이름인 것이다. 참사람[眞人]으로 인생에 소요逍遙 하고자하면 오직 진심眞心을 밝혀야 하는 것이다. 곡굉지락曲肱之樂은 지극히 가난하더라도 무사無思의 사思 경지에 노니는 즐거움이 인생의 가장 큰 즐거움이라는 공자孔子의 말씀이다.

증도론證道論(무상경無相經) 第26目

無價珍用無盡하니 利物應時終不悋이라
무 가 진 용 무 진　　이 물 응 시 종 불 인

悋 : 인색할 인

무가보無價寶는 써도 다함이 없나니,

일체시에 일마다 이익利益하며, 끝없이 베푸니라.

■ 某解

무가보無價寶란 진심眞心의 별칭이다. 진심眞心을 밝힌 이는 천지만물天地萬物을 내 몸으로 여기며, 시작과 끝 밖에 소요逍遙한다. 장자의 대붕大鵬이 세상 밖을 나는 도리를 소작小雀이 어찌 헤아리겠는가? 범부의 칠정안목七情眼目으로는 만날 수 없는 것이다.

무가보無價寶를 써도 다함이 없다는 것은, 진심眞心이 불생불멸不生不滅이며 부증불감不增不減이며, 천지생멸天地生滅의 앞 소식消息이란 뜻이다. 무심도인無心道人의 행리行裏는 무정소요無情逍遙이다. 무정소요無情逍遙의 내용은 무사태평無事泰平이요, 무시무종無始無終의 자비慈悲이다. 세정世情으로 헤아림이 불가不可하여 무심도인無心道人의 경지를 불가사의不可思議라 하는 것이다.

三身四智는 體中圓이요 八解六通은 心地印이로다
삼신사지 체중원 팔해육통 심지인

삼신, 사지는 심체心體 가운데 원만圓滿하고,
팔해탈, 육신통은 심지心地의 인印이로다.

某解

삼신三身이란 법신法身 보신報身 화신化身을 가리킨다. 삼신三身은 진심眞心의 처소處所에 따라 이름을 달리한 것이다.

사지四智란 대원경지大圓鏡智 평등성지平等性智 성소작지成所作智 묘관찰지妙觀察智이다. 사지四智는 진심眞心의 대적묘용大寂妙用으로써 한 빛이다.

진심眞心에 삼신三身과 사지四智가 원만히 갖추어 있으나 범부가 미혹迷惑하여 스스로 알지 못하는 것이다.

팔해탈八解脫은 팔배사八背捨라 한다. 범부의 관념觀念을 버리므로 배사背捨라 한다. 탐진치貪嗔痴의 오욕칠정五欲七情으로 빚은 여덟 종류의 탐하여 고집하는 관념을 버리므로 해탈이라 하는 것이다. 그러나 여덟 관념의 내용은 단지 하나의 환幻일 뿐이다.

신통이란 본래 갖춰져 있는 신묘불측神妙不測 무애자재無碍自在

의 육종지혜六種智慧를 말한다. 비유하건대, 허공거울에 먼지가 떨어져 나가면, 허공거울의 항상히 비추는 능력이 저절로 드러나는 것과 같다.

육신통六神通이란 천안통天眼通 신족통神足通 숙명통宿命通 타심통他心通 누진통漏盡通이다. 육신통 가운데 누진통漏盡通이 가장 밝은 신통이다. 누진통이란 모든 번뇌를 끊음이 자유자재하여 다시 삼계에 미혹하지 않는 부사의不思意한 힘을 가리킨다.

사지四智는 진심眞心의 실상實相이며 청정광명淸淨光明이다. 팔해탈八解脫은 모든 번뇌를 끊음이며, 육신통은 진심眞心의 본래 작용이다. 다만 범부가 망심을 여의면 드러나는 진실지眞實地라 증득證得하지 않고서 추론推論하는 것은 불가하다. 팔해탈八解脫을 이루어 육신통이 드러나는 것은 진심眞心의 본래 작용이므로 심지心地의 인印이다.

체體란 심성당체心性當體이다. 범부가 행함에 갖가지 어지러운 마음이 일어나므로 망연妄緣을 지으나, 심체心體는 적연부동寂然不動이다. 부득이 체용體用을 두어 설명하나 체용體用은 하나일 따름이다.

上士一決一切了하고 中下多聞多不信이라
상 사 일 결 일 체 요 중 하 다 문 다 불 신

상사上士는 한번 결단하여 일체의 법法을 깨치고,
중사와 하사는 많이 들을수록 더욱 믿지 않는구나.

某解

상사上士는 상근기上根機, 중사中士는 중근기中根機이다. 상사 중사는 도덕경道德經의 말이다. 불법佛法이 인도로부터 중국에 들어옴에 그 도와 가르침을 전달하는데 합당한 개념을 중국의 사상思想과 말[文字]에서 찾아야 했던 바, 미세명묘微細明妙한 가르침은 부족하나 도道의 대체大體를 올곧게 적시한 도덕경道德經과 남화경南華經에서 이십여 구句 빌리고, 논어論語, 계사繫辭에서 십여 구句를 빌려 쓴다.

구마라습鳩摩羅什의 고제高弟, 승조대사僧肇大師는 출가 전에 독로자명獨露自明하여 노장老莊의 미묘처微妙處를 꿰었으며, 역경譯經에 노장老莊의 말을 잘 원용하였다. 무심無心, 무위無爲, 불언不言, 소요逍遙, 감로甘露, 대종사大宗師, 손지우손損之又損, 무하유無何有, 소박素樸, 불선不先, 곡신谷神 등의 개념이 불법佛法과 그

교의敎義가 통하였던 것이다.

유가儒家에서 빌린 말은 무사無事, 무위無爲, 무사無思, 적연부동寂然不動, 인심人心, 도심道心, 천도天道, 목탁木鐸, 명성明性, 지선至善 등이다.

상사上士는 숙세宿世에 구함이 "나는 누구이며, 어디서 와서 어디로 가는가? 어떻게 사는 것이 참다운 삶인가?" - 라는 명제이다. 상사는 대체로 소시少時에 스스로에게 물으며 도道를 구한다. 자나 깨나, 앉으나 서나, 오직 "나는 누구인가?" 라는 물음이 절로 일어나서 스스로를 떠나지 아니하는 것이다. 이러한 이는 한 번의 큰 결단으로 금세今世에 도道에 합合하는 것이다.

중사 하사는 총명하나 의심과 분별이 많아서 깜냥대로 이렇게 저렇게 판단하기 때문에, 다가서다가 물러서고, 물러섰다가 다가가기를 반복한다. 대개 언제 쯤 공부하겠다고 결심하나, 시작 즈음은 이미 병들거나, 늙었거나, 높은 교양으로 문자文字만 배우고 바라보는 것이 대개의 사정이다. 그런 까닭에 중사 하사라 하는 것이다.

상사上士를 멀리서 구할 것이 아니다. 스스로 돌아보아 사생死生의 문제를 크게 여겨, 문득 세상을 뒤로하고 공부에 전념하면 상사의 문턱에 서는 것이다. 상사는 공부에 온 힘을 다한다. 그 밖의 일과 세상사는 그저 바라보기만 하는 것이다.

세상의 겉모습은 평등자비平等慈悲와 탐진치가 나란히 가거나, 다투거나, 서로 바라보는 때가 뒤섞여 나타난다. 그러나 세상의 속내는 언제나 고요하여 화평하다.

공자孔子도 세상의 속내를 "적연부동감이수통천하지고寂然不動感而遂通天下之故"라 하였다. 여기서 고故란 본래本來이다. 즉 모든 사람이 적연부동寂然不動으로 태어나서, 적연부동寂然不動으로 살다가, 적연부동寂然不動의 본래本來로 죽는다는 것이다. 생장노병사生長老病死에 항상하게 적연부동寂然不動이라는 뜻이다. 미혹迷惑한 사람은 이 도리를 알지 못하고 망연히 살다가 세상을 떠나는 것이다. 세상의 속내는 사람의 성性이요, 성性이란 본연성本然性이다. 적연부동寂然不動의 도리를 명쾌하게 이해하지 못하면 중사中士요, 믿지 못하면 하사下士이다.

마음공부란 스스로를 밝혀 대자유大自由에 거닐며, 세상에 평등平等과 자비慈悲를 베푸는 것이다.

但自懷中解垢衣어니 誰能向外誇精進가
단 자 회 중 해 구 의 수 능 향 외 과 정 진

다만 스스로 품고 있는 때 묻은 옷 벗을 뿐,
뉘라서 밖을 향한 정진精進을 자랑 할 것인가.

某解

참 공부는 단지 망심妄心을 쉬는 것일 뿐, 다른 공부가 있는 것이 아니다. 정진精進이 바깥의 노력이라면, 식망망려息妄忘慮는 직심현현直心顯現의 공부이다.

공부란 스스로의 병病을 알아서 고치는 일이다. 스스로의 병病을 알아서 고치는 공부가 어찌 남에게 자랑할 거리가 되겠는가? 참 공부인은 늘 하심下心하며 오직 공부에 전념專念할 따름이다.

공부인은 스스로의 병을 고쳐서, 그 이理를 뒷사람에게 베풀어야 한다. 더불어 공부 길에 나아가야 하는 것이다. 만약 도道에 어두우면서 베푼다고 하면서 망법妄法을 설하고 억지 권도權導를 부리면 그 죄는 발설지옥拔舌地獄을 면하기 어렵다.

從他謗任他非하라 把火燒天徒自疲로다
종타방임타비 파화소천도자피

남의 비방에 초연超然하고, 비난은 그들에게 맡겨두라.
불로써 허공을 태우려하나 공연히 자신만 피로하리다.

某解

도道를 비방하는 이는 지혜가 얕아서 그러한 것이다. 한유韓愈가 배불론排佛論을 지은 것은 지혜가 천박淺薄한 때의 망동妄動이요, 장상영張商英거사가 배불론排佛論을 지으려 한 것은 불법을 배우기 전의 흑암견해黑暗見解이다.

부처님도 인연因緣 없는 중생衆生은 구하기 어렵다(無緣衆生難求也)고 하셨거늘 더구나 말법末法에 천범淺凡의 총명억견聰明臆見에 있어서랴!

비방誹謗은 어리석은 이의 망행妄行이라, 다만 멀리 둘 뿐이다. 어리석은 이는 허공을 적시거나 태우려 함에 일생을 걸기도 한다. 세속世俗 밖의 공부란 총명세재聰明世才라도 시절인연時節因緣이 익지 아니하면 문門을 열지 못하는 것이다.

我聞恰似飮甘露하여 銷融頓入不思議로다
아 문 흡 사 음 감 로　　소 융 돈 입 부 사 의

내 듣기에 (正法은) 감로수를 마심과 같아서,
(妄念이) 녹아서 단박에 불가사의 해탈경에 드는도다.

某解

감로甘露란 청정광명淸淨光明의 진로眞露를 비유한 것으로써 노자老子에서 빌린 말이다. 해탈경解脫境이란 부동무위不動無爲의 경지境地를 이른다.

범부는 정념情念의 모습놀이로써 인생을 꾸리기에 모습 밖의 참나[眞我]에 대한 이치를 들어도 믿기 어려워한다. 그 때가 익어야 배우게 되는 것이다.

총명세재聰明世才가 오래토록 세상에 구정물을 뿌린 단초를 엿본다. 그 시始는 정이程頤요, 그 조작造作은 주희朱熹요, 널리 병病들게 한 자는 주원장이다. 북송北宋 낙양洛陽의 은자隱者 소옹邵雍에게 정이程頤가 배웠다. 정이는 성리학性理學의 개조開祖이며 소옹에게 오래 배웠으나 견해가 달라 스승으로 생각하지 않았다. 정이는 영혼靈魂을 긍정하지 않았다. 정이는 형례形禮선비라,

진심眞心을 알지 못하므로 죽으면 영혼靈魂이 단멸斷滅한다고 생각하였다. 이른바 단견범부이다.

정이가 소강절의 임종을 지켰다. 정이가 무어라하니 소강절이 두 팔을 오므렸다가[屈] 쭉 펴[伸] 보였다. 굴신불이屈伸不貳를 보인 것이다. 굴신불이는 사생불이死生不貳를 의미한다. 정이가 알지 못하자, 소강절이 말하였다.

> "그대가 생강生薑이 나무 위에서 열린다고 하니,
> 나도 자네 무리가 되어 그 말을 따르겠네."
> (爾道生薑樹上生, 吾亦徒此依爾說)

사람은 몸 있는 귀신鬼神이요, 소위 귀신鬼神은 몸을 벗은 진심眞心이다. 귀신의 당체當體가 공적영지空寂靈知요 진심眞心인 것이다. 정이처럼 알지 못하면서 고집 센 총명세재聰明世才가 나오면 하사들이 그를 따라서 세상을 어지럽히는 것이다.

정이는 선가禪家의 이사론理事論을 착차錯借하여 유가심학儒家心學의 초석을 놓고, 정좌공부靜坐工夫의 길을 연 것은 잘한 짓이나 나머지는 혹세무민의 주장을 편 것이라 하겠다. 정이가 기제사忌祭祀와 묘제墓祭, 시사時祀를 창안하여 하사와 백성이 제사를 지내는 고초苦楚를 겪게 하였다. 밝음이 없으면 허례허식虛禮虛飾을 세우게 되는 것이다. 당唐과 북송北宋의 제사祭祀는 봄 혹은 가을에 날을 받아 손님들을 초대하여 조촐히 음식을 베풀고 조상을 기리는 것이었다.

觀惡言是功德이니 **此則成吾善知識**이라
관 악 언 시 공 덕 　 차 즉 성 오 선 지 식

나쁜 말을 관찰함이 바로 공덕功德이니,
이것이 나에게는 선지식善知識이 됨이라.

某解

정법正法을 비방하는 것은 오역죄五逆罪보다 큰 죄이다. 중근中根의 수행자 가운데 약간의 견해가 생기면 스스로 스승이 되는 병이 있다. 대개의 구건선사咎愆禪師는 공空, 무심無心, 무아無我, 무위無爲, 열반涅槃, 선정禪定, 지혜智慧에 대해 물으면 엉뚱한 설명을 한다. 지혜智慧와 선정禪定이 진심眞心의 두 이름인 줄도 알지 못하면서 설법해서야 되겠는가? 망심妄心을 여의고 소요逍遙의 문門에 들어야 바른 눈을 갖춘 것이다.

불법이란 범부중생을 이끄는 가르침이다. 스승이 되고자하면 먼저 선지禪旨가 열리고 슬기가 허공에 우뚝해야 한다. 지금 세상은 구건선사咎愆禪師의 엉뚱한 설명과 나쁜 말을 가려내어 범부가 악질惡疾에 걸리는 것을 막아주는 것이 큰 일이 되었다.

不因訕謗起怨親하면 何表無生慈忍力가
불 인 산 방 기 원 친 하 표 무 생 자 인 력

비방 따라 원한과 친함이 일어나지 않으면,

무슨 연유로 무생無生의 자비와 인욕을 세울 것인가?

某解

무심無心하면, 원한怨恨과 친親함이 없다.

오랜 세월을 공부에 힘썼더라도 무심無心을 증오證悟하지 못하면, 갖가지 시비是非에 적시게 되어 산란散亂의 잡념雜念이 쉬지 아니하는 것이다. 오직 무심無心에 계합契合한 이후 정념情念이 일지 않아야 시비是非와 호오好惡 밖에 거처居處할 수 있는 것이다.

무심無心을 알지 못하면 천년千年을 좌선坐禪해도 무루無漏의 공력功力이 없다.

宗亦通說亦通이여 定慧圓明不滯空이로다
종역통설역통 정혜원명불체공

종의宗義에 통하고, 설법說法도 회통會通함이여!
선정禪定과 지혜, 두렷 밝아 공견空見에 머물지 않네!

某解

불문佛門에 들어 사대四大와 오온五蘊이 본공本空이라는 무정설법無情說法을 듣고 배워도 자득自得이 없으면 공견空見에 머물 따름이다. 이는 곧 문자文字에 거처하는 것이라, 종지宗旨를 알았다고 할 수 없다. 공견空見이란 문혜聞慧와 사혜思慧에 속한다. 이는 경론經論과 스승에 의지해서 아는 견해見解라, 술지術智에 속하는 것이다. 자증自證의 묘지妙智는 공견空見에 머물지 않으며 공견空見의 용처用處를 알지 못한다. 만약 이 뜻에 어두우면 공견空見에 떨어진 것이다.

공空이란 없는 것을 없다고 가리킨 설說이요, 불공不空이란 공空을 자증自證하면 공空이란 쓸모가 없음을 논증論證한 설명이다. 누가 없는 것을 있게 하고 그 쓸모를 이루겠는가? 불법佛法은 자리自利를 득한 연후에 이타利他할 수 있는 것이다.

非但我今獨達了요 河沙諸佛體皆同이로다
비 단 아 금 독 달 요 　 하 사 제 불 체 개 동

나만이 이제 통달通達했을 뿐 아니라,
수많은 모든 부처님의 체성體性은 다 같도다.

某解

범부의 체성體性도 모든 부처님과 같다. 노력 노력하여 자신의 체성體性을 깨달으면 부처님과 다르지 않은 것이다.

깨달음이란 다만 자성自性을 밝혀 정념情念이 환幻임을 알아 성성惺惺의 공부에 나아가는 것이다. 밤을 지나면 새벽이 오고, 새벽을 지나면 아침이 된다. 아침이 되면 어둠은 간 곳 없이 사라진다. 어찌하여 그러한가? 누가 여기에 다시 질문을 던지는가?

獅子吼無畏說이여 百獸聞之皆腦裂이라
사 자 후 무 외 설 백 수 문 지 개 뇌 열

사자후獅子吼의 두려움 없는 설법이여!

뭇 짐승들이 들으면 뇌가 찢어지도다.

某解

불법佛法의 드밝고 위대함을 사자獅子에 비유한 게偈이다. 세속의 학문은 정념情念과 모습에 기대어 사리事理를 분석하여 이론화한 것이다. 세속世俗의 학문學問이 어찌 정념情念과 모습 밖의 도리道理를 볼 수 있겠는가?

무심無心을 자증自證해야 사자후獅子吼를 토吐할 수 있다. 새벽이 눈을 뜨면 어둠은 자취를 감추는 것이다.

香象奔波失却威하고 天龍寂聽生欣悅이로다
향 상 분 파 실 각 위 천 룡 적 청 생 흔 열

향상[聲聞, 緣覺]은 분주히 달아나 위엄威嚴을 잃고
천룡[天上人]은 조용히 듣고 희열喜悅을 내도다.

某解

향상香象은 이승二乘의 성문聲聞 연각緣覺을 가리키고, 천룡天龍이란 천상인天上人을 비유한 것이다.

천상인天上人이란 무정설법無情說法을 들으면 이해하여 희열을 내는 경지의 공부인工夫人이다. 지금의 세상에 선열禪悅을 내며 공부에 나아간 이들이 바로 천상인天上人이다.

천상인天上人은 오직 공부만을 귀히 여겨, 공부 속에 살아가며, 공부로써 인생人生을 삼는다. 그러나 공부가 온전하지 않아 복福이 다하면 천상天上을 떠나 다시 윤회輪回한다.

遊江海涉山川하여 尋師訪道爲參禪이라
유 강 해 섭 산 천　심 사 방 도 위 참 선

강江과 바다를 건너고, 산천山川을 넘어서,
스승을 찾아서 도道를 여쭘은 참선參禪때문이라.

某解

혜가慧可스님은 한 팔을 베어 도道를 구했고, 설봉雪峰스님은 도道를 묻고자 세 번 투자산投子山에 가고, 아홉 번 동산東山에 갔다. 운문雲門스님은 목주牧州스님에게 찾아 갔으나 계속하여 거절당했으나, 억지로 목주스님을 뵙고 도道를 물을 때 문을 닫았다. 문 닫는 틈에 다리를 넣어 문을 닫지 못하게 하려다가 다리가 부러졌다. 이때를 당해 운문雲門스님이 대오大悟하였던 것이다. 옛사람이 공부를 향한 일념一念이 이러하였다.

자성自性을 밝히러 출발한 이라면 지금의 나는 어떠한가? -하고 날마다 돌아보지 아니한다면 더 볼 것이 없다. 공부工夫란 자기自己 인생人生의 근원根源을 밝히는 것인데, 이 도리道理를 듣고도 공부工夫에 나아가지 않는다면 서글픈 인생人生이 아니런가?

自從認得曹溪路로는 了知生死不相干이로다
자 종 인 득 조 계 로 요 지 생 사 불 상 간

조계曹溪의 육조대사께 심인心印을 받은 후로,
(自性은) 생사生死와 상관없음을 알아 마쳤도다.

某解

진실로 참선參禪에 들려면 진심眞心과 망심妄心의 관계와 차이를 분명히 알아야 한다. 진심과 망심의 관계와 차이를 알지 못하고 참선의 흉내를 내는 것은 사교입선捨教入禪의 이치를 삭이지 못한 공부인이다.

교教의 본의本意를 알고 난 뒤에 교를 버릴 수 있고, 교를 버린 후에야 참으로 참선參禪할 수 있는 것이다. 교의 본의도 알지 못하고 참선에 나아간 이를 도깨비라 부르는 연유이다.

명안선사明眼禪師가 진眞과 망妄이 모두 없다고 설하거나 게송을 읊는 것은 심체心體의 공적영지空寂靈知함을 가리켜 밝힌 말이다. 앞에서 말한 진망眞妄과는 그 뜻이 같지 않다. 공적영지空寂靈知는 생사生死와 상관이 없다.

行亦禪坐亦禪이니 語默動靜體安然이라
행역선좌역선 어묵동정체안연

다녀도 선禪[眞心]이요 앉아도 선禪[眞心]이라,
어묵동정語默動靜에 심체心體가 고요하여 편안便安하니라.

某解

심체心體란 진심眞心이다. 망심妄心은 진塵이요, 환幻이다. 다만 망심妄心이 민멸泯滅하면 행주좌와行住坐臥 어묵동정語默動靜 간에 오롯한 선禪이다.

아래에 行亦禪坐亦禪을 진심眞心으로 푼다.

다녀도 眞心이요 앉아도 眞心이라,
語默動靜에 心體가 고요하여 便安하니라.

선禪이란 진심眞心을 가리킨다. 황벽黃檗선사가 진심眞心을 참구參究한다는 뜻으로 참선參禪이란 용어를 사용했다. 대혜大慧선사가 방편을 두어 간화선看話禪을 주창하여 참선參禪이란 말이 뿌리를 내린 것이다.

참선參禪이란 진심眞心을 참구參究한다는 뜻이다.

육조대사六祖大師, 영가대사永嘉大師, 남악대사南嶽大師, 하택대사荷澤大師, 혜충대사慧忠大師 당시에는 다만 선禪이라 하였다.

간화선看話禪을 주창한 대혜종고大慧宗杲선사는 쇠락하는 불법을 중흥하기 위해 중근中根을 일승법一乘法에 이끄는 방편으로 간화선看話禪을 주창하였다.

상근上根은 스스로 의심하여 관심법觀心法으로 수행한다. 상근上根에게는 따로이 화두話頭를 드는 것이 번거로울 뿐이다.

대저 화두話頭를 드는 이가 화두話頭를 드는 행위에 묶여 반조返照하지 아니하고, 화두話頭만 따라간다면 다만 화두話頭 드는 사람에 다름 아니다. 화두話頭에 의미를 붙이면 그르친다. 화두話頭가 무의미無意味에 거처해야 심체心體에 가깝다. 화두話頭에 묻히면 옆길로 가는 것이다. 그러므로 달마대사達磨大師가 관심일법觀心一法이라 하신 것이다.

드밝은 선禪은 개오開悟이후에 가능하다. 오직 망심妄心을 지우고 심체心體가 성성惺惺한 연후에 다녀도 선禪, 앉아도 선禪이 적연寂然히 한결같아야 선禪에 나아간 것이라 한다. 선禪의 의미는 진심眞心에 드밝다는 뜻이다.

縱遇鋒刀常坦坦하고 假饒毒藥也閑閑이로다
종 우 봉 도 상 탄 탄　　가 요 독 약 야 한 한

창과 칼을 만나도 언제나 담연淡然하고,
시끄러운 곳에서 독약毒藥 마셔도 한가롭고 한가롭도다.

某解

요진姚秦의 승조대사僧肇大師 게송偈頌을 본다.

四大本非有　사대四大는 본래 있음이 아니요,
五陰畢竟空　오온五蘊은 필경에 공空이거라.
將頭臨白刃　머리를 흰 칼날 아래 내미나니
猶似斬春風　마치 봄바람을 베는 것 같으리.

만약 이러한 경지境地에 이르렀다면 무심도인無心道人이라 할 수 있다. 법보단경法寶壇經과 전심법요傳心法要에 이른다.

"무심도인無心道人은 전쟁터에 나가 창칼이 몸을 베더라도 무심無心하여 담연공적淡然空寂할 따름이다."

我師得見燃燈佛하고 多劫에 曾爲忍辱僊이로다
아 사 득 견 연 등 불 다 겁 증 위 인 욕 선

우리 스승 세존께서는 연등불練燈佛을 뵈옵고,
다겁多怯토록 인욕선인忍辱仙人이 되셨도다.

某解

연등불燃燈佛은 석존釋尊의 전세前世 스승이다. 인욕忍辱이란 무원하심無冤下心의 뜻이며 선僊이란 선仙과 같은 글자이다. 불가의 선仙이란 깨친 이의 뜻이며 부처님의 다른 이름이 금선金仙이다.

수행자가 하심下心에 거처하지 아니하면 도道를 이루기 어렵다. 하심下心은 인욕忍辱의 바탕이며 세상을 뛰쳐나는 관문關門이요, 대자대비의 근원이기 때문이다. 인욕선인忍辱仙人의 하심下心은 다겁에 무원하심無冤下心으로 행하신 것이다. 하심下心과 선정禪定이 짝하여 수행해야 필경에 성불成佛하는 것이다.

인욕忍辱의 수행을 거치지 않은 무심도인無心道人은 있지 아니하다. 무심도인無心道人에게는 삶과 죽음이 봄바람 같나니라.

幾廻生幾廻死오 生死悠悠無定止로다
기 회 생 기 회 사 　 생 사 유 유 무 정 지

몇 번이나 태어나고 몇 번을 죽었던가?

생사生死가 아득하여 그침이 없었도다.

某解

온갖 생명에 전전輾轉하고 고해苦海를 달게 여기다가, 귀를 곧추 세워 도道를 듣고, 힘써 법음法音을 새기며 하심下心과 손심損心의 노력세월을 거쳐 지금 일승一乘의 높은 법法을 만났나니, 세상의 벗들이여! 이때를 당하여 어찌 뒤로 물러 설 것인가?

공부 또 공부, 오직 공부만이 윤회輪回의 사슬을 끊고 참사람의 대자유大自由를 누릴 길이 아니런가?

세속世俗의 인연因緣과 문화文化와 생업生業이 공空함을 보고 애착愛着을 덜어야 공부에 깊이 들 수 있다. 허망한 애착愛着을 쉬지 못하면서, 어찌 반야般若를 구하여 자득自得하기를 바라겠는가?

自從頓悟了無生으로 於諸榮辱何憂喜아
자 종 돈 오 요 무 생 어 제 영 욕 하 우 희

단박에 깨쳐 (妄心이) 남이 없음을 요달了達하면

인간사 모든 영욕榮辱에 어찌 근심하고 기뻐하랴!

某解

근심하고 기뻐함은 정념情念이다. 정념情念은 환幻이라 본래 있지 않은 물건, 정념情念이 본래 있는 것이 아니거니 어찌 영욕榮辱이 붙을 손가!

선가귀감禪家龜鑑에 "不生者 無能所也"라 하였다. 여기서 무엇이 불생不生하는지를 통해通解해야 한다. 만약 불생자不生者를 통해通解하면 천망지견天網知見의 문을 열었다고 할 수 있다. 그러나 헤아려서 짐작한다면 측지測知일 뿐이다.

논어論語에 "군자君子는 불우불구不憂不懼니라."하였다. 군자는 근심과 걱정을 아니 한다는 뜻이다. 불우불구不憂不懼를 무우무구無憂無懼로 바꾸어 읽으면 뜻에 어떠한가? 공자孔子는 부처님 당시의 유동보살儒童菩薩이라 한다. 기세계경起世界經과 만선동귀집萬善同歸集에 보인다.

증도론證道論(무상경無相經) 第45目

入深山住蘭若하니 岑崟幽邃長松下로다
입 심 산 주 난 야　　잠 음 유 수 장 송 하

崟: 험준할 음　邃: 깊을 수

깊은 산에 들어가 고요히 머무나니,

높은 산 그윽하여 낙락장송落落長松 아래로다.

▮ 某解

난야蘭若는 한적한 수행처이다. 마음공부란 심공心空을 깨친 연후라야 실지實地를 밟은 것이다. 실지實地를 밟은 뒤에 경안經眼이 열리고, 대지大智의 광명光明에 합하여 임성소요任性逍遙에 나아가는 것이다. 전심법요傳心法要에 이른다.

"무심無心이란 일체의 마음이 없음이다. 안으로는 목석木石같아 움직이지 아니하고, 밖으로는 허공虛空같아 막힘이 없다." 無心者는 無一切心이니 內如木石不動하고 外如虛空不塞하니라

심공心空을 깨쳤다 해도 옳지 않고, 진심眞心이 나타났다 해도 그르친다. 옳지 않고 그르친다는 말에 머뭇거리면 측지測知가 아닌가? 이때, 무어라 답해야 할 것인가? 심공주心空酒를 마시면 즉시에 죽는다. 哂!

優遊靜坐野僧家하니 **闃寂安居實蕭灑**로다
우 유 정 좌 야 승 가　　격 적 안 거 실 소 쇄

한가히 거니며 절집에 고요히 앉았나니,

고요하고 편안한 거처, 참으로 기운 맑고 깨끗하도다.

▮ 某解

무심도인無心道人의 거처는 항상 두렷하고 고요하며 맑고 깨끗하다. 어찌 산중山中과 세속世俗에 치우침과 분별分別이 있으랴!

무심도인無心道人의 일상은 별다른 묘혜妙慧와 수행秀行이 있지 아니하다. 다만 한가로이 물마시고 세수하며, 밥 먹고 빨래한다. 배우는 이는 무엇에 한가로운지 알아야 한다.

覺則了不施功이니 一切有爲法과 不同이로다
각 즉 요 불 시 공 일 체 유 위 법 부 동

깨친즉 요달了達했음이라 공功이라 하지 않나니,

모든 유위법有爲法의 공功과 같지 아니하니라.

某解

각覺이란 자성自性을 깨쳐 회복回復한 것이다. 회복이라 해서 새로이 더한 것이 아니라 본래의 자기自己를 확인한 것이다. 유위법有爲法은 닦음을 두고 닦은 바에 차례와 이름을 얻은 바가 있으나, 무위법無爲法은 진심眞心을 밝혀 망심妄心이 환幻임을 안 뒤의 일이다. 무위법無爲法은 닦음과 각覺 밖의 소식消息이다.

무념無念을 자증自證하여 심공心空이 쓸모없어진 연후라사 도인道人이라 할 수 있다. 그러나 실지實地를 밟았더라도 무심도인無心道人은 드물다.

돈오頓悟 이전의 닦음은 유수有修의 수修요, 돈오頓悟이후의 닦음은 무수無修의 수修이다. 이는 돈오頓悟 이후라야 밝히 알 수 있다. 생각으로 헤아리는 학자들이 왈가왈부曰可曰否할 문제問題가 아니다.

住相布施는 生天福이나 猶如仰箭射虛空이라
주상포시 생천복 유여앙전사허공

(情念의) 모습에 머무는 보시는 하늘에 나는 복이나,
마치 허공을 향해 화살을 쏘는 것과 같다네.

某解

무심無心을 확인하여 익은 이후에사 모습 없는 보시布施에 나아갈 수 있다. 다시 말해 마음이 없어야 참 보시를 할 수 있는 것이다. 여기서 마음이란 망심妄心이다. 하생下生들이 가벼이 무주상보시無住相報施를 읊조리나 누가 무주상보시無住相報施를 할 수 있는 것인가?

육바라밀六波羅蜜을 본다.

일체의 번뇌煩惱를 버림이 보시布施요,
하심下心에 무구無垢함이 지계持戒요,
제법諸法이 일어나지 않음이 인욕忍辱이요,
제법諸法에 허물없음이 정진精進이요,
망심妄心이 일어나지 않음이 선정禪定이요,
진심眞心이 현전現前함이 지혜智慧이다.

증도론證道論(무상경無相經) 第49目

勢力盡箭還墜하나니 招得來生不如意로다
세 력 진 전 환 추　　초 득 내 생 불 여 의

세력이 다하면 화살은 다시 떨어지나니,

내생來生에 뜻과 같지 않은 과보果報를 부른다네.

某解

옛사람은 한 벌 옷과 한 표주박의 물과 하루 한 끼니의 소박素朴한 음식으로 창자를 달래고 공부에 온 힘을 다했을 뿐, 밖으로 복 짓기에 힘쓰지 않았다.

옛사람은 도道를 이루어 모습 없고 번뇌煩惱 없는 법法을 나누고 베푸려 함을 뜻 삼았다.

모습에 집착執着하면 삼세三世에 복 짓고 복 받느라 공부 못하고, 복이 다하면 핍박고逼迫苦를 받느라 고달프고 어지럽게 살게 된다.

지금 당장 공부에 나아가지 아니하면 어느 세월에 다시 사람 몸 받으며, 불법佛法 만나며, 정법正法에 거처할 수 있겠는가?

증도론證道論(무상경無相經) 第50目

爭似無爲實相門에 一超直入如來地리오
쟁 사 무 위 실 상 문 일 초 직 입 여 래 지

힘 다해 무위無爲의 실상문實相門을 들어서고
한 번에 뛰쳐나 여래지如來地에 들어감과 같겠는가!

某解

모습을 따르는 보시布施는 세력이 다하면 나의 뜻과 같지 않은 과보果報를 받으나, 참 보시는 정념情念에 머뭄 없이 베푸는 보시布施이다. 참 보시는 일체의 번뇌가 쉬었으므로 무주상보시無住相報施라 하는 것이다.

지극한 도道는 무위無爲의 실상문實相門이다. 진심眞心의 성성惺惺에 거니며 남은 정습情習을 쉬는 도인道人은 다만 미세망심微細妄心을 쉴 뿐, 다른 공부가 없다. 이러한 도인道人을 무심도인無心道人이라 칭한다. 무심도인의 경지는 진심의 성성불매惺惺不昧의 경계로써 가름한다. 진심眞心이 성성惺惺에 거처함이 무위無爲의 실상문實相門이다.

무위문無爲門의 도추道樞가 어디런가? 咄!

증도론證道論(무상경無相經) 第51目

但得本莫愁末이니 **如淨瑠璃含寶月**이로다
단 득 본 막 수 말 　 여 정 유 리 함 보 월

다만 본本만 얻을 뿐, 말末은 근심하지 말지니,
마치 깨끗한 유리가 보배 달을 머금과 같도다,

某解

본本이란 진심眞心을 가리킨 것이며, 말末이란 망심妄心의 작용으로 나타난 길흉화복吉凶禍福과 업장業障이다. 진심眞心이 드러남이란 모습이 없으나 투명히 해맑아 대광명大光明이 온 누리를 덮는다. 고로 고덕이 읊는다.

我有一券經	내게 한 권의 경經이 있나니
不因紙墨成	종이와 먹으로 이룬 것이 아닐세라.
展開無一字	펴면 한 글자도 없으나
常放大光明	항상하게 대광명大光明을 발하노라.

길흉화복吉凶禍福이란 때 따라 이러저러 변하나, 변화는 진심眞心에 한 티끌의 영향도 없다. 어찌 영원한 대자유大自由의 화평和平를 뒤로 하고, 한 때의 길흉화복吉凶禍福에 기댈 것인가?

마음의 본원本源을 밝히면 지말枝末은 근심하지 아니한다. 지말枝末은 그림자요 메아리이기 때문이다. 그림자는 간섭하지 못하고, 메아리는 바람을 의지해서 나타났다가 사라질 뿐이다.

방거사龐居士가 무심경지無心境地를 말한다

但自無心於萬物　다만 만사萬事에 무심無心하면,
何妨萬物常圍繞　萬事가 늘 둘러싼들 무슨 방해 될 것가?

무심無心이란 망상심妄想心이 없는 진심眞心이니, 무심처無心處는 공적영지空寂靈知의 청정지淸淨智가 대광명大光明을 나툴 뿐이다.

어찌하면 장부丈夫의 인생사人生事가 넉넉해 질것가?

진심현전무심자증眞心現前無心自證 여덟 자字에 있다고 하겠다.

증도론證道論(무상경無相經) 第52目

既能解此如意珠하여 自利利他終不竭이로다
기 능 해 차 여 의 주 자 리 이 타 종 불 갈

이미 밝게 여의주[眞心]를 알았나니,

나를 이利롭게 하여 남을 이롭게 함이 다함없네.

某解

스스로가 진심眞心에 미혹迷惑하면서 어찌 남에게 진심眞心과 망심妄心의 내용을 설명할 수 있으랴! 대개의 덕혜술지자德慧術智者가 진심眞心과 망심妄心의 내용을 설명하나 다만 경론經論에 그러하다고만 한다. 진실로 이해하는지는 알 수 없다. 덕혜술지자德慧術智者는 큰 시비是非나 전패顚沛의 경우에 스스로 망연茫然할 것이다.

내가 진심眞心에 밝은 연후에 남에게 진심眞心과 망심妄心의 출처出處와 내용內容을 분판分判하여 설명할 수 있는 것이다.

밝아진 연후에 그 때를 만나 설說할 제, 어찌 곧게 설명直說하지 않을 수 있으리오.

江月照松風吹하니 永夜淸霄何所爲아
강 월 조 송 풍 취　　영 야 청 소 하 소 위

강江에 달 비치고 소나무에 바람 부나니,
긴 밤 맑은 하늘에 어찌 정情의 함有爲이 있을 것가.

某解

강 달, 소나무에 부는 바람, 맑은 허공虛空은 망심妄心이 묻어 있지 아니함을 가리킨다.

유위有爲란 망심妄心에 젖어 오욕칠정五欲七情을 쓰는 것이요, 무위無爲란 망심妄心을 항복받아 끊은 경지, 적적성성寂寂惺惺의 진심대용眞心大用을 의미한다.

강엔 달 비치고 소나무에 바람 부나니, /
긴 밤 맑은 하늘에 어찌 정情의 함이 있을 것가. /

-를 푼다. 강의 달과 소나무, 시원한 바람, 맑은 밤하늘에 어찌 정념情念을 더하여 어지럽히겠는가? 만약 정념情念이 없으면 이른바, 천연天然일세라! 여기에 덧붙이거나 덜고자 하면 미혹迷惑한 범부거니, 부세浮世에 떠도는 나그네일진저!

佛性戒珠는 心地印이요 霧露雲霞는 體上衣로다
불성계주 심지인 무로운하 체상의

불성계(眞心大用)의 구슬은 마음의 인印이요,

안개, 이슬, 구름, 노을은 몸 위의 옷이로다.

某解

장주莊周는 진심眞心으로 소요逍遙하며 만물을 자신의 몸으로 여겼다. 불법佛法이 동토에 닿기 전에 장주는 무심무위無心無爲를 설하였으며 남화경南華經내칠편을 남겼다. 대저 대인大人의 뜻과 삶이 그러하다.

진심眞心의 대기대용大機大用이라, 공자孔子도 숨기지 못하였고, 조주고불趙州古佛도 가리우지 못하였다. 성현聖賢은 숨기지 못하고 가리우지 아니하였는데, 오늘의 나는 어떠한가? 누가 진심眞心을 가렸길래 어둡다고 하는가?

불가佛家의 교설敎說에 무심무위無心無爲가 가장 어려운 말이다. 무심無心의 뜻을 통해하지 못하면 어두운 사람이다. 어두우면 무위無爲를 알지 못한다. 무위법無爲法에 통通하지 못하면 강종講宗이 되어서 아니되며, 스승노릇을 해서는 더욱 아니 된다.

증도론證道論(무상경無相經) 第55目

降龍鉢解虎錫이여 兩鈷金環鳴歷歷이로다
항룡발해호석 양고금환명역역

용을 항복받은 (六祖의) 발우鉢盂와 범 싸움을 말린
(僧稠의) 석장錫杖이여! 두 쇠고리는 역력히 울리도다.

某解

육조대사六祖大師가 독룡毒龍을 발우鉢盂에 담아 설하여 제도濟度한 일화와 혜조慧稠(480~560)스님이 범 두 마리가 싸우는 것을 보고 '싸우지 말고 잘 지내거라.'하며 석장錫杖으로 범 머리를 툭툭 건드리니 범이 헤어져 갔다는 이야기가 있다.

독룡毒龍은 억견범부臆見凡夫요, 싸우는 두 범은 쟁명범부爭名凡夫이다. 석장錫杖의 양쪽 쇠고리는 진眞과 속俗을 뜻하며 억견臆見과 쟁명爭名은 범부의 오래된 버릇이다.

범부는 망심妄心을 진심眞心으로 여기고 살아가며 억견臆見과 쟁명爭名으로 일생一生을 허비虛德한다. 공부인은 진심眞心을 밝혀 진眞과 속俗 모두를 잊어야 할 것이다.

不是標形虛事持요 如來寶杖을 親蹤跡이로다
불 시 표 형 허 사 지 여 래 보 장 친 종 적

이는 모양을 내려고 부러 지님이 아니요,
부처님 보배 지팡이를 이어 본받음이라네.

某解

보장寶杖 즉 육환장六環杖은 육바라밀六波羅蜜과 진속眞俗과 법신法身을 의미한다. 여섯 개의 고리는 육바라밀을, 두 개의 좌우 고리는 진속眞俗을, 지팡이는 법신法身을 의미하는 상징象徵이다.

육바라밀六波羅蜜은 보시報施, 지계持戒, 인욕忍辱, 정진精進, 선정禪定, 지혜智慧로서 수행자가 반드시 지키고 닦아야할 덕목이다. 지팡이[法身]를 움직이면 육바라밀이 따르고 진속眞俗이 이름을 벗고 한 목소리를 내는 것이다. 보시, 지계, 인욕은 하심下心에 속하고, 정진과 선정은 식연무천息緣無喘에 속하며, 지혜智慧는 법신法身의 본지풍광本地風光이다.

만약 환幻을 쉬어 진심眞心이 현전現前하면, 둘로 나눌 것도, 여섯 가지 수행을 따로이 둘 것도 없다.

不求眞不斷妄하니 **了知二法**이 **空無相**이로다
불 구 진 부 단 망　요 지 이 법　공 무 상

참 됨도 구하지 않고 망령됨도 끊지 않나니,
두 법이 비어 모습 없음을 분명히 알아 마쳤어라.

某解

참 됨도 구하지 않고 망령됨도 끊지 않음은 서두序頭의 절학무위絶學無爲의 무심도인無心道人이 망상妄想을 없애려 하지 않고 진리眞理를 구하려 하지 않음을 풀이한 것이다. 진眞과 망妄의 두 법法이 본래 없음을 깨달아 마친 것이다. 진眞과 망妄은 가차假借한 방편설이다.

비록 견문見聞의 문혜聞慧와 사혜思慧의 지해知解로 진심眞心과 망심妄心을 분별하여 아는 것은 다소 기특奇特한 일이나, 지해知解로 진심眞心과 망심妄心을 새겨 두는 것은 허망한 견해見解에 속하는 것이다.

증도론證道論(무상경無相經) 第58目

無相無空無不空이여 卽是如來眞實相이로다
무 상 무 공 무 불 공　　즉 시 여 래 진 실 상

모습 없고, 공空이 없으며, 공空아님도 없나니,
이러함이 여래如來의 진실한 모습이니라.

某解

문득 망령된 마음이 사라지면 오롯이 진심眞心이 드러나나니, 이 마음 밖에 다른 마음이 없다. 공空이란 정념情念의 내용을 가리키는 말이다. 범부의 소견은 환심幻心을 실다이 여기는 까닭에 공空의 설명을 두는 것이다. 범부는 정념情念을 참으로 여긴다. 그러므로 정념情念의 실상實相이 환幻이라 가르치는 교설敎說이 공론空論이다. 그러나 개오開悟하면 공론空論의 용처用處가 없다.

환幻이란 본래 없는 것인데, 어찌 이러저러 이름을 붙여 설하는가? 부득이한 대자비大慈悲가 아니런가! 환幻에는 공空이니 불공不空이니 하는 말이 필요하지 않은 것이다. 그러나 공론空論이 없으면 범부를 깨워 건지기 어렵다. 그러므로 공론空論은 대약大藥이나 필경에 지워야할 이론理論인 것이다. 그런 까닭에 공空도 없고 불공不空도 없다고 하는 것이다.

心鏡明鑑無碍하야 廓然瑩徹周沙界로다
심경명감무애 확연영철주사계

마음거울[心鏡]이 밝아서 비추움에 걸림 없나니,
확연廓然히 비추어 항하세계에 두루 사무치도다.

某解

진심眞心은 항상하게 대광명大光明을 나투우나 범부가 미혹迷惑하여 스스로 알지 못할 따름이다.

진심眞心의 실상實相에 대하여 유성儒聖 공자孔子가 이른다.

"진심眞心은 정념情念의 사思가 없으며, 정념情念의 함이 없이 적연부동寂然不動으로 천하天下의 본래本來에 감응感應한다. 범부가 나날이 진심眞心을 쓰지 않음이 없으나, 스스로 진심眞心을 알지 못하는 것이다."(無思也 無爲也 寂然不動感而遂通天下之故 百姓日用而不知也)

萬象三羅影現中이요 一顆圓明非內外로다
만 상 삼 라 영 현 중 일 과 원 명 비 내 외

삼라만상의 그림자 진심眞心 가운데 나타나고,

한 줄기 두렷 밝음은 안팎이 없도다.

某解

비내외非內外는 무내외無內外의 뜻이다. 비내외非內外는 당시 교가敎家에서 진심眞心에 안과 밖을 두어 논論하므로 교화의 의도가 있다고 하겠다. 오온五蘊을 곧바로 무無라 직설直說하지 않고, 범부의 허상虛像에 대한 부드러운 부정否定으로 설명하기에 공空을 둔 것과 통한다.

반야심경에 조견오온개공照見五蘊皆空 연후에 무안이비설신의無眼耳鼻舌身意 무색성향미촉법無色聲香味觸法이라 공자空字 다음에 무자無字를 두어 설한 까닭은 범부를 위한 자비방편慈悲方便이라 하겠다. 공空 뒤에 무無라 설한 뜻을 통해通解해야 사교입선捨教入禪에 허물이 없다고 할 수 있다. 반야심경般若心經의 공空과 무無의 관계와 내용에 밝지 못하면 선지禪旨에 미명未明이라 하겠다.

豁達空撥因果하야 莽莽蕩蕩招殃禍로다
활 달 공 발 인 과　　망 망 탕 탕 초 앙 화

(眞心이) 활달하다는 말을 듣고 인과因果가 없다고 하면,
끝도 없이 아득하게 앙화殃禍를 부르리라.

某解

도인道人은 비록 인과因果를 받으나 인과因果에 어둡지 아니하다. 인과因果의 당처當處가 비었음이라, 진심眞心은 인과因果에 속하지 아니하는 것이다.

도인道人은 인과因果에 불매不昧하고, 범부는 인과에 구속되어 온갖 쾌락과 고통 속에 허대는 것이다.

누가 망구忘軀의 노력 없이 공부를 성취하겠는가? 학인이 진심眞心에 밝아진 뒤에 인과因果의 내용을 참다이 볼 것이다. 인과불매因果不昧란 미혹迷惑 속에서 궁리로 풀어볼 말이 아니다. 대저 인과因果는 인생에 분명하다고 하겠다.

증도론證道論(무상경無相經) 第62目

棄有着空病亦然이니 環如避溺而投火로다
기 유 착 공 병 역 연 환 여 피 익 이 투 화

있음(情念)을 버리고 공空에 집착하면 병病이기는 같나니,
정념을 피하려다 도리어 공견空見의 불에 드는 것과 같도다.

某解

정념情念이 환幻이라 배우는 공론空論이 교문敎門의 핵심이다. 그러나 그 이해가 견문각지見聞覺知에 머문다면 공론空論 역시 병病이 되는 것이다.

맹자孟子는 성인聖人의 도道를 견문각지見聞覺知로 이해하여 아는 것을 덕혜술지德慧術知라 하였다. 배우는 이의 대개가 술지術知를 자증自證으로 착각錯覺하므로 맹자가 술지術知라 지적한 것이다.

선문禪門의 공부는 지해知解를 용납하지 않으며, 깨친 후에는 깨친 자취조차 씻어 버린다. 깨친 자취가 남으면 그 역시 공견空見이라는 기억의 병이 되는 까닭이다. 자성自性이 곧 본각本覺이라 청정각체淸淨覺體러니, 깨어 있음 위에 깨침을 두는 것이 어찌 병病이 아니랴!

捨妄心取眞理여 取捨之心이 成巧僞로다
사 망 심 취 진 리 취 사 지 심 성 교 위

망심妄心을 버리고 진리眞理를 취함이여!

버리고 취하는 마음이 교묘한 거짓을 이루도다.

某解

실지實地의 자증自證없이 진심眞心을 억해臆解하여 추론推論하는 자는 반드시 차례次例를 두어 수행修行으로 삼고, 수행의 노력을 쌓아서, 필경에 망심妄心을 버리고 진심眞心을 취하려 한다. 이는 하사下士의 병통病痛이요, 교묘한 거짓을 이루는 소견所見이다.

망심妄心을 버리고 진리眞理를 취함은 바라밀다波羅密多를 도피안到彼岸 즉 '저 언덕에 이른다'로 해석하는 것과 같다. 이 언덕과 저 언덕은 소승범부小乘凡夫를 위한 설명이다. 바라밀다波羅密多는 청정淸淨의 법法이라 해석해야 일승一乘의 직해直解이다. 소승범부는 망심妄心의 내용을 알지 못하기에 버리고 취함으로써 공부로 삼는 것이다. 망심妄心은 다만 환幻일 뿐이다.

반야바라밀다般若波羅密多는 청정지혜淸淨智慧의 법法이라 풀어야 한다. 청정지혜清淨智慧는 범부의 본원本源이라 범부가 본래로 구족具足한 지혜智慧이다. 다만 범부가 망심妄心을 잊어 지우면, 본래本來의 청정자심清淨自心이 드러나는 것이다.

달마대사가 수행修行에 대해 이른다. "다만 모든 일상의 생활 중에 무심無心을 깨달으면 이것이 곧 수행修行이다. 이 밖에 다른 수행修行이 없느니라.(但於一切事上에 覺了無心이면 卽是修行이라 更不別有修行이니라)"

황벽선사가 전심법요傳心法要에 이른다. "도道가 어떤 물건이기에 그대는 수행하려 하는가?(道是何物이관대 汝欲修行고?)"

달마대사達磨大師와 황벽선사黃檗禪師의 말씀에 수행修行의 대요大要를 설했다. 이 가운데서 얻지 못하면 개오開悟하기 쉽지 않다.

學人이 不了用修行하니 眞成認賊將爲子로다
학인 불요용수행 진성인적장위자

배우는 사람이 잘 알지 못하고 수행修行하나니,
참으로 도적을 아들로 삼는 것이로다.

某解

신심명信心銘에 이른다. "현묘한 뜻[眞心]을 알지 못하고, 정념情念을 고요히 하는 것은 헛된 공부이니라.(不識玄旨하면 徒勞念靜이로다.)"

배우는 이가 안팎으로 식연息緣하고 정념情念의 무천無喘을 이루어 깊은 삼매三昧에 거처하면 마침내 진심眞心의 정체正體가 드러난다. 이러한 연후에야 공부가 어둡지 않아서 좌선坐禪에 힘을 얻게 되는 것이다. 좌선坐禪에 힘을 얻으면 행주좌와行住坐臥에 성성惺惺이 지속된다. 이를 일러 늘 깨어있음이라 한다.

참 수행修行은 무심無心을 자증自證한 연후에 이루어지는 것이다. 무심無心이 현전現前하지 않으면 문자반야文字般若에 머무는 줄 알아야 한다.

損法財滅功德은 莫不由斯心意識이라
손법재멸공덕 막불유사심의식

배워 쌓은 법혜法慧를 덜고 공덕을 멸함은,

심의식心意識으로 말미암지 않음이 없는 까닭이니라.

某解

유식론唯識論에서 심心, 의意, 식識을 팔식, 칠식, 육식으로 분별하여 설명한다. 배워 익힌 법혜술지法慧術知와 고행선행苦行善行으로 쌓은 공덕이 모두 심의식心意識에 머문다. 거친 망념妄念과 미세한 망념妄念을 기억하여 저장貯藏하는 것이다. 의식意識의 대부분은 학습지學習智와 편벽지偏僻智이다.

기신론起信論에서 삼세三細와 육추六麤를 자세히 설명하는 것은, 배우는 이의 심의식心意識에 온갖 번뇌煩惱가 뿌리내려 있는 것을 보이고, 더불어 진심眞心을 밝힌 다음의 공부과제工夫課題를 가리킨 것이다.

유식론唯識論과 기신론起信論은 마음공부 과정에 생기는 악지악견惡知惡見의 묵은 그림자를 걷어 낸다. 불법공부에서 유식론唯識論과 기신론起信論의 연구硏究와 통해通解는 필수必須라 하겠다.

是以禪門了却心하고 頓入無生知見力이로다
시 이 선 문 요 각 심 돈 입 무 생 지 견 력

그러므로 선문禪門은 마음[妄心]을 물리치고,

(妄心이) 남이 없는 지견력知見力에 단박에 들어가니라.

某解

선禪이란 보고 들음에 정념情念을 거치지 아니하고, 당체當體를 단박에 알아서 즉시에 대기대용大機大用에 나아가 막힘없이 행하는 공부이다. 왜냐하면 정념情念이 환幻인 줄 알면 환幻이 이미 없기 때문이다. 대기대용大機大用에 나아갔더라도 대용大用의 공부에 점차漸次가 없을 수 없다. 한밤에서 아침까지 밝아지는 차례가 있는 것과 같다. 새벽의 밑둥은 어슴프레하나, 새벽은 이미 어둡지 않으며, 동녘은 조하朝霞에 물들다가 마침내 해가 뜨고, 해가 뜨면 어둠은 찾을 수가 없는 것과 같은 것이다. 이와 같은 차례가 어찌 없겠는가?

대기대용大機大用의 당처當處는 상자공적常自空寂하다. 공적空寂하므로 개오開悟이후의 공부를 무수이수無修而修라 한다. 무수이수無修而修는 무위無爲에 젖음이라, 곧 보살菩薩의 공부工夫이다.

大丈夫秉慧劍하니 般若鋒兮金剛焰이로다
대 장 부 병 혜 검 반 야 봉 혜 금 강 염

대장부大丈夫가 지혜智慧의 칼을 잡나니,
반야般若의 칼날이요 금강金剛의 불꽃이로다.

■ 某解

반야般若는 이름과 모습을 단박에 자르는 칼날이요, 불변不變의 금강金剛불꽃이다.

반야般若란 참마음의 청정광명淸淨光明이라, 모진 변란變亂 가운데서도 담연淡然히 비추우며, 증득證得한 이는 능히 정념情念없이 성성적적惺惺寂寂하는 것이다.

반야般若가 곧 진아眞我이며 청정광명淸淨光明의 묘지妙智이다.

非但能摧外道心이요 早曾落却天魔膽이로다
비 단 능 최 외 도 심 조 증 낙 각 천 마 담

(般若大道는) 외도外道의 허망한 마음을 꺾을 뿐 아니라,
일찍이 천마天魔의 간담肝膽을 떨어뜨렸도다.

某解

세상의 허망한 종교宗教와 지식인知識人들이 밖으로 조물자造物者 혹은 신神을 구하여 매달려 기도祈禱하거나, 안으로 정념情念을 조절하거나, 마음을 깨끗하게 하려는 길에 서 있는 것이 대개의 사정이다. 자신의 참마음이 진실로 조물자造物者인 것을 알지 못하는 까닭이다.

조물자造物者는 범부의 상상력想像力과 무지無知에 의해 태어난 인격체人格體이다. 그런데도 조물자造物者에 기대거나 맹신盲信하는 자가 세상의 반을 넘는다.

총명외도聰明外道는 박학博學과 예지叡智가 있으나 정념情念을 자보自寶로 여기는 까닭에 지혜智慧가 없어 반야대도般若大道를 알지 못한다. 그러나 어느 때에 깊이 관조觀照하여 정념情念이 아지랑이나 메아리 같은 줄 보게 되면 대도大道를 순직順直히 따르며 공부하는 때가 있을 것이다.

震法雷擊法鼓여 布慈雲兮灑甘露로다
진법뇌격법고 포자운혜쇄감로

법뢰法雷 진동하고 법고法鼓 울림이여!

자비慈悲의 구름 펴고 감로甘露를 뿌리도다.

某解

영가스님이 반야대도般若大道의 홀로 드밝음을 찬탄한다. 세상 사람들은 참마음을 알지 못하고 참마음의 그림자를 나로 여기고, 이름과 모습을 따라 울고 웃으며 허망하게 인생을 꾸린다. 어찌 안타까운 일이 아니랴. 청淸 세조世祖 순치황제順治皇帝가 '십팔년의 황제노릇을 마음공부 길의 반나절에 비길 수 있으랴!' 한 것이 빈말이겠는가? 참나를 회복回復하려는가? 오직 스스로의 참마음을 밝히는 길 뿐이다.

감로甘露란 본시 노자老子의 말이다. 노자老子는 전세前世에 부처님의 제자인 우루빌라가섭이라고 기세계경起世界經에 전한다. 그런 까닭에 불언不言, 무위無爲, 손지우손損之又損, 곡신谷神, 사이불망死而不亡 등의 현학적玄學的 고론高論을 밝게 보인 것이다. 우루빌라가섭이 중국에 와서 불법佛法이 널리 펴질 수 있는 씨앗을 뿌려놓은 것이라 하겠다.

龍象蹴踏潤無邊하니 三乘五性皆惺悟로다
용 상 축 답 윤 무 변 삼 승 오 성 개 성 오

용이 날고 코끼리가 거닒에 윤택함이 그지없나니,
삼승三乘과 오성五性이 모두 깨치는도다.

某解

용龍과 상象은 지혜로운 이의 비유이다. 삼승三乘은 성문聲聞 연각緣覺 보살菩薩이며, 오성五性은 범부성凡夫性 이승성二乘性 보살성菩薩性 부정성不定性 외도성外道性이다.

범부성은 약간의 미혹도 끊지 못한 사람이며,
이승성은 성문과 연각을 이르며,
보살성은 닦아서 성불하는 사람을 이르며,
부정성은 범부나 이승이라 할 수 없는 사람이며,
외도성은 삿된 말을 하는 사람을 말한다.

삼승三乘과 오성五性, 모두가 반야般若의 가르침을 듣고 믿고 이해하여 참다이 정진하면 종래에 깨달아 성불할 수 있다고 하는 것이다.

雪山肥膩無雜이라 純出醍醐我常納이로다
설산비니무잡 순출제호아상납

설산雪山의 비니초는 잡됨이 없어,
순수한 제호醍醐를 내나니, 나 항상 받노라.

某解

설산雪山의 비니초 옆에는 다른 풀이 자라지 아니한다고 하는 것은 진심眞心의 땅에는 본래로 망심妄心이 거처하지 아니한다는 뜻이다.

상게上揭는 영가스님이 항상恒常하게 진심眞心이 깨어있는 까닭에 공적영지空寂靈知를 함이 없이 나투며 태허太虛에 소요逍遙한다는 뜻이다. 무심소요無心逍遙하므로 청정淸淨의 제호醍醐를 항상히 받는 것이다.

무심無心을 배우고, 무심無心을 알아서, 무심無心으로 거닐며, 마침내 온전한 무심삼매無心三昧에 드는 것이 공부하는 이의 정로正路이다.

一性圓通一切性하고 一切偏含一切法하니
일성원통일체성 일체편함일체법

한 성품이 범부 오성五性에 원만히 통通하고,
한 법法이 두루하여 모든 법法을 머금었나니

某解

진심眞心의 한 성품은 범부凡夫와 성인聖人이 다르지 아니하다. 진심眞心을 가리키고 드러내는 한 법法이 모든 가르침[萬法]을 머금은 것이다.

開知一切法　　일체법을 열어 알진대
只指虛幻性　　다만 虛幻의 성품을 가리켰네.
如是解此理　　이같이 통해하면
逍遙無心地　　無心地에 逍遙하리라.

一月普現一切水라 一切水月一月攝이로다
일 월 보 현 일 체 수 일 체 수 월 일 월 섭

하나의 달이, 모든 물에 두루 나타나고,

모든 물의 달을, 하나의 달이 포섭包攝하도다.

某解

진심眞心은 일용행사日用行事의 작용은 천지만물天地萬物에 두루한다. 비유하건대 허공거울空鏡에 천지만물天地萬物이 온갖 작용이 비치는 것과 같다.

허공거울[空鏡]은 비추면서 고요하고, 고요하면서 비춘다. 비추고 고요함이 하나이나, 범부가 두 작용作用으로 이해하는 것이다. 범부凡夫의 일용행사日用行事에 진심眞心이 항상하나, 범부凡夫가 정념情念에 미혹迷惑하여 스스로 진심眞心을 알지 못하는 것이다.

諸佛法身入我性하고 我性還共如來合이라
제 불 법 신 입 아 성　　아 성 환 공 여 래 합

모든 부처님의 법신法身이 나의 성품에 들어오고,
나의 성품이 여래如來와 더불어 합合하도다.

某解

앞생각이 미혹迷惑하면 범부요, 뒷생각이 깨치면 부처이다. 생각이 정념情念의 그림자에 가리운 것이 범부요, 생각에 정념情念이 없으면 곧 부처이다.

범부와 부처는 이름뿐인지라 곧 범부가 부처인 것이다. 그 차이는 다만 미오迷悟에 있다.

정념情念없이 생각할 수 있다면 곧 각覺을 체득體得한 것이다. 각覺은 청정淸淨각체覺體의 각覺이라 본구本具의 각覺이다. 만약 각覺할 바와 각覺함이 있으면 참 각覺이 아니다.

범부와 부처는 그 성품이 하나로 같다. 영가스님은 합合한다고 표현하였다.

一地에 具足一切地하니 非色非心非行業이로다
일지 구족일체지 비색비심비행업

하나의 위位에 모든 위位가 구족하나니,

모습이 아니요, 마음도 아니요, 행업도 아니로다.

某解

법신法身은 이름 붙일 수도, 모습 그릴 수도 없다. 또한 사량분별思量分別이 닿지 아니한다. 그런 까닭에 '모습이 아니요, 마음도 아니요, 행업行業도 아니로다.'라 하는 것이다.

범부가 각覺의 성품이 구족具足하면서도 모습[色]과 마음[妄心]과 행업行業의 장애障碍에 끄달리는 병病을 지닌 것은 다만 묵은 정념情念에 가려져 집착執着하기 때문이다.

범부의 병病은 오직 정념情念이요, 깨친 이는 다만 범부의 정념情念이 없을 뿐이다.

彈指圓成八萬門하고 刹那에 滅却三祇劫이로다
탄 지 원 성 팔 만 문　찰 나　멸 각 삼 지 겁

손가락 튕기는 사이에 팔만사천법문 원만히 이루우고,
찰나刹那에 삼아승지겁을 없애도다.

■ 某解

꿈에서 벗어나는 방법은 오직 문득 꿈에서 깨는 것이다. 깊은 꿈은 마구 흔들어도 잘 깨지 않으나, 얕은 꿈은 약간의 소리에도 가볍게 꿈을 깬다. 정일집중精一執中이 상명常明하면 몽환夢幻이 얕아지는 것이다.

겨울 밤 바람에 대나무 부딪는 소리, 침상寢牀에서 목침木枕 떨어지는 소리, 아침에 듣는 폭포소리, 산당山堂에서 고요히 묵좌默坐하다가 듣는 새벽 종소리, 한낮에 갑자기 듣는 닭울음소리 등의 소리에 홀연忽然히 꿈에서 깬 대장부大丈夫들이 시절時節마다 보인다.

세상을 벗어난 대장부들이 소리와 인연因緣하여 깨친 것이다. 그 소리를 무정無情의 진심眞心으로 들었던 것이다. 일체의 망념妄念이 찰나刹那에, 그 소리를 듣고 알았던 것이다. 부득이 알았다고 했으나, 앎 없이 알았다고 해야 가깝다.

세상을 벗어난 장부들의 꿈은 깊지 않았던 것이다. 범부가 꿈에서 깨고자하면 먼저 세욕世欲을 덜어내고 덜어내어 생각을 가볍게 하고, 묵상默想으로 세욕世欲의 원인을 살펴 관조觀照하면 꿈이 가벼워진다. 그리고 꿈에 속지 않고자하면, 꿈이 가벼워져서 꿈에서 깨기가 쉬워지는 것이다.

얕은 꿈에서 깨거나 깊은 꿈에서 깨어도, 꿈 깬 것은 한가지로 다르지 아니하다. 꿈에서 깨면 꿈은 없다. 꿈속에서 일어났던 모든 일이 없는 것이다. 꿈에서 깨면 꿈이 이슬 같고, 물거품 같으며, 그림자와 같고, 환幻과 같다는 성인聖人의 말씀을 확인確認하게 되는 것이다.

꿈은 다만 의식意識의 작용이다. 의식을 분석分析하면 허망한 꿈의 재료材料와 정념情念의 망작妄作을 보게 될 것이다. 꿈에서 깨는 것은 찰나刹那이다.

一切數句非數句여 與吾靈覺何交涉가
일 체 수 구 비 수 구 여 오 영 각 하 교 섭

일체의 수구數句와 수구數句 아님이여!
나의 영지靈知를 깨침과 무슨 교섭 있을 것가?

某解

수구數句란 차별법상差別法相을 의미한다. 차별법상은 방편설方便說이다. 방편설은 범부의 그릇 따라 임시로 설한 말씀으로써 얼음이 그릇 따라 온갖 모습을 보이지만, 녹으면 갖가지 모습이 사라지는 것과 같다.

방편설은 진심眞心의 공적영지空寂靈知와는 어떠한 교섭交涉도 있지 아니하다. 얼음이란 모습은 사견邪見으로 이루어진 번뇌煩惱의 비유이다.

비유에 얼음이 물인 줄 알 수 있으나, 얼음이 녹아야 물이 된다고 한다. 그러나 꿈을 깬 이는 이 비유가 둔근鈍根을 위한 시설柹雪임을 본다. 진심眞心에 꼭 맞는 비유가 아니기 때문이다.

* 시설柹雪 : 곶감 표면에 피어난 흰 가루.

不可毁不可讚이여 體若虛空勿涯岸이로다
불가훼불가찬 체약허공물애안

(眞心은) 훼손毁損할 수 없고 찬탄할 수도 없네.

(眞心의) 체성體性은 허공虛空 같아서 가이 없도다.

某解

진심眞心은 어떤 경우에도 훼손毁損되지 않으며, 칭송稱頌이나 비방誹謗 밖에 두렷하여 적연寂然하며 부동不動이다.

어떤 경우란 모든 악행惡行과 선행善行, 각覺과 불각不覺을 뜻한다.

진심眞心의 체성體性은 허공虛空같아서 무한無限의 묘유妙有를 나투는 것이다. 이러므로 진심眞心이 불생불멸不生不滅한 줄 알 수 있고, 부증불감不增不減하는 것을 보는 것이다.

不離當處常湛然하니 覓則知君不可見이로다
불리당처상담연 멱즉지군불가견

(眞心은) 당처를 떠나지 않고 항상 담연湛然하나니,
찾은즉 아노니, 그대가 볼 수는 없도다.

■ 某解

진심眞心은 담연공적湛然空寂하여 모습이 없으므로 볼 수 없다. 그러나 성성惺惺하고 영영靈靈하여 언제나 눈앞에 나타나 있다. 범부는 어찌하여 보지 못하는가? 볼 수 없다고 하면서 보지 못하는가? 하고 다시 묻는 것은 무슨 까닭인가?

그대의 진심眞心이 그대의 진면목眞面目이요, 무시이래無始以來의 의젓한 부처님이시다.

증도론證道論(무상경無相經) 第80目

취 부 득 사 부 득 　 불 가 득 중 　 지 마 득

取不得捨不得하니 不可得中에 只麼得이로다

(眞心은) 취할 수 없고 버릴 수도 없나니,

얻을 수 없는 가운데 다만 이러히 얻나니라.

■ 某解

진심眞心을 다만 이러히 얻나니라 – 라고 한 것은 망견妄見을 항복 받아 진심眞心을 회복回復한다는 뜻이다. 얻음이나 항복이란 말도 부득이不得已한 표현일 따름이다.

언설言說을 떠나서 진심眞心에 계합契合해야 진심眞心으로 일상日常에 소요逍遙할 수 있는 것이다.

嚒마 : 그런가 = 麼마

默時說說時默이여 大施門開無壅塞이로다
묵 시 설 설 시 묵 대 시 문 개 무 옹 색

말없이 말하고, 말할 때 말없음이라,

크게 베푸는 문을 여나니 옹색壅塞함이 없도다.

某解

말없이 말하는 것이란 적이상조寂而常照요, 말할 때 말없음은 조이상적照而常寂이다. 적寂과 조照는 진심眞心의 체용體用으로 나타나나, 적寂과 조照가 다르지 아니함이요, 체용體用이 불이不貳인 까닭이다.

진성眞性이 적연부동寂然不動이므로 적이상조寂而常照요, 조이상적照而常寂이며 체용불이體用不貳이다. 참마음은 다만 적연부동寂然不動이다.

막힘이 없음은 열려있는 까닭이요, 닫음이 없음은 무애無碍의 근원이다. 그러므로 무애도인無碍道人은 꼴은 누추하나 항상하게 광명光明을 그치지 아니하는 것이다.

有人이 問我解何宗커던 報道摩訶般若力하라
유인 문아해하종 보도마하반야력

누가 나에게 무슨 종취宗趣를 아느냐고 물으면,
대지혜력大智慧力이라고 말해 주리라.

某解

지혜智慧를 배우는 것이 공부이며, 지혜智慧가 온전하게 되는 것이 자기自己의 회복回復이다. 자기自己를 회복回復하면 지혜智慧와 선정禪定이 한 몸이다.

처음 진심眞心을 밝히면 망심妄心이 생사 없는 줄 알며, 다음 지경地境은 망심妄心의 생사生死 없음을 체증體證하며, 나아가서 망심妄心의 생사生死 없음에 계합契合하며, 화엄십지華嚴十地와 대적등각大寂等覺에 이르러야 온전히 진심眞心으로 행하는 것이다.

망심妄心이 생사生死없다는 것은 망심妄心이 본래 없다本無는 뜻이다.

약간의 지견知見이 생기면, 이제 공부의 시작인 줄 알지 못하고, 삼세육추三細六麤 속에 있으면서도 스승노릇에 퇴굴退屈하는 이가 허다許多하다.

고봉원묘高峰原妙(1238~1295)스님은 대오大悟 연후에 석굴石窟을 뚫어 사관死關이라 이름 붙이고, 입적入寂할 때까지 사관死關 밖을 나오지 않고 대적大寂을 향하였으며 선요禪要를 지어 뒷사람의 공부를 경책하였다. 어찌 큰 스승의 모범이 아니랴! 그러나 오늘에 따르는 이가 드문 것은 어찌된 일인가?

고봉高峰스님은 중봉명본中峰明本(1263~1323)의 스승이다. 중봉中峰스님은 공부를 묻는 이가 있으면 '고봉스님은 이러이러히 공부하셨는데 그대는 어떠한가?' 라 하였다고 한다. 뒷사람이 듣고도 본받지 아니한다면 누구의 허물이겠는가?

증도론證道論(무상경無相經) 第83目

惑是惑非人不識이요 逆行順行天莫測이로다
혹 시 혹 비 인 불 식 역 행 순 행 천 막 측

혹 옳고 혹 그릇됨의 정체를 사람들이 알지 못하나니,

역행逆行과 순행順行은 허공도 헤아리지 못하도다.

某解

세상世上의 '옳다 그르다'는 견해見解는 망심妄心 속의 몽환夢幻이다. 어찌 한 때의 망념견해妄念見解를 불변不變의 진심眞心에 견주어 등등等等으로 여길 것인가? '옳다 그르다'의 견해로써 역행逆行하고 순행順行하는 것은 숙세宿世의 누병累病일 따름이다.

진심眞心에는 역逆과 순順이 없다. 영가永嘉스님이 "역행逆行과 순행順行은 허공虛空도 헤아리지 못한다." 함은, 세상의 범부가 정념情念의 의식意識으로 역逆과 순順을 두어서, 시是와 비非를 지으며 정념情念을 실實다이 여김을 나무라는 것이다.

도道에 바른 지견知見이 열린 이에게 망심妄心은 다만 허환虛幻일 뿐이다.

吾早曾經多劫修라 不是等閑相誑惑이로다
오 조 증 경 다 겁 수　불 시 등 한 상 광 혹

나는 일찍이 많은 겁劫을 지나며 수행하였나니,
부질없이 사람을 속여 미혹하게 함이 아닐세라.

某解

영가스님이 많은 겁劫에 걸쳐 열심히 수행하여 오늘에 대적무심大寂無心의 경지境地에 이르렀으며, 뒷사람의 공부를 위해 깨달음의 내용을 이르신다고 한다. 상사上士가 따르고 또한 인연因緣이 있는 중사中士도 무심無心을 통해通解하여 힘 다해 노력해야 할 것이다.

공부란 노력노력 또 노력하며 퇴굴심退屈心을 내지 않고, 세세생생世世生生에 한결같이 노력해야 필경畢竟에 성불成佛하는 것이다. 번뇌煩惱가 치성熾盛하는 업장 무거운 범부라도 탐진치貪瞋癡가 본시 환幻이란 도리를 믿고 이해하여 멀리하기를 오래하면 바른 공부 길에 들 수 있는 것이니 모름지기 장원심長遠心을 굳게 하여 나아가야 한다.

영명연수永明延壽(904~975)선사가 이른다.

"한량없는 세월을 지나는 사이에 육신이 익혀온 업의 종자를 씻는 일이 중요하다. 너희들이 애욕을 소제掃除하고 망령된 인연을 끊어서, 모든 애욕의 경계를 대하더라도 목석처럼 될 수 있다면 설사 도안道眼을 밝히지 못하더라도 자연히 깨끗한 몸은 이룰 것이다. 참으로 슬프다. 말세에는 미친 말하는 선객禪客이 많다. 참다운 깨달음은 없고 빈 화두만 배워서 입으로는 공空을 말하고 자신의 업력은 말하지 않으며, 도둑질과 간음이 방해되지 않는다고 말한다.

만일 심장과 간을 베어내더라도 목석과 같을 수 있는 도력道力이 있다면 술과 고기를 먹을 자격이 있을 것이다. 그러나 비록 이러한 경지에 이르렀다고 할지라도 섣불리 그런 행동을 내어서는 아니 된다. 다만 한량없는 성인의 몸을 증득한 뒤에 비로소 세상의 좋고 나쁨에 걸림 없는 무애행無碍行을 하라. 오래 익힌 업의 종자로 태어났으니, 올바른 스승을 만나지 못하면, 악의 뿌리는 빼기 어렵고, 선력마저 쉬이 녹아 버릴 것이다."

영명선사永明禪師가 범부가 바른 공부 길에 드는 요목要目을 보였다. 망심妄心을 덜어내어 목석같이 될 것이며, 빈 화두를 배워 읊조리지 말며, 약간의 지견知見이 생기더라도 고요히 하여, 고요함[寂然不動]에 익을지라도 망행妄行을 하지 말며, 올바른 스승을 만나 지혜智慧를 배울 것을 설說하여 보인 것이다.

建法幢入宗旨여 明明不勅曹溪是로다
건 법 당 입 종 지 명 명 불 칙 조 계 시

법正法의 깃발을 높이고 종지宗旨를 세움이여!
밝고 밝은 불법佛法, 조계曹溪가 이었도다.

某解

부처님의 정맥正脈을 조계산曹溪山의 육조대사六祖大師가 이었다고 명언明言한다. 육조대사가 법을 펴던 당시에 대력보살大力菩薩이 외호하고 상근上根의 수좌首座들이 배우고 따랐으나, 당시 중국의 불법은 염불종念佛宗이 넓게 자리하고, 북경北京과 서안西安 등에는 화엄종華嚴宗과 법화종法華宗 등의 교종教宗의 학승學僧이 점수론漸修論을 폈으며, 신수神秀가 홍인弘忍대사의 문하생으로 동산법문東山法門을 열었으나 선지禪旨에 어두웠으므로 점수론漸修論에 거처한지라 영가대사가 육조의 돈오법頓悟法이 불조佛祖의 종지宗旨라고 천명闡明하는 것이다.

종지宗旨란 정법正法이요, 정법正法은 무심종無心宗이다. 대저 선사禪師의 설법說法이 무심無心으로 회통會通하지 못하면, 그 설은 종지宗旨를 알지 못하는 구건맹두咎愆盲頭일 따름이다.

第一迦葉이 首傳燈하니 二十八代는 西天記로다
제일가섭 수전등 이십팔대 서천기

제일가섭존자가 처음 등불을 전한 이래로,

이십팔대는 서천西天의 전등기傳燈記요,

某解

열 분의 가섭존자迦葉尊者 가운데, 마하가섭존자摩訶迦葉尊者가 부처님의 법을 이었다. 우루빌라가섭존자는 중국에 나서 도덕경道德經을 설하여 무위無爲의 도道를 심었으며, 유동보살儒童菩薩은 공자孔子로 나서 성적연부동설性寂然不動說을 세웠다.

달마대사達磨大師는 서천西天의 28대 조사祖師이며 중국 선종禪宗의 초조初祖이다.

달마대사가 중국에 와서 신분과 학식과 재능에 관계없이 누구라도 곧바로 진심眞心에 계합契合하면 개오開悟하는 도리, 즉 돈오頓悟의 법法을 연 것이다. 이른바 일초직입여래지一超直入如來智를 보였다. 이로써 조사선祖師禪이 성립된 것이다.

어찌하여 전등傳燈이라 하는가? 咄!

法東流入此土하여는 菩提達摩爲初祖로다
법 동 유 입 차 토 보 달 마 위 초 조

법法이 동東으로 흘러 중국中國에 와서,
보리달마菩提達磨대사가 초조初祖가 되었네.

▮ 某解

달마대사達磨大師로 부터 중국에 무심설無心說이 종지宗旨로 서게 되었다. 달마대사의 무심론無心論이 전한다. 달마대사의 문맥은 혜가慧可, 승찬僧璨, 도신道信, 홍인弘忍, 혜능慧能으로 이어진다. 육조 혜능대사에 이르러 선禪이 개화하였다. 달마선達摩禪이 꽃을 피워 잎을 펴고 줄기를 뻗게 된 것이다.

혜능대사慧能大師의 제자 신회神會, 혜충慧忠, 영가永嘉, 청원淸源, 회양懷讓등 보살의 화신化身이 나타나고, 이후 마조馬祖, 방거사龐居士, 백장百丈, 황벽黃檗, 이고李翱, 조주趙州, 규봉圭峰, 임제臨濟, 배휴裵休, 운문雲門, 영명永明, 동림東林, 소동파蘇東坡, 장무진張無盡, 대혜大慧, 보조普照, 서산西山 등으로 전등傳燈하여 넓혀져서 오늘에 이른다.

六代傳衣天下聞이라 後人得道何窮數아
육 대 전 의 천 하 문　　후 인 득 도 하 궁 수

육대로 가사袈裟 전한 일, 천하天下가 들었나니,
뒷사람이 도道 얻음을 어찌 다 헤아리랴.

某解

념념念念에 망념妄念이 불기不起함이 선禪이요, 념념念念에 망념妄念이 적멸寂滅함이 정定이다.

비록 말법末法의 시절時節이 길더라도, 이 도道를 뒷사람과 뒷사람이 이어서, 배워 밝힘이 끝없이 넓혀지리라.

증도론證道論(무상경無相經) 第89目

眞不立은 妄本空이라 有無俱遣이니 不空空이로다
진불립 망본공 유무구견 불공공

진眞을 세우지 아니함은 망妄이 본래 공空함이요,
유무有無를 함께 버렸나니, 불공不空도 공空하도다.

某解

망妄을 두면 진眞을 세울 수 있으나, 망妄이 공空하여 없으면 진眞의 이름을 세울 자리가 없다. 공空을 두면 불공不空이 성립하나, 공空의 내용이 환幻이라 불공不空 또한 있지 아니한 것이다. 공空이란 무엇이 있다고 설說하는 것이 바로 마구니의 설說이다.

진망眞妄, 유무有無, 공空과 불공不空이 가리키는 바를 알면, 스스로의 진성眞性을 통해通解하리라.

나의 자성自性은 보고 듣는 이 바로이나, 스스로 망심妄心에 미혹迷惑하여 만법萬法에 의지하는 것이다. 만약 망심妄心이 없다면 만법萬法은 어디에 쓸 수 있을 것인가? 咄!

二十空門元不着하니 一性如來體自同이로다
이 십 공 문 원 불 착　　일 성 여 래 체 자 동

이십공문二十空門에 원래 집착할 것 없나니,
일성一性은 여래의 심체心體와 본래 같나니라.

某解

공空이란 본무本無의 뜻이다. 본무本無는 본래무일물本來無一物의 줄인 말이다. 본래 없는 것은 생겨날 수도 없어질 수도 없다. 그러므로 본래 없는 것에 대해 집착할 바가 없는 것이다.

무엇이 본래 없다는 것인가? 범부의 사랑하고 미워하는 마음[憎愛心]이다. 사랑과 미움에 웃고 우는 것이 범부의 인생사人生事거늘 어찌하여 사랑과 미움이 없다고 하는가? 범부의 마음이 몽환夢幻이기 때문이다. 이 말 끝에 알아차림이 없다면 깊이 반성해야 한다.

공空에 대한 질문자質問者의 처지處地와 사상思想의 근저根底에 사랑과 미움이 실재實在한다는 인식認識이 있다면, 묻기를 그만두고 스스로의 마음을 고요히 관찰觀察해야 한다. 고요히 관찰觀察하면 어느 때에 문득 사랑과 미움이 진심眞心의 허망한 그림자라는 것을 알게 될 때가 있을 것이다.

이십공문二十空門이란 대반야경大般若經에 있는 말로써 범부의 망견妄見을 물리치는 해설解說이다.

이십공二十空은 내공內空, 외공外空, 내외공內外空, 공공空空, 대공大空, 소공小空, 승의공勝義空, 유위공有爲空, 무위공無爲空, 필경공畢竟空, 무제공無際空, 산공散空, 무변이공無變異空, 본성공本性空, 자상공自相空, 공상공共相空, 일체법공一切法空, 불가득공不可得空, 무성공無性空, 자성공自性空 등이다.

이십공二十空 가운데 내외공內外空, 유위공有爲空, 필경공畢竟空, 일체법공一切法空등 다섯을 교가敎家에서 주로 인용한다.

공空을 환幻으로 바꾸어 읽으면 내외환內外幻, 유위환有爲幻, 필경환畢竟幻, 무제환無際幻, 일체법환一切法幻 으로서 뜻이 통한다.

공설空說이 무無와 환幻과 통하는 줄 알면 지견知見의 문門이 조금은 열렸다고 하겠다.

증도론證道論(무상경無相經) 第91目

> 心是根이요 法是塵이라 兩種은 猶如鏡上痕이니라
> 심 시 근　　법 시 진　　양 종　　유 여 경 상 흔

마음[妄心]은 뿌리요 법法은 티끌이라,

두 종자種子는 거울 위의 흔적痕迹과 같나니라.

■ 某解

여기서 마음[心]은 망심妄心을 가리킨다. 망심妄心의 내용은 오온五蘊이요 오진汚塵이다. 오온五蘊이 범부의 병인지라 오온五蘊의 내용을 분석하여 비유와 직지直指로써 그 내용에 대한 가르침을 보인 것이 제법諸法이다.

망심妄心과 법法이 환심幻心의 망작妄作으로 인하여 나타난 것이기에 영가대사永嘉大師가 망심妄心과 법法을 거울 위의 흔적痕迹이라 하는 것이다. 부득이 흔적痕迹이라 가리켜 보였으나 흔적痕迹 또한 비어 없는 것이다.

마음[妄心]은 환幻의 뿌리요, 법法은 환幻을 지우는 티끌이다. 환幻과 티끌을 함께 쉬지 못하면 정견正見에 나아가기 어렵다.

痕垢盡除光始現이요 心法俱亡이면 性卽眞이로다
혼구진제광시현 심법구망 성즉진

흔적의 때가 없어지면 진심의 광명이 비로소 나타나고,
마음[妄心]과 법法이 사라지면 성품이 곧 참되도다.

某解

망심妄心과 법法이 멸하면 진심眞心이 드러난다. 진심眞心이 드러나면 망심妄心과 법法의 흔적을 찾을 수 없는 것이다. 오직 진심眞心의 청정광명淸淨光明이 고금古今에 변함없이 드밝으므로 불변不變의 대지大智라 한다. 그러므로 불법佛法은 오직 진심眞心의 성성惺惺을 가장 귀貴히 여기는 것이다.

범부의 안목眼目에는 망심妄心과 법法이 현전現前하여 실재實在하는 듯하다. 망념妄念의 뿌리가 깊은 까닭이다. 정관正觀하여 근원을 비춤이 순숙純熟하여 부동不動의 정로正路에 거처하면 가까운 때에 구진垢塵이 지워지는 시절인연時節因緣이 도래到來할 것이다. 그리하여 묵은 때가 지워지고 어느 찰나刹那에 홀연히 예대로 진심眞心이 드러나는 것이다. 깨침은 찰나刹那에 오고, 불변不變의 대적광大寂光을 드러나나니, 이는 범부凡夫와 성인聖人의 본래 성품이요, 나의 자성自性이다.

嗟末法惡時世하노니 衆生이 薄福難調制로다
차 말 법 오 시 세 중 생 박 복 난 조 제

말법末法을 슬퍼하고 시세時世를 미워하노니,
중생이 박복하여 망심妄心을 조복받기 어렵도다.

某解

범부는 정념情念을 참마음으로 여겨 탐진치貪嗔癡에 굴리어지는 것을 두려워하지 아니한다. 정념을 따라 즐거움을 좇느라 진심을 밝히는 공부를 보지 못하는 것이다. 이는 명상名相에 갇히어 박복薄福을 구하는 까닭이다.

일념불생一念不生에 만법萬法이 무구無垢한 도리를 배움에는 반드시 숙세宿世의 선공善功이 있는 것이다. 범부의 즐거워하는 바가 밖에 있다면, 그 즐거움의 본말本末을 관觀하면 그 즐거움의 내용이 하나의 학습지學習知요, 하나의 기억記憶이요, 하나의 인식認識이요, 하나의 버릇[習]임을 보게 될 것이다.

그 즐거움이 하나의 습식習識임을 확인하면, 그 습식은 내가 지은 습식임을 알 수 있으며, 습식의 내용은 나의 고집固執과 필요必要에 의해 억견臆見으로 조작造作한 환식幻識임을 보게 될 것이다.

증도론證道論(무상경無相經) 第94目

去聖遠兮邪見深이여 魔强法弱多怨害로다
거성원혜사견심 마강법약다원해

성인이 가신지 오래라 삿된 견해가 깊어짐이여!

마강법약魔强法弱하여 원망과 해악이 많도다.

某解

사견邪見이란 정견情見이다.

백낙천白樂天이 속진정견俗塵情見을 버리고 성성무위惺惺無爲의 길을 배우며 길을 가노라고 읊는다.

迴謝爭名客　회사쟁명객

甘從君所嗤　감종군소치　(嗤치: 비웃다)

머리 돌려 물러나노라. 쟁명객爭名客의 길을!

나는 그대들이 비웃는 길을 달게 가노라!

聞說如來頓教門하고는 恨不滅除令瓦碎로다
문 설 여 래 돈 교 문 한 불 멸 제 령 와 쇄

여래의 돈교문頓教門 가르침을 듣고는,

돈교문頓教門 을 없애지 못함을 한탄하누나.

▮ 某解

불법을 존숭尊崇하나 돈교문頓教門을 믿지 않는 무리를 안타까워하는 것이다. 기왕旣往의 교문教門과 신수神秀의 점교漸教를 이르는 것이다.

외도外道가 불법을 배워 정법正法의 문 앞에 서는 일은 기특한 일이나, 불법을 배워 회광반조廻光返照의 행이 있으면서도 돈교문頓教門을 불신不信하여 비방誹謗하는 것을 걱정하는 것이다.

또한 자신의 견해를 크게 여기는 박학졸사博學卒士가 돈교문頓教門을 비방誹謗하여 목소리를 높이면, 하사下士들이 듣고 길을 잃을까 크게 걱정하는 것이다.

증도론證道論(무상경無相經) 第96目

作在心殃在身하니 不須怨訴更尤人이어라
작 재 심 앙 재 신 불 수 원 소 갱 우 인

지음은 마음[妄心]에 있고 재앙災殃은 몸으로 받나니,
모름지기 사람을 원망하고 허물하지 말지어다.

某解

삶의 밝은 이치를 알지 못해 인생人生과 공부工夫를 잘못 지음은 마음[妄心]의 착식錯識에 있는 것이요, 자성自性에 허물이 있는 것이 아니다. 그 허물은 지혜智慧의 어두움이 원인인지라, 지혜智慧에 어두움을 걷어내면 필경畢竟에 불조佛祖와 지혜智慧가 같아지는 것이다.

사랑과 미움을 쓰되, 그 쓰는 바의 자성自性을 회광반조廻光返照하여 문득 진심眞心을 밝히면 불성佛性을 회복回復하는 것이다. 이 드밝은 가르침이 돈교법頓敎法이니 추호秋毫라도 법륜法輪을 비방하지 말아야 하는 것이다.

증도론證道論(무상경無相經) 第97目

欲得不招無間業커든 莫謗如來正法輪하라
욕 득 불 초 무 간 업　　막 방 여 래 정 법 륜

무간지옥의 업보業報를 부르지 않으려거든,

여래如來의 바른 법륜法輪을 비방하지 말지니라.

▮ 某解

누가 있어, 돈교법頓教法을 비방하는가? 그 업業이 무간지옥無間地獄을 향할 지어다.

허공虛空이 불에 탄다고 하거나, 허공虛空이 늙는다고 하거나, 허공虛空이 허공虛空이 되기 위해 노력해야 한다고 주장主張하는 것이 어찌 허공虛空을 비방하는 것이 아니랴!

旃檀林無雜樹하니 盃密深沈獅子住로다
전 단 림 무 잡 수　　울 밀 심 침 사 자 주

전단향栴檀香 나무숲에는 잡나무가 없나니,
울창盃蒼하고 깊어서 사자獅子가 머무도다.

▮ 某解

전단향栴檀香 나무숲은 자성自性의 청정무구淸淨無垢를 비유함이요, 울창하고 깊음은 정념情念이 멸진滅盡한 무심지無心地를 가리키며, 사자獅子는 무심도인無心道人을 상징한다.

전단향栴檀香의 청명淸明한 향기香氣에 온갖 벌레와 잡나무가 침범侵犯하지 못하는 것이다.

境靜林閒獨自遊하니 走獸飛禽이 皆遠去로다
경정임한독자유 주수비금 개원거

경계境界 고요하여 숲 사이로 한가로이 노니나니,

길짐승과 나는 새, 다 멀리 달아나도다.

▮ 某解

온갖 망념妄念이 멸진滅盡하여 무심無心으로 소요逍遙하는 도인道人에게는 세상의 명예名譽와 권세權勢와 학식學識과 영화榮華가 공허한 메아리요, 허상虛像의 그림자에 불과한 것이다.

길짐승과 나는 새라 함은 모습에 거처하여 유무有無와 시비是非의 견해見解를 내는 외도外道의 무리를 비유한 것이다.

獅子兒衆隨後에 三歲에 卽能大哮吼로다
사 자 아 중 수 후 삼 세 즉 능 대 효 후

사자獅子새끼가 사자獅子무리를 뒤따름이여!
세 살에 곧 크게 소리치는 도다.

某解

처음 보살지菩薩地에 이른 초지初地의 도인道人은 삼세三世의 부처님과 조사祖師를 따르는 무심가無心家의 어린 식구이다. 아직 지혜가 통명通明하지 못하고, 깊은 선정禪定이 부족하므로 배우고 익혀야 한다.

옛사람이 이른다. "처음으로 법공法空을 자득自得한 이는 많은 희열喜悅이 일어나 마음이 산란하니라.(新得法空者 夛喜悅心散亂也)"

대저 법공法空을 자득한 연후에 삼년을 보림保任해야 금강삼매金剛三昧를 열고 혜慧가 성성惺惺에 거처하게 된다. 조주선사趙州禪師는 고불古佛이나 초지初地의 보살菩薩들에게 모범을 보이고자 사십년을 행각보림行脚保任하였다. 큰 스승은 경經과 논論에 무불통지無不通知이다. 말세의 스승은 대개 지견선사知見禪師이다. 지견선사의 견처見處는 대개 진심眞心과 망심妄心의 구별區別과 내용의 적해的解에 있다.

若是野干이 逐法王이면 百年妖怪虛開口로다
약시야간 축법왕 백년요괴허개구

여우邪師가 법왕法王을 좇으려 한다면,

백년 묵은 요괴[達辯外道]가 헛되이 입을 여는 것이로다.

某解

지견선사는 대체로 화두 몇 조각을 타파打破한 것을 힘으로 삼는다. 천망지견天網知見을 지나면 십회향위十廻向位의 행불퇴行不退에 이른 것이다. 행불퇴行不退에서 증불퇴證不退까지는 멀지 아니하다. 견성見性한 초지보살은 증불퇴證不退의 위位이다.

지견知見이 열리면 종지宗旨를 대체를 안다. 종지를 이해하므로 화두의 의지意旨를 간파看破하는 것이다. 지견선사知見禪師는 대체로 측지測知에 머무는고로 성성惺惺에 나아가지 못하는 병통이 있는 것이다.

지견선사는 스스로 걸은 공부 방법만을 고집하고, 각覺의 내용에 밝지 못하다. 고로 보살의 수행을 밝히 알지 못하는 것이다. 어느 날 문득 증불퇴證不退의 위位에 이르면, 오직 망심妄心 쉬는 법만을 설하게 되는 것이다.

圓頓教勿入情이니 有疑不決須直爭이어다
원 돈 교 물 입 정 유 의 불 결 수 직 쟁

원돈교圓頓敎는 정념情念을 두지 않나니,

(圓頓敎에) 의심疑心이 있어 결정決定치 못하거든 모름지기 곧바로 의심疑心과 다툴지니라.

▮ 某解

원돈교圓頓敎란 보고 듣고 말하는 당체當體를 회광반조廻光返照하여 단박에 진심眞心과 계합契合하는 공부길이다. 경론經論의 절요切要를 얻어서 의심을 해결하면, 마침내 원돈圓頓의 문을 열게 될 것이다.

숙근宿根은 일기一機에 개오開悟하거나, 무념無念중에 대기大機를 인연因緣하거나, 금강삼매金剛三昧에 들어 무심無心을 확인한다. 숙근宿根은 대저 삼월三月이나 삼년三年의 정진精進으로 원돈圓頓의 문을 연다.

비록 둔근鈍根이라도 안팎의 마음을 쉬고 쉬면, 구름이 걷히고 안개가 사라지는 때가 가깝다. 어찌 여러 생生을 기다려서 자기自己 진심眞心을 보려 할 것인가? 당장에 망심妄心을 쉬면 진심眞心이 나타나는 것이다.

不是山僧呈人我오 修行에 恐落斷常坑이로다
불 시 산 승 정 인 아 수 행 공 낙 단 상 갱

呈(정) : 드러내 보이다

산승이 아상我相을 드러내 보이려함이 아니요,

(그대들이) 수행하다가 단견斷見과 상견常見의 구덩이에 떨어질까 염려함이로다.

某解

단견斷見이란 사람이 죽으면 몸과 마음이 재나 흙이 되어 공무空無로 돌아가 뒷세상이 없다고 생각하는 것이며, 상견常見은 오온五蘊의 자아自我는 과거와 미래에 상주불변常住不變하여 간단間斷이 없다고 주장하는 견해이다.

다시 말해 단견斷見은 사람이 죽으면 모두 사라진다는 견해요, 상견常見은 오온五蘊의 식識이 상주불멸常住不滅한다는 견해이다. 단견斷見과 상견常見은 진심眞心을 알지 못하는 외도外道의 견해이다.

영가스님이 수많은 세월을 닦아온 수행인이라 밝히며, 오온五蘊과 법法이 거울 위의 흔적에 불과하다고 직설直說하신다. 영가스님은 석존釋尊 이전부터 닦아온 수행인이다. 영가스님이 법계法界의 진실眞實을 밝혀, 뒷사람에게 힘을 북돋우고자 하는 것이다.

증도론證道論(무상경無相經) 第104目

非不非是不是이라 差之毫釐失千里로다
비불비시불시 차지호리실천리

그르고 그르지 않음과 옳고 옳지 않음이라,
털끝만큼 어긋나면 천리千里 밖을 헤맴이니라.

某解

바른 지견知見이 아니면 이치理致의 그르고 바름을 판단判斷하기 어렵다. 세간世間의 총명세재聰明世才는 전도몽상顚倒夢想에 거처하는지라, 대략을 짐작하나 자성自性의 실상實相을 알기에 어림없고, 바른 지견知見은 큰 병통을 제거하였으나, 대적광명大寂光明의 실지實地를 알지 못한다.

실지實地를 밟지 못하면 자성自性의 실상광명實相光明을 알 수 없는 것이다.

是卽龍女頓成佛이요 非卽善星이 生陷墜로다
시 즉 용 녀 돈 성 불 비 즉 선 성 생 함 추

옳은즉 용녀龍女가 단박에 성불成佛함이요,
그른즉 선성善星이 산 채로 지옥에 떨어짐이로다.

某解

용녀龍女가 정법正法을 곧바로 믿어, 단박에 성불成佛하였음은 법화경法華經에 보인다. 부처님의 아들 선성비구善星比丘가 처음에는 부처님 설법을 열심히 듣고 공부했으나 나쁜 친구를 만나 부처님을 비방하여 교단에 장애를 끼친 과보로 산채로 지옥에 떨어졌다. 열반경涅槃經에 보인다.

물러서지 않는 믿음이 있어야 정법正法을 만나면 곧바로 신해信解하여 도道에 합할 수 있는 것이다. 공부를 지어감에는 사불퇴四不退가 있으니 신불퇴信不退, 위불퇴位不退, 증불퇴證不退, 행불퇴行不退 이다.

신불퇴信不退는 10신6위十信六位요, 위불퇴位不退는 10주7위十住七位며, 증불퇴證不退는 초지初地 환희지보살歡喜地菩薩이며, 행불퇴行不退는 8지八地 부동지보살不動地菩薩이다.

증도론證道論(무상경無相經) 第106目

吾早年來積學問하야 亦曾討疏尋經論이로다
오조년래적학문 역증토소심경론

나는 어려서부터 학문學問을 쌓았나니,
일찍이 주소註疏를 더듬고 경론經論을 살폈다.

某解

주註란 어려운 말을 풀이한 것이며,
소疏란 대지大智에 통通하게 하는 것이며,
경經이란 성인聖人의 말씀이며,
논論이란 성인의 말씀을 해설解說한 것이다.

分別 名相을 不知休하고 入海算沙徒自困이로다
분 별 명 상 부 지 휴 입 해 산 사 도 자 곤

이름과 모습의 분별을 쉬어야함을 알지 못하고,

바다모래를 세는 헛공부를 하여 스스로 괴로웠다.

某解

영가스님이 오랜 세월 스스로의 공부과정에서 겪었던 난처難處를 이른다. 이름과 모습에 머물러, 오온五蘊이 본공本空함을 알지 못했음을 말하는 것이다. 이름과 모습에 머무는 까닭에 범부이다. 이름과 모습의 실체가 환幻이기에 사대四大와 오온五蘊이 본공本空이라 설하는 것이다.

이름이란 범부가 일용하는 모든 개념과 이론이요, 모습이란 그 범용凡庸의 허상虛像을 이르는 것이다. 범부가 그 허상虛像에 머물며 노니는 까닭으로 미혹迷惑한 것이다. 공자는 사십에 명상名相에서 벗어나 미혹迷惑을 지웠으므로 "나는 사십에 불혹不惑하였다."라고 말한 것이다.

이름[名]과 모습[相]을 벗어나면 참으로 쉴 곳을 얻은 것이다. 그 이전은 공부의 연습練習이다.

却被如來苦呵責하니 數他眞寶有可益고
각 피 여 래 고 가 책 수 타 진 보 유 가 익

문득 여래의 호된 꾸지람을 듣고 명상名相을 그쳤나니,
남의 보배 세어서 무슨 이익 있을 것인가?

某解

유정有情의 행식行識으로 헛된 수행修行에 젖었다가, 여래如來의 꾸지람을 듣고 비로소 무정無情의 정로正路에 들었음을 말한다.

영가대사는 과거세過去世에 이미 대지大智가 열렸다. 이후 무수이수無修而修를 거듭하여 대력보살大力菩薩의 위位에 나아갔던 것이다. 영가대사의 행로는 시현示現이다. 육조대사六祖大師의 외호보살로 나타난 것이니 그 때에 그렇게 한 것이다. 영가永嘉가 육조六祖를 찬탄하나 한마디도 배운 바가 없다. 보자마자 인가認可받고 일숙一宿하였으니 대력보살大力菩薩의 풍취風趣를 보인 것이다.

남의 보배 세는 것이란 지해知解에 머무는 것을 가리킨 것이다. 스스로 환幻을 그쳐 실지實地를 밟지 못하면 실다운 경지境地가 아니다.

증도론證道論(무상경無相經) 第109目

從來로 蹭蹬覺虛行하니 多年을 枉作風塵客이로다
종래 층등각허행 다년 왕작풍진객

예전에 비틀거리며 헛 수행했음을 깨달았네.
여러 해를 굽은 풍진객風塵客으로 살았도다.

▮ 某解

과거의 수행修行이 층등로(蹭蹬路, 비틀거리고 비틀거리는 길)에 있었음은, 망념妄念을 주인主人으로 삼아 유위법有爲法에 머물렀기 때문이다.

유위법有爲法의 내용은 환幻이다. 환幻에 머무는 수행자修行者를 풍진객風塵客이라 한다.

약간의 지견력知見力으로 법거래法去來하여 스스로를 높이는 것은 병病이 깊은 것이다. 말법末法의 대개가 이러한 병통病痛이 있다.

種性邪錯知解여 不達如來圓頓制로다
종성사착지해 부달여래원돈제

삿된 착각종자錯覺種子의 지해知解여!

여래의 원돈圓頓가르침에 통달通達하지 못하는 장애로다.

某解

오온五蘊을 자성自性으로 여김은 범부의 일반적 착각錯覺이다. 착각을 종자種子삼은 지해知解는 삿邪된 지해知解일 따름이다.

원돈圓頓의 가르침에 통달通達하지 못하는 까닭은 사견邪見과 착각錯覺의 견해를 고치지 못하기 때문이다. 사견邪見의 착각錯覺으로 착식錯識을 쌓아 근본무명根本無明을 두텁게 하나니, 그 업業이 자승자박自繩自縛이로다.

두렵도다!

착각錯覺이여!

착각종자錯覺種子의 지해知解여!

진심眞心이 현전現前하여 환幻의 가림이 없고, 광명光明의 그침이 없어야 진지眞知라 하는 것이다.

二乘은 精進勿道心이요 外道는 總明無智慧로다
이승 정진물도심 외도 총명무지혜

이승은 정진精進하나 도심道心이 없고,

외도外道는 총명聰明하나 지혜智慧가 없다.

某解

외도外道는 단견斷見 혹은 상견常見을 지니고, 사람의 성性이 본연지성本然之性과 기질지성氣質之性 두 성품을 지녔다고 주장한다. 단견斷見은 사람이 죽으면 멸진하여 아무것도 없다는 견해요, 상견常見은 죽은 뒤에 식識만이 홀로 존재한다는 견해이다.

외도外道는 오온五蘊을 실재實在라 하여 기질지성氣質之性이라 주장하는 것이다. 총명외도聰明外道는 오온五蘊이 몽환夢幻인줄 아는 지혜智慧가 없다. 이러한 주장의 대표적 인물이 정이程頤와 주희朱熹이다. 정이程頤와 주희朱熹는 공자孔子의 진심眞心을 알지 못하여 억설臆說을 편 것이다. 그들은 한 때 한 번의 억견臆見을 주장했으나, 그 말을 맹신하여 따르는 무수한 무리들의 작태가 선線을 넘어 논리論理의 벽壁과 쟁爭의 사화士禍를 불렀으니 크게 세상을 어지럽힌 것이다. 지금도 주희를 따르는 무리가 적지 아니하다.

증도론證道論(무상경無相經) 第112目

亦愚痴亦自騃하니 空拳指上에 生實解로다
역우치역자해 공권지상 생실해

(二乘과 外道는) 어리석고 스스로 어지러워,
빈 손바닥 위에 실다운 듯 견해見解를 낸다.

某解

외도外道의 빈 손바닥에는 착각錯覺으로 빚은 환상幻想이 또렷하다. 오온五蘊의 환상幻想이다. 착각錯覺으로 빚은 집착執着이 범부의 깊은 병病이 된 것이다. 이는 중병重病이라 반드시 좋은 의원을 만나 병病을 고쳐야 한다.

둔근외도鈍根外道는 스스로의 병을 알지 못하여 이름과 모습을 따라 허대고, 총명외도聰明外道는 편벽偏僻된 지혜智慧에 기대어 학습學習한 지식知識의 잡념雜念에 갇혀서 헤어나지 못하는 것이다.

총명외도聰明外道는 물론 둔근외도鈍根外道라 하더라도 삶의 근원에 대해 깊이 사유思惟하여 사생死生의 본원本源을 캐고자 노력하면, 곧바로 참 공부인의 길에 나아가게 되는 것이다.

증도론證道論(무상경無相經) 第113目

執指爲月枉施功하고 根境塵中에 虛捏怪로다
집 지 위 월 왕 시 공 근 경 진 중 허 날 괴

捏(날) : 없는 일을 만들다

손가락을 달로 여겨, 굽은 공부를 하나니,

육근六根이 육경六境에서 육진六塵을 짓는 가운데, 허망하게 없는 일을 만들도다.

某解

손가락은 문자반야文字般若를 가리킨다. 총명상사聰明上士라도 공부가 문자반야文字般若에 머문다면, 문자文字를 잘 기억하여 이해하는 사람일 뿐이다.

문자文字로 이해하는 것은 곧 망심妄心의 간해乾解이다. 망심妄心으로 육근六根이 육경六境을 만나 육진六塵을 짓는 것이 범부의 허망한 일상日常인 것이다.

만약 망심妄心이 허망함을 알았다면, 관조반야觀照般若에 힘써서 실상반야實相般若에 나아가야한다.

不見一法이 卽如來니 方得名爲觀自在로다
불견일법 즉여래 방득명위관자재

한 법法도 봄이 없는 이가 곧 여래如來라,
이름하여 관자재觀自在라 하느니라.

某解

오온五蘊이 환幻이라 제법諸法 역시 환幻인 것이다. 오온개공제법공상五蘊皆空諸法空相이라 한 것이 오온五蘊과 제법諸法의 성품이 모두 환幻이기 때문이다. 이는 곧 무심설無心說이다.

제법諸法은 망심妄心을 설파說破하고 진심眞心을 드러내는 설說이다. 망심妄心이 본무本無하므로 제법은 방편설方便說이요, 방편설은 실재實在하는 것이 아니다. 제법諸法이 환幻이면 제법諸法은 원래 없는 물건이라, 한 법法도 볼 수가 없다. 원래 없는 물건이라면, 제법諸法은 찾을래야 찾을 수 없고, 볼래야 볼 수 없는 물건이다.

오온五蘊과 제법諸法이 환幻임을 자증自證한 이는 망념妄念에 걸림이 없다. 망념妄念에 걸림이 없으므로 관자재觀自在라 하는 것이다. 관자재觀自在란 망념妄念에 걸림이 없음을 이르는 것이다.

了卽業障이 本來空이요 未了還須償宿債로다
요즉업장 본래공 미요환수상숙채

(無情을) 알아 마치면 업장業障이 본래 공空이요,

알아 마치지 못하면 도리어 묵은 빚 갚아야하리.

■ 某解

마음[妄念]이 없으면, 마음[妄念]으로 짓거나 지은 업장業障이 없다. 그러나 망념妄念으로 살아가면 망념妄念의 업장業障굴레에서 벗어날 수 없는 것이다. 그러므로 영가대사가 "본래무정本來無情을 알아 마치면 업장業障이 본래 공空이다."라고 하는 것이다.

마음[妄念]이 공空하면 제법諸法역시 공空하다. 제법諸法이 본래 공空함을 요득了得하여 밝히 알아야, 깨침에 허물이 없는 것이다.

망념妄念이 환幻인 줄 배우지 못하면, 환幻의 그물에서 어찌 벗어나랴! 망념妄念 가운데는 시비是非와 선악善惡이 그치지 않을세라. 그 어느 때를 만나 무심無心을 배우리오.

飢逢王膳不能飡이라 病遇醫王爭得差아
기봉왕선불능손 병우의왕쟁득차

오래 굶으면 임금수라를 받아도 먹을 수 없나니,
病이 깊이 들어 醫王을 만난들 어찌 나을 수 있으랴.

某解

임금수라와 의왕醫王은 비유이다. 임금수라는 정법正法이요, 의왕醫王은 무심도인無心道人을 이른다.

오랫동안 오온五蘊으로 탐진치貪嗔痴에 기울어 명名과 상相에 집착執着이 깊으면, 정법正法을 만나도 믿지 못하고 무심도인無心道人을 만나 설법說法을 들어도 의심疑心이 심하다. 오랫동안 오온五蘊에 길들여 있기 때문이다. 믿지 못하여 의심疑心한다면 멀어져 있는 것이니, 어느 때를 만나 공부에 들겠는가? 그 업장業障이 두터운 것이다.

그러나 정인正人은 둔근鈍根과 외도外道가 바른 공부 길에 들 때를 기다린다. 보살菩薩은 일체중생一切衆生이 성불成佛할 때까지 한 중생衆生도 버리지 아니하는 까닭이다.

在欲行禪知見力이여 火中生蓮終不壞로다
재욕행선지견력 화중생련종불괴

욕망 속에서 참선參禪하는 지견知見의 힘이여!
불 속에서 연꽃 피니 끝내 시들지 않도다.

某解

세속世俗에서 간경看經하며 참선參禪하는 거사居士를 일컬어 '욕망 속에서 참선 한다' 라 한다. 생업生業을 하면서 공부에 힘써야 하는 처지라, 숙행宿行이 없으면 공부하여 개오開悟하기 쉽지 않다. 거사居士를 일러 조정사원祖庭事苑에는 '과욕온덕寡欲蘊德 수도자오修道自悟' 즉 욕망을 적게 하여 수도修道에 힘써 스스로 깨친다고 하였고, 보살행경菩薩行經에는 '거법지사居法之士' 즉 법에 거처하는 선비라 하였다.

근기根機가 높은 거사居士는 어느 날 문득 공부를 생각하여, 공부를 찾아 공부에 힘쓰면 곧 개오開悟한다. 이들은 숙세宿世에 승속僧俗을 오가며 노력하여 소오小悟를 수십 번 거친 밝은 거사居士이다.

勇施犯重悟無生하니 早是成佛于今在로다
용 시 범 중 오 무 생　　조 시 성 불 우 금 재

용시비구는 중죄를 짓고도 무생無生의 법을 깨달았으니,
일찍이 성불成佛하여 지금의 보월여래寶月如來로다.

某解

불설정업장경佛說淨業藏經에 의하면 용시비구勇施比丘는 중향세계衆香世界에 무구정광여래無垢淨光如來 부처님이 계시던 때의 수행자였는데, 한 때의 실수로 음행淫行과 살생殺生을 했으나 무구정광부처님의 회상會上에서,

"모든 법法은 거울에 비친 모양 같고 물속에 비친 달과 같거늘, 범부는 마음[妄心]에 미혹迷惑하여 탐애貪愛와 성냄과 어리석음에 머문다."

라는 설법을 듣고 무생법인無生法忍을 깨치고, 노력하여 성불成佛하였는데 지금의 보월여래寶月如來라 한다. 과거에 어떠한 잘못을 저질렀어도 무생법인無生法忍을 깨치면 여래如來가 되는 것을 영가永嘉스님이 옛 일을 빌려 설하는 것이다.

獅子吼無畏說이건만 深嗟懵憧頑皮韃이로다
사 자 후 무 외 설　　심 차 몽 동 완 피 달

두려움 없는 무정설법無情說法, 사자후를 토하건만,

멍충해서 말이 귀에 듣지 않음이 몹시 슬프도다.

某解

몽동懵憧은 멍충이란 뜻이며, 완피달頑皮韃은 가죽이 두터워 송곳이 잘 들어가지 아니함을 의미한다.

둔鈍해서 정법正法을 설說해도 귀에 들어가지 아니하니 슬프다고 하는 것이다. 속어俗語에 마이동풍馬耳東風, 우이독경牛耳讀經이라 함이 그것이다.

증도론證道論(무상경無相經) 第120目

只知犯重障菩提요 不見如來開秘訣이로다
지 지 범 중 장 보　　불 견 여 래 개 비 결

중한 죄罪를 범하면 보리菩提를 막는 줄만 알뿐,
여래께서 비결秘訣 열어두심은 보지 못하누나.

▮ 某解

죄罪는 몽환망심夢幻妄心 속의 장애障礙이다.

罪無自性從心起　心若滅時罪亦亡

위 게偈의 심자心字가 진심眞心인가? 망심妄心인가? 곧바로 일러야 한다. 어찌하여 죄罪에 자성自性이 없다고 하는가?

不生者는 無能所也라, 즉 나지 않는 것은 능소能所가 없다고 한다. 그것이 무엇이런가? 만약 여래如來의 비결秘訣을 알았다면 능히 답하리라.

有二比丘犯淫殺하니 波離螢光은 增罪結이라
유 이 비 구 범 음 살 　 파 리 형 광 　 증 죄 결

두 비구比丘가 음행淫行과 살생殺生을 지으니,

우바리의 반딧불 지혜는 죄의 매듭을 더하였네.

■ 某解

유마경維摩經 제자품에, 두 비구가 음행계와 살생계를 범한 뒤, 계율 제일의 우바리존자에게 찾아가 허물을 면하게 해줄 것을 기대했으나 우바리존자는 두 비구의 죄가 중하여 참회할 길이 없다 하며 가사를 벗고 세속으로 나가라고 하였다. 그 때 유마거사가 우바리존자에게 설한다.

"우바리여! 일체의 법法은 생멸生滅하여 머물지 아니하나니, 환幻의 그림자와 같고 번개와 같다오. 일체의 법法은 서로 기다리지 않으며, 또한 한 생각도 머물지 아니합니다. 모든 법法은 망견妄見이라 꿈과 같고, 아지랑이 같고, 물속의 달과 같고, 거울 속의 형상과 같아서 망상妄想으로 나타나는 것입니다. 이를 아는 사람을 '계율戒律을 받는다'고 하고, 이를 아는 사람을 '밝게 안다(善解)'고 하는 것입니다."

우바리존자는 죄의 체성體性을 알지 못한 것이다.

維摩大士頓除疑여 還同赫日消霜雪이로다
유 마 대 사 돈 제 의　환 동 혁 일 소 상 설

유마대사維摩大士 단박에 의심 없애줌이여!
붉은 해가 눈과 서리를 말끔히 녹임과 같구나.

某解

죄의 성품이 공空한 것은 죄가 망심妄心에서 나온 까닭이다. 그러므로 망심이 환幻인줄 알면 흔적痕迹없이 사라지는 것이다. 그러나 이理로써 죄가 없음을 알기는 쉬우나, 망심이 온전히 멸하기는 쉽지 아니하다. 그러하기에 '心滅罪亡知俱空'이라 하지 않고 '罪亡心滅兩俱空'이라 하는 것이다.

망심妄心이 멸하여 자취가 끊어져야 정각正覺이다. 그러므로 죄와 망심妄心이 함께 멸滅해야 진참회眞懺悔 즉 정각正覺이라 한 것이다. 아래의 사참게事懺偈는 공부가 더딘 이를 위한 가르침이다.

我昔所造諸惡業	제가 지난날 지은 모든 악업은
皆由無始貪瞋癡	모두가 시작이 없는 탐진치로 말미암아
從身口意之所生	몸과 입과 생각이 좇아서 만들어낸 바
一切我今皆懺悔	일체악업을 제가 지금 모두 참회합니다.

유마거사維摩居士의 가르침은 진심眞心을 드러내어, 망심妄心이 본시 환幻임을 알게 하였을 뿐이다. 망심妄心이 환幻이면 오직 진심眞心만이 홀로 현전現前하는 것이다. 누가 이 도리道理에 참여할 것인가?

배우는 이가 죄의 체성體性을 통해했다면 적연부동寂然不動의 삼매三昧를 향해 온 힘을 다해야 할 것이다.

증도론證道論(무상경無相經) 第123目

不思意解脫力이여 妙用恒沙也無極이로다
부 사 의 해 탈 력　　묘 용 항 사 야 무 극

부사의不思意한 해탈解脫의 힘이여!

묘妙한 작용 항하사恒河沙 같아 막힘없도다.

某解

망심에 묶여 어지러이 인생을 꾸리는 이가, 자신自身이 성인聖人과 다르지 아니하며, 영생불멸永生不滅의 대자유인大自由人이라는 것을 어찌 스스로 알 수 있겠는가? 오직 밝은 스승을 만나는 인연이 있어야 가능한 것이다.

스승에는 눈앞에서 이끌어주는 선지식善知識과 경經과 논論과 좋은 벗道伴이 있다. 이 넷 가운데 삼세三世와 삼계三界를 뛰쳐나는 길이 있다.

만약 진심眞心이 현전現前하여 부동不動이면 곧 대적무심大寂無心에 가깝다.

증도론證道論(무상경無相經) 第124目

四事供養을 敢辭勞아 萬兩黃金도 亦銷得이로다
사사공양 감사로 만량황금 역소득

네 가지 공양供養을 감히 수고롭다 사양하랴.

(工夫가 밝아지면) 만량의 황금黃金도 녹일 수 있도다.

■ 某解

진심을 밝혀 소요逍遙하는 이는 행주좌와行走坐臥의 마디마디에 묘용妙用 아님이 없다. 선지식은 부득이 외호와 공양을 받을지나 정법正法을 드높이고 밝고 바르게 베푼다.

범부의 인생을 정로正路로 이끄는 법보시法布施의 공덕은 허공虛空과도 같기 때문에 황금을 녹일 수 있다고 한 것이다.

네 가지[四事]란 거처居處, 의복衣服, 음식飮食, 약藥 등이다. 공양을 받되 검소儉素를 바탕하여 소박素朴한 의식주衣食住와 약藥에 한정한다.

粉骨碎身未足酬니 一句了然超百億이로다
분 골 쇄 신 미 족 수　일 구 요 연 초 백 억

(佛祖의 恩惠는) 뼈가 가루되고 몸이 부숴져도 다 갚을 수 없나니, 한마디에 요연了然히 백억의 법문法問을 뛰어넘도다.

某解

다겁多劫에 노력한 숙근宿根은 한마디 무정설법無情說法 끝에, 삼계三界를 뛰쳐나 천하天下를 삼키고 뱉기를 자재로이 하는 것이다. 육조六祖스님 이후에 최상승最上乘의 수많은 선사禪師와 다수의 거사居士들이 그러하였다.

그 한마디는 무심無心이다. 무심無心하면 무위無爲로 소요逍遙하나니, 무심無心을 자득自得하지 못하면 삼계三界를 벗지 못한다.

무심無心이란 마음이 없다는 뜻이다. 이때의 마음은 망상심妄想心을 가리킨다. 진심眞心이 드러나면 망상심妄想心은 자취를 감춘다. 진심眞心의 내용은 공적空寂하므로 유有에 속하지 않고, 영지靈知가 상조常照하므로 무無에 속하지 않는다. 세속世俗의 견해로 더듬기 어려우므로 부사의不思意라 하는 것이다.

法中王最高勝이여 河砂如來同共證이로다
법 중 왕 최 고 승　　하 사 여 래 동 공 증

법法 가운데 왕王이요, 가장 높고 수승함이여!
강모래같이 수많은 여래가 함께 증득證得하였도다.

某解

반야般若로써 정각正覺를 이루나니,
세상 가운데 뛰어난 여러 법이라도
반야법왕般若法王에 미치지 못한다.
그러므로 부처님을
모든 성인聖人의 스승이라 하는 것이다.

증도론證道論(무상경無相經) 第127目

我今解此如意珠하니 信受之者皆相應이로다
아 금 해 차 여 의 주 신 수 지 자 개 상 응

나 이제 이 여의주[眞心]를 해설하나니,

믿고 받는 이는 모두 상응相應하리라.

某解

불법공부란 진심眞心을 밝히는 것이다. 진심을 밝히려면, 먼저 갖가지 잡념雜念의 뿌리를 찾아 근원을 끊어내야 한다.

탐진치애증貪嗔痴愛憎을 오롯이 지니고, 희노우사비경공喜怒憂思悲驚恐에 굴리어지면서 좌선坐禪해서는 공부工夫에 힘을 더하기 어렵다.

소박素朴하고 소욕小欲하여 바깥세상을 잊고, 안으로 고요히 성성해야(外息諸緣 內心無喘) 선禪의 지도리道樞를 잡을 수 있는 것이다. 공부에 힘을 얻어 망심妄心의 대체大體가 쉰다면 마침내 진심眞心과 상응相應할 것이다.

증도론證道論(무상경無相經) 第128目

了了見無一物이여 亦無人兮亦無佛이로다
요 요 견 무 일 물　　역 무 인 혜 역 무 불

밝고 밝음으로 보면 한 물건妄念도 없음이여!
또한 범부凡夫도 없고 부처[佛]도 없도다.

某解

진심眞心이 현전現前하여 밝으면 본래本來의 자기自己를 자증自證한 것이다. 진심眞心 가운데는 본시 한 점의 망념妄念도 없다. 진심眞心은 모습이 없으며 진심眞心의 영지靈知는 가릴 수 없는 것이다.

진심眞心은 모습 없는 영지靈知거늘 어떤 이름을 붙일 수 있겠는가? 범부를 위하여 부득이 이름을 두어 자성自性 여래장如來藏 등을 붙이나 모두 강명强名이요, 가명假名일 따름이다.

부처님의 삼십이상三十二相 팔십종호八十種好가 지혜智慧와 자비덕상慈悲德相의 상징이나, 실다이 말하자면 범부의 이해를 위하여 부득이不得已하여 붙힌 빈이름일 뿐이다.

청정자성淸淨自性에는 명상名相이 끊어져 이름이 없는 것이다. 청정자성淸淨自性은 다함없이 광명光明을 나투나니 그 밝음에 시始와 종終이 없도다.

증도론證道論(무상경無相經) 第129目

大千世界는 海中漚요 一切聖賢은 如電拂이로다
대천세계 해중구 일체성현 여전불

대천세계는 바다 가운데의 거품에 불과하고,
모든 성현이 나타남은 번갯불이 스쳐 지나는 것과 같도다.

某解

대천세계大千世界도 망견妄見의 이름이요, 성현聖賢도 그 이름이 성현聖賢일 따름이다. 범부의 마음이 환幻에 거처한지라, 그 세계가 환幻인 것이다. 지혜智慧가 올곧으면 선정禪定이 따르고, 선정禪定이 익으면 지혜智慧가 절로 나타난다.

장부가 가는 드밝은 길을 누가 막을 수 있겠는가? 장부의 본래광명本來光明을 누가 가릴 수 있겠는가? 허공虛空은 삼라만상을 포용하며 담연공적湛然空寂하다.

자기自己를 온전하게 비추어서 본래本來의 대광명영지大光明靈知를 회복回復하여 대자유大自有와 대평등大平等에 거닐어야 전성前聖의 은혜에 보답하는 길이다.

세상의 장부丈夫여! 자기自己를 밝히소서!

假使鐵輪을 頂上旋하나 定慧圓明終不失이로다
가사철륜 정상선 정혜원명종불실

무쇠바퀴八角磨盤를 머리 위에서 돌릴지라도,

선정禪定과 지혜智慧가 두렷 밝아 끝내 잃지 않는도다.

某解

지혜智慧가 두렷하면 선정禪定이 따르고, 선정禪定이 익으면 지혜智慧가 절로 나타난다. 선정과 지혜가 하나이나, 배우는 이의 그릇에 따라 다르게 나타나는 것은 다만 탐진치貪嗔痴의 장애障碍가 가볍고 무거움에 따라 수행修行의 갈래가 생기는 까닭이다.

진심眞心을 밝혀 지혜智慧가 두렷한 이는 죽음 앞에서도 평안平安히 미소微笑를 머금는다. 이미 대평화大平和를 자득自得하였기 때문이다.

형장刑場에서 담연淡然히 떠났거나, 죽음을 희롱戲弄하며 몸을 바꾼 이에는 부대사傅大士, 승조대사僧肇大師, 보화존자普化尊者, 이차돈異次頓, 사복거사蛇僕居士, 진가대사眞可大師 등 헤아릴 수 없다.

증도론證道論(무상경無相經) 第131目

日可冷月可熱이언정 衆魔不能壞眞說이로다
일 가 냉 월 가 열 중 마 불 능 괴 진 설

해를 차게 하고 달을 뜨겁게 할지언정,
뭇 마구니가 참된 가르침 부술 수 없도다.

某解

세상 사람의 다수가 무슨 신神이나 조물자造物者를 믿으며, 믿는 자만이 어디에 난다고 하거나, 마음을 어찌어찌 수련修鍊해서 무엇이 되고자 한다.

또한 불법佛法을 숭상崇尙한다면서 탐진치貪嗔痴를 버리는 것으로 수행修行의 근본根本이라 말하는 무리와 정념靜念을 곧게 씀이 바른 길이라 주장하는 무리와 선禪을 말하나 진심眞心과 망심妄心의 내용과 실제를 가려서 설하지 못하는 자칭自稱 선사禪師들이 불법佛法을 설說한다. 이 모두가 미련한 헛소리에 불과한 것이다.

스스로 총명하다 여기며 헛소리하는 무리들에게, 해를 차게 하고 달을 뜨겁게 하는 재주가 있다하여도, 그들은 정념情念의 상상력과 탐진치의 노예에 다름 아니다.

천박淺薄한 무리들이여!

세상을 어지럽히는 죄업罪業을 어찌 감당하려는가?

象駕崢嶸漫進途어니 誰見螳螂이 能拒轍고
상가쟁영만진도 수견당랑 능거철

코끼리 수레 끌고 당당히 길을 가거니,

사마귀가 길 막는 일, 누가 볼 수 있겠는가?

■ 某解

당랑거철螳螂拒轍은 장자莊子에 나오는 말이다.

대장부는 정념情念을 쉬고 쉬어 세상世上 밖을 거닌다. 누가 있어 세상世上 속에서 세상世上 밖을 보는가?

만약 세상世上 속에서 세상世上 밖을 본다면 그를 일러 대장부大丈夫라 하리라.

대장부大丈夫가 가는 드밝은 길을 누가 막을 수 있겠는가? 대장부大丈夫의 광명光明을 누가 가릴 수 있겠는가?

大象不遊於兎徑이요 大悟不拘於小節이라
대상불유어토경 대오불구어소절

큰 코끼리는 토끼 길에 노닐지 아니하고,
큰 깨달음은 작은 절목節目에 구애되지 않나니

某解

허공虛空은 삼라만상森羅萬象의 온갖 작용을 포용하나, 삼라만상의 변화 밖에서 담연湛然하여 공적空寂하다. 허공은 폭풍우와 우레가 작용해도 언제나 담연공적湛然空寂하다. 진심眞心 역시 그러하다.

범부의 자성自性은 허공虛空과 다르지 않아, 범부의 인생에 온갖 사건과 천지[天]가 먼지 되어 흩어지는 때에도 부동不動으로 불변不變하여 공적空寂하다.

배우는 이는 오직 진심眞心에 계합契合해야 사생死生을 벗어난 대장부의 길을 갈 수 있는 것이다. 대오大悟는 속례俗禮, 세법世法 등의 소절小節에 구애받지 아니한다. 지키고 버림을 쓰되, 지키고 버림에서 벗어났으니 언재호야焉哉乎也로 이름 하는 것이다.

증도론證道論(무상경無相經) 第134目

莫將管見謗蒼蒼하라 未了에 吾今爲君決이로다
막 장 관 견 방 창 창 미 요 오 금 위 군 결

대통 같은 소견所見으로 창창蒼蒼히 비방 말라.

(그대가) 깨치지 못하였기에 내가 지금 그대를 위해 결단해 종지宗旨를 보이도다.

某解

칠조대사七祖大師 영가스님이 깨달음의 내용과 공부 길을 결단해 보였다. 옛사람의 글에 증도론證道論에 힘입어 개오開悟한 이가 많았다. 증도론證道論의 다른 이름은 무상경無相經이다. 무상無相의 대도大道를 직지直指하여 드러냈기 때문이다. 증도론證道論의 밝은 가르침이 어찌 오늘과 내일에 다시 달라질 수 있겠는가? 미래세未來世가 다하도록 인연因緣있는 이는 증도론證道論에 소롯이 계합契合할 것이다. 공부工夫는 글과 말을 잘 절도竊盜하는 이가 빠르다. 절견竊見하면 이미 한 길에 서고, 절물竊物을 확인確認하면, 절견竊見과 절물竊物을 다른 이에게 미루게 되는 것이다. 미루는 이가 넓혀지면 정한淨閑에 거처하며 소박素朴을 나투는 스승의 지혜智慧가 더해지는 것이다.

證道論 直解 終

보조普照 수심론修心論

普照知訥 晩撰

碧峙病老 某解

수심론서修心論序

수심결修心訣을 수심론修心論이라 승찬勝讚함은 후래의 선가禪家에서 원효元曉의 금강삼매경소金剛三昧經疏를 금강삼매경론金剛三昧經論이라 하여 그 격格을 다시 봄과 같은 뜻이다. 수심론修心論에 의탁하여 수행의 요의要義를 투득透得하면 종래에 자심自心을 자증自證하는 때가 있을 것이다.

수심론修心論은 보조지눌普照知訥의 만찬晩撰이다. 서산西山과 영규靈圭, 초의艸衣와 태평泰平, 경허鏡虛와 혜월慧月 그리고 전강田岡과 지유知有에 이르기 까지 수심론修心論을 선문禪門의 지남指南으로 삼았으나, 어느 날 돌올突兀한 학자들이 지눌知訥과 규봉圭峰이 돈오점수설頓悟漸修說을 주장한다하며 지해종도知解宗徒라 폄훼貶毁하더니 석금昔今의 수행자 가운데 수심론修心論을 외면하는 이가 많아졌다.

어찌 슬프지 아니한가! 수심론修心論을 가벼이 보는 자는 천식몰견淺識沒見이라, 농자聾者가 천음天音을 노래하고, 맹자盲者가 금강金剛의 경치를 힐평하는 것과 같다고 하겠다. 수심론修心論은 선문염송禪門拈頌과 더불어 고려高麗의 제일서第一書이다.

범부는 망심妄心으로 집을 삼고, 탐진치貪瞋癡의 불구덩이에서 삶을 꾸린다

三界熱惱가 猶如火宅하니 其忍淹留하야 甘受長苦아
삼계열뇌 유여화택 기인엄유 감수장고

欲免輪廻인댄 莫若求佛이니 若欲求佛인댄 佛卽是心
욕면윤회 막약구불 약욕구불 불즉시심

이라 心何遠覓이리오 不離身中이니라
심하원멱 불리신중

惱 : 괴로울 뇌　淹 : 오래 엄　輪 : 바퀴 륜

삼계三界의 번뇌煩惱가 마치 불난 집과 같나니, 그 속에서 참고 견디면서 오랜 고통을 달게 받으려 하는가? 윤회輪廻를 면하고자 한다면 부처를 구하는 것보다 나은 것이 없으니, 만약 부처를 구하고자 한다면 부처는 바로 이 마음이라, 이 마음을 어찌 멀리서 찾겠는가. 이 몸을 떠나 따로 있는 것이 아니다.

某解

성인聖人은 일심一心이요, 범부凡夫는 이심二心이다. 필경에 누가 옳은가? 일심一心이란 진심眞心이 홀로 두렷함이요, 이심二心이란 진심眞心에 망심妄心이 가려져서 진심眞心을 잊고 망심妄心으로 행하는 까닭에 진심眞心이 드러나지 못하는 범부의 사정이다. 고향에서 고향을 잃고 나그네 거지로 떠도는 신세가 범부의 삶이니 서글프지 아니한가?

某註

□ 윤회輪廻 :

참나[眞我]는 윤회하지 않는다. 참나[眞我]에 스스로 그림자를 씌워 몸[身]과 망심妄心을 주인主人으로 삼는 소견所見 속에 윤회가 자리하는 것이다. 만약 진심眞心을 밝혀 진심眞心이 현현顯現하게 되면, 주인主人이 주인노릇을 하게 되는지라, 이러하면 윤회는 이미 있지 아니한 것이다. 그러므로 윤회란 범부의 허망한 마음으로 짓는 그림자요, 환幻인 것을 알 수 있는 것이다. 그러므로 불법공부佛法工夫의 목표는 진심眞心이 현현顯現하는 데 있는 것이다. 진심眞心이 현현顯現하면, 망심妄心의 내용을 밝히 알게 된다. 진심眞心이 현현顯現하면 망심妄心이 내용이 환몽幻夢임을 알 수 있는 것이다. 그리하여 마침내 망심妄心이 본래 없음을 확인하게 되는 것이다. 진심현현眞心顯現의 때를 개오開悟라 이름 한다.

□ 고苦 :

정념情念 즉 망심妄心을 나의 참마음[眞心]으로 여기고 인생人生을 꾸려가는 것이 범부들의 삶이요, 고苦이다. 정념情念이 욕欲에 기울어 울고 웃는 것을 끝없이 반복하는 것이 화택고火宅苦이다.

누가 정념情念이 허망한 몽환夢幻인줄 알고서도 정념情念에 머물며 탐심貪心과 음심淫心에 머무는 것을 즐겨 하겠는가? 정념情念, 칠정七情, 망심妄心, 생멸심生滅心은 같은 뜻이다.

□ 불佛 :

부처[佛]란 진심眞心의 다른 이름이다. 범부는 미迷한 부처[佛]요, 도인道人은 진심眞心이 깨어 있는 무정인無情人이다. 도인道人은 진심眞心의 청정광명淸淨光明이 항상하고 두렷한 무정인無情人인 것이다. 범부와 도인은 미迷와 오悟의 차이가 있을 뿐, 진심眞心에 차별이 있는 것이 아니다. 그러므로 범부가 결심하고 노력하여 탐진치貪嗔痴와 애증愛憎을 쉬게 되면 문득 진심眞心이 나타나는 것이다. 그러므로 참 공부란 오직 망심妄心을 쉬는데 있는 것을 알 수 있다.

□ 마음心 :

범부는 진심眞心과 환심幻心의 두 마음을 쓰나, 도인道人은 오직 진심으로 어묵동정語默動靜과 행주좌와行住坐臥에 거닌다. 환심幻心은 거짓 마음이기에 범부와 도인 모두가 하나의 마음인 것을 알 수 있다. 만약 범부가 환심幻心을 쉰다면 범부와 도인이 다르지 않은 것이다. 범부凡夫는 정념情念에 탐착貪着하여 정념情念을 진심眞心으로 오인誤認하기에 두 마음을 지닌다고 하는 것이다. 범부凡夫가 정념情念을 버리기 위해서는 밝은 이해와 굳센 노력이 필요한 것이다.

당장의 이 몸은 한 때에 나타나고 스러지는 거짓 모습이다. 참나는 어떤 것인가?

色身은 是假라 有生有滅이어니와 眞心은 如空하야 不斷
색신 시가 유생유멸 진심 여공 부단
不變이니 故로 云하사대 百骸는 潰散하야 歸火歸風호대
불변 고 운 백해 궤산 귀화귀풍
一物은 長靈하야 盖天盖地라하니라 嗟夫라 今之人이 迷
일물 장령 개천개지 차부 금지인 미
來久矣라 不識自心이 是眞佛하고 不識自性이 是眞
래구의 불식자심 시진불 불식자성 시진
法하야 欲求法호대 而遠推諸聖하며 欲求佛호대 而不觀
법 욕구법 이원추제성 욕구불 이불관
己心하나니라
기심

假: 거짓 가 潰: 무너질 궤 蓋: 덮을 개 嗟: 탄식할 차

이 몸은 거짓이라, 생生함이 있고 멸滅함이 있지만, 참마음[眞心]은 허공虛空과 같아 멸하지도 변하지도 않는다. 그러므로, "몸은 죽으면 흩어져서 지地 수水 화火 풍風으로 돌아가지만, 한 물건 (참마음)은 길이 신령神靈하여 하늘과 땅을 덮는다."고 하였다. 슬프다. 지금 공부하는 사람들은 참마음[眞心]을 미혹한지 오래되어 스스로의 마음이 바로 참 부처임을 알지 못하고 스스로의 성품性品이 바로 참 법法임을 알지 못하여, 법法을 구하고자 하면서

멀리 성인의 언설言說을 찾고, 부처를 구하고자 하면서 자기 마음을 보지 않는다.

■ 某解

진심眞心과 망심妄心을 명확히 구별하여 불조佛祖의 설을 이해해야 바른 지해知解이다. 진심眞心과 망심妄心을 판별判別하지 못하면 일생一生을 경經과 논論을 읽었어도 지해知解가 미숙未熟한 사람일 따름이다. 지해知解가 밝아져서 경經과 논論을 통해通解하면 천망지견天網知見이 서는 것이다. 화엄게송華嚴偈頌에,

若人欲了知　만약 과거 현재 미래의
三世一切佛　부처님을 알고자 하면,
應觀法界性　마땅히 법계法界의 성품을 관觀하여
一切唯心造　일체가 마음이 조작한 것임을 알지니라.

에서 '一切唯心造'의 심心이 망심妄心을 가리킨 말씀인지, 진심眞心을 가리킨 말씀인지를 명쾌히 볼 수 있어야 한다. 만약 알지 못한다면 진심眞心을 밝히 알지 못한다고 하겠다. 머뭇거리거나 생각으로 계교計較한면 밝히 아는 것이라 할 수 있겠는가?

지금의 이 마음이 부처이다.

若言心外에 有佛하고 性外에 有法이라하야 堅執此情하
약언심외 유불 성외 유법 견집차정

야 欲求佛道者는 縱經塵劫토록 燒身燃臂하며 鼓骨出
욕구불도자 종경진겁 소신연비 고골출

髓하야 刺血寫經하며 長坐不臥하고 一食卯齋하고 乃至
수 자혈사경 장좌불와 일식묘재 내지

轉讀一大藏教하야 修種種苦行하야도 如蒸砂作飯하야
전독일대장교 수종종고행 여증사작반

只益自勞爾니라
지익자로이

燃 : 태울 연　敲 : 두드릴 고　髓 : 골수 수

만약 마음 밖에 따로 부처가 있다 하여 성품性品밖에 따로 법法이 있다 하는 생각을 고집하며 불도佛道를 구하고자 하는 사람은 셀 수 없는 오랜 세월에 몸을 태우며 공양하고, 골수骨髓가 드러나도록 피를 짜내어 경經을 베끼고, 오랫동안 눕지 않고 앉아서 지내고(長坐不臥), 하루에 한 끼만 먹고, 나아가 팔만대장경八萬大藏經을 모두 읽고, 온갖 고행苦行을 하면서 닦는다 하더라도 마치 모래를 쪄서 밥을 짓는 것과 같아, 다만 스스로 수고로움만 더할 뿐이다.

▒ 某解

진심眞心 즉 참마음이 불성佛性이다. 공부란 다만 참마음을 밝히는 것일 뿐, 밖으로 여타의 고행苦行에 있지 아니한 것이다. 공부工夫는 다만 망심妄心을 쉬는 것에 있다. 오직 세상과 오욕칠정을 놓고 망심妄心을 쉬고 쉬어 윤집궐중允執闕中하여 회광반조廻光返照하면 필경에 진심眞心이 드러나는 것이다.

진심眞心이 드러나도 나타난 것이 아닌 까닭은 진심眞心은 모든 범부凡夫의 자족自足한 본래의 마음이기 때문이다. 스스로 자족自足하나 망령妄靈된 집착執着에 가려져 있기에 알지 못하는 때문이다. 그러므로 역대의 스승들께서 '갈고 닦아야 한다'고 하지 않고, 오직 '깨쳐야 한다'고 한다고 하신 것이다. 참마음[眞心]의 내용은 이름[名]과 모습[相]을 여의었으며, 허통적정虛通寂靜하며 명묘안락明妙安樂하다. 참마음은 이러히 모습이 없기에 불법佛法을 언설言說이 끊어진 가르침이라 하는 것이다.

모름지기 배우는 이는 가르침을 듣고 그 뜻을 얻어야 하는 것이다. 그런 까닭에 지눌대사가 "하루에 한 끼만 먹고, 나아가 팔만대장경八萬大藏經을 모두 읽고, 온갖 고행苦行을 하면서 닦는다 하더라도 마치 모래를 쪄서 밥을 짓는 것과 같아, 다만 스스로 수고로움만 더할 뿐이다."라고 한 것이다. 본래의 나[眞我]를 회복하여 망심妄心의 내용을 밝힌 이는 "이 마음이 부처이다."라 함도 '우는 아해兒孩 달래기'라 한다. 이것은 최상승最上乘의 도리道理에 합한 연후의 말씀이니 깊이 새겨 돌아보아야 한다.

진심眞心이 드러나면 제법諸法과 묘의妙意가 절로 흘러 나온다.

但識自心하면 恒砂法問과 無量妙義를 不求而得이니라 故로 世尊께서 云하사대 普觀一切衆生하니 具有如來智慧德相이라하시니라 又云하사대 一切衆生의 種種幻化가 皆生如來圓覺妙心이라 하시니라 是知離此心外에 無不可成이로다
단식자심 항사법문 무량묘의 불구이득 고 세존 운 보관일체중생 구유여래 지혜덕 우운 일체중생 종종환화 개생여래원각묘심 시지이차심외 무 불가성

단지 스스로의 마음을 알기만 하면 수없는 법문法門과 헤아릴 수 없는 묘한 이치를 구하지 않아도 얻을 수 있다. 그러므로 세존世尊께서 말씀하셨다. "두루 일체중생을 보니 모두 여래如來의 지혜덕상智慧德相을 갖추었다."

세존世尊께서 또 말씀하셨다. "일체중생一切衆生의 온갖 허깨비 같은 망념妄念의 변화가 모두 여래如來의 원각묘심圓覺妙心에서 난다." 바로 이 마음[眞心]을 떠나 따로 부처를 이룰 수 없음을 알아야 한다.

■ 某解

범부의 망심당체妄心當體가 진심眞心인 원각묘심圓覺妙心이다. 정관하면 망심妄心의 체體는 본래로 환幻이기 때문이다.

환幻은 환幻일 뿐이다. 환幻이 환幻인 것에 어떤 까닭이 있는 것이 아니라 환幻의 내용이 그러할 뿐이다. 불법佛法이란 사실事實을 밝혀 사실事實을 사실事實대로 설명說明하는 것이다.

달마대사達磨大師에 의하면 공부工夫의 길이란, 바깥의 모든 인연因緣을 쉬고(外息諸緣), 안으로 칠정七情을 놓아서(內心無喘), 정미롭고 한결같이 집중하여(精一執中, 자성自性에 돌이켜 비추우면(回光返照), 마침내 시절時節이 익을 제(心如墻壁), 홀연忽然히 진심眞心에 계합契合하는 것(可以入道)이다.

장자莊子에 세상과 나를 잊지 못하고 도道를 구하는 것은 불가하다고 누누이 설한다. 요堯임금이 허유許由에게 천하를 맡기려 함에 허유가 거절하니 요堯가 망연茫然하여 바라봄이 그것이다. 지금 세상에 도道를 구하는 이가 흉중胸中에 세상을 담고 있다면 그 노력이 절절切切하더라도 도道를 만나기 어려울 것이다. 도인道人은 세상사를 한 점의 티끌로 보는 것이다.

마음공부의 길은 외식제연外息諸緣, 내심무천內心無喘, 정일집중精一執中, 회광반조回光返照, 심여장벽心如墻壁, 가이입도可以入道의 방도方道를 벗어나지 아니한다. 이 길은 전세前世의 조사祖師와 선지식善知識이 밟은 유일한 지름길이다. 누가 이 승두蠅頭를 벗어나 도道를 이루리오.

수심론修心論 第5目

밖에서 구하지 말라.

過去諸如來는 只是明心底人이시며 現在諸賢聖도 亦
과거제여래 지시명심저인 현재제현성 역

是修心底人이시며 未來修學人도 當依如是法이니 願
시수심저인 미래수학인 당의여시법 원

諸修道之人은 切莫外求어다 心性이 無染하야 本自圓
제수도지인 절막외구 심성 무염 본자원

成하니 但離妄緣하면 卽如如佛이니라
성 단리망연 즉여여불

底 : 어조사 저

과거의 모든 여래如來는 다만 이 마음을 밝힌 분이시며, 현재의 모든 현성賢聖도 또한 이 마음을 닦는 사람이며, 미래에 공부工夫할 사람도 마땅히 스스로의 마음을 밝히는 공부에 의지해야 할 것이다. 원컨대 도道를 닦는 모든 사람들은 절대 밖으로 구하지 말라. 심성心性은 더럽혀짐 없이 본래 스스로 두렷하나니, 다만 (妄心과의) 망연妄緣을 여의면 곧 변함없는 부처이다.

▌某解

심성心性이 무염無染하여 본자원성本自圓成이라 함은 기신론起信論에서 마명보살馬鳴菩薩이 진심眞心을 심성心性이라 표현함에 지눌知訥스님이 따른 것이다. 본자원성本自圓成이란 범부의 자성

自性이 제불諸佛과 다르지 아니하다는 뜻이다. 능엄경楞嚴經은 진심망심론眞心妄心論으로 설명한다. 이는 곧 성정론性情論이요, 성정론性情論은 체용설體用說이다. 조사祖師의 논설論說은 대개가 성정性情으로 간명簡明히 설파한다. 성정론性情論은 불법佛法이 중국에 들어오기 전에 유가儒家와 열자列子 등에 있었던 상론上論인 까닭이다. 그러나 유가儒家 등에 성정론性情論에 대한 언급은 단 두세 마디뿐이다. 왜냐하면 이 도리를 정해正解하는 제자가 드문 까닭이다. 열자列子가 개오開悟한 뒤 말한다. "지금에야 정情이 실다움이 아닌 줄 알았다. 누가 여기에 동참하겠는가?" 열자列子가 정情이 환幻인 줄 알았던 것이다. 고자告者의 성무선무불선론性無善無不善論의 내용도 정환설情幻說이다. 성性에는 선악善惡의 정情이 없다는 설說이다. 맹자孟子는 만년에야 정환설情幻說을 알았다. 고자告者보다 훨씬 뒤의 일이다. 불법佛法도 상리上理와 다르지 아니하다. 정환설情幻說을 알지 못하면 선문정로禪門正路에 들었다고 할 수 없다. 정情은 환幻이요, 환幻은 헛것이라 환幻본래本來 있는 것이 아니다.

망심妄心을 쉬어 진심眞心을 밝히는 길 밖에 섰는 이는 모두가 변견외도邊見外道라 하겠다. "다만 망연妄緣을 여의면 곧 변함없는 부처이다.(但離妄緣하면 卽如如佛이니라)"라는 말씀을 잊지 말아야 한다. 만약 '망연妄緣을 여의면 곧 변함없는 부처'란 말씀을 요해了解하여 지니지 못하면 변견외도邊見外道의 길에서 많은 세월을 허비하게 되는 것이다.

수심론修心論 第6目

그대의 몸 가운데 있건마는 그대가 스스로 보지 못할 따름이다.

問호대 若言佛性이 現在此身인댄 旣在身中하야도 不離
문 약언불성 현재차신 기재신중 불리

凡夫로소니 因何我今에 不見佛性이닛고 更爲消釋하야
범부 인하아금 불견불성

悉令開悟케하소서 答하사대 在汝身中이언마는 汝自不見이
답 재여신중 여자불견

니라 汝於十二時中에 知飢知渴하며 知寒知熱하며 惑
여어십이시중 지기지갈 지한지열 혹

瞋惑喜하니 竟是何物고 此色身은 是地水火風四緣의
진혹희 경시하물 차색신 시지수화풍사연

所集이라 其質이 頑而無情하니 豈能見聞覺知리오 能
소집 기질 완이무정 기능견문각지 능

見聞覺知者가 必是汝의 佛性이로다 故로 臨濟云하되
견문각지자 필시여 불성 고 임제운

四大는 不解說法聽法하며 虛空은 不解說法聽法이요
사대 불해설법청법 허공 불해설법청법

只汝目前에 歷歷孤明한 勿形段者라사 始解說法聽
지여목전 역역고명 물형단자 시해설법청

法이라하니라 所謂物形段者는 是諸佛之法印이며 亦是
법 소위물형단자 시제불지법인 역시

汝의 本來心也라 則佛性이 現在汝身하니 何假外求리
여 본래심야 즉불성 현재여신 하가외구

오 汝若不信하면 略擧古聖의 入道因緣하야 令汝除疑
여약불신 약거고성 입도인연 영여제의

하리니 汝須諦信하라
여 수 체 신

학인學人이 묻는다. "만약 불성佛性이 이 몸에 있다 하신다면, 이미 이 몸 가운데 번듯한데도 범부凡夫의 상相을 벗어나지 못하니, 제가 지금 무엇으로 인하여 불성佛性을 보지 못하는 것입니까? 다시 자세히 일러 모다 깨우쳐 주십시오."

스님이 답答하였다.

"그대의 몸 가운데 있건마는 그대가 스스로 보지 못할 뿐이다. 그대가 하루 종일 배고픈 줄 알고, 목마른 줄 알며, 찬 줄 알고 더운 줄 알며, 혹은 성내고 혹은 기뻐하는 이것이 필경에 어떤 물건이겠는가? 또 색신色身은 바로 지地 수水 화火 풍風 의 네 가지 인연因緣이 모여서 이루어 것이라, 그 성질이 둔하고 정情이 없나니 어찌 능히 보고 듣고 느끼고 알 수 있겠는가? 능히 보고 듣고 느끼고 아는 그것이 도로시 바로 그대의 불성佛性이다.

고로 임제臨濟스님이 말하였다. -'사대四大로 이루어진 색신色身은 설법說法하거나 듣는 자가 아니며, 허공虛空은 법을 설할 수 없고 들을 수도 없다. 단지 그대의 눈앞에 역력歷歷하고 홀로 밝은 모습 없는 한 물건이 설법說法하고 듣는다.' - 이른바 모습 없는 한 물건은 모든 부처님의 법인法印이요, 또한 그대의 본래 마음[本來心] 이다. 즉 불성佛性이 지금 그대 몸에 번듯한데 어찌 헛되이 밖으로 구하는가. 그대가 만약 믿지 못한다면, 옛 성인

聖人들이 도道에 든 인연을 간략히 들어서 그대로 하여금 의심을 풀게 하려하니, 그대는 모름지기 자세히 살펴 신심信心을 일으켜라."

▮ 某解

범부는 사대四大와 오온五蘊으로 나[我]를 삼는다. 사대四大와 오온五蘊은 몸과 망심妄心을 분석한 개념이다. 몸[四大]은 한때 머물다 떠나는 집이요, 망심妄心은 착식錯識으로 빚어진 환幻이다. 범부가 뒤바뀐 견해를 내어 사대四大와 오온五蘊을 나[我]로 인식할 따름인 것이다. 몸은 한 때의 나[我]라 할 수 있으나, 끝내는 흙으로 돌아가니 불변不變의 내[我]가 아니다. 몸이란 흙의 성질[地]과 물[水]과 생명력[火]과 기운[風]으로 구성되어 작용한다. 그 내용은 만물萬物의 변화에 따라 나타났다가 사라지는 재구성再構成과 산화散化하는 한 때의 형물形物에 다름 아니다. 만물과 사람의 몸은 끝없는 재활용再活用의 구성물일 따름이다. 이러한 사대四大와 오온五蘊의 주인이 진심眞心이다. 진심眞心이 곧 진아眞我요, 범부의 본래면목本來面目이요, 그대의 참모습이다. 참모습은 모습을 여읜 모습이라 모습 없는 모습이라 해 두자. 황벽黃檗스님과 백봉白峰거사가 "마음이 곧 허공과 같느니라.(心如虛空)"라 한 것은 진심眞心의 공적空寂함을 가리켰고, 임제臨濟스님이 "허공虛空은 법을 설할 수 없고 들을 수도 없다. 단지 그대의 눈앞에 역력歷歷하고 홀로 밝은 모습 없는 한 물건이 설법說法하고 듣는다."한 것은 진심眞心의 영지靈知를 드러내어 설명한 것이다. 황벽과 임제에 우열優劣이 있는 것이 아니요, 그 때와 사람에 따라 그렇게 설한 것이다. 진심眞心의 설명에 공적영지空寂靈知라 함이 명쾌하다. 공적영지空寂靈知는 하택荷澤스님의 설명이다. 규봉圭峰스님은 진심眞心을 본적본지本寂本知라 설명하였다. 적寂과 지知를 요해了解하여야 간경看經에 힘을 얻는다.

지금 작용作用하는 가운데 불성佛性이 나타나건마는 그대가 스스로 보지 못할 따름이다.

昔에 異見王이 問波羅提尊者曰 何者是佛이니잇고 尊
석 이견왕 문파라제존자왈 하자시불 존

者曰 見性이 是佛이니라 王曰 師하되 見性否잇까 尊者
자왈 견성 시불 왕왈사 견성부 존자

曰 我見佛性이니라 王曰 性在何處이닛고 尊者曰 性在
왈 아견불성 왕왈 성재하처 존자왈 성재

作用이니라 王曰是何作用이관대 我今不見이닛고 尊者
작용 왕왈시하작용 아금불견 존자

曰 今現作用이언마는 王自不見이니라 王曰 於我에 有
왈 금현작용 왕자불견 왕왈 어아 유

否잇가 尊者曰 王若作用인댄 無有不是어니와 王若不
부 존자왈 왕약작용 무유불시 왕약불

用인댄 體難見이니라 王曰 若當用時에 幾處出現이닛고
용 체난견 왕왈 약당용시 기처출현

尊者曰 若出現時엔 當有其八이니라
존자왈 약출현시 당유기팔

옛적에 이견왕異見王이 바라제존자波羅提尊者에게 여쭈었다.

"무엇이 부처입니까?"

바라제존자波羅提尊者가 답하였다.

"성품[性]을 보는 것이 곧 부처입니다."

이견왕異見王이 존자尊者께 여쭈었다.

"존자는 성품[性]을 보았습니까?"

바라제존자波羅提尊者가 답하였다.

"나는 불성佛性을 봅니다."

이견왕異見王이 존자尊者께 여쭈었다.

"불성佛性은 어디에 있습니까?"

바라제존자波羅提尊者가 답하였다.

"불성佛性은 작용作用하는 가운데 있습니다."

이견왕異見王이 존자尊者께 여쭈었다.

"불성이 어떻게 작용하기에 저는 보지 못합니까?"

바라제존자波羅提尊者가 답하였다.

"지금 작용作用하는 가운데 나타나건마는 왕께서 스스로 보지 못할 뿐입니다."

이견왕異見王이 존자尊者께 여쭈었다.

"저에게 불성佛性이 있습니까?"

바라제존자波羅提尊者가 답하였다.

"왕께서 작용한다면 작용마다 불성 아님이 없지만, 작용하지 않는다면 체體를 보기 어렵습니다."

이견왕異見王이 존자尊者께 여쭈었다.

"마땅히 작용한다면 나타나는 곳은 몇이나 됩니까?"

바라제존자波羅提尊者가 답하였다.

"나타날 때는 당처當處가 여덟 있습니다."

■ 某解

견문각지見聞覺知의 작용에 불성이 나타나지 않음이 없으나 범부가 스스로 보지 못하는 것이다.

보고 듣고 말하는 가운데 자성自性이 항상하게 나타난다.

王曰 其八出現을 當爲我說하소서 尊者曰 在胎曰身
왕 왈 기 팔 출 현 당 위 아 설 존 자 왈 재 태 왈 신
이요 處世曰人이요 在眼曰見이요 在耳曰聞이요 在鼻辨
처 세 왈 인 재 안 왈 견 재 이 왈 문 재 비 판
香하며 在舌談論하며 在手執捉하며 在足運奔하야 偏現
향 재 설 담 론 재 수 집 착 재 족 운 분 편 현
하야는 俱該沙界하고 收攝하야는 在一微塵이니 識者는 知
구 해 사 계 수 섭 재 일 미 진 식 자 지
是佛性이요 不識者는 喚作精魂이니라 王이 聞心卽開
시 불 성 불 식 자 환 작 정 혼 왕 문 심 즉 개
悟니라
오

捉 : 잡을 착　奔 : 달릴 분　徧 : 두루 편　該 : 갖출 해　喚 : 부를 환

이견왕異見王이 존자尊者께 말하였다.
"그 여덟 가지를 저를 위해 설하여 주십시오."

바라제존자波羅提尊者가 답하였다.
"태胎를 빌려 난 것을 몸이라 하고, 세상에서는 사람이라 하고, 눈에 있어서는 보고, 귀에 있어서는 듣고, 코에 있어서는 냄새를 맡고, 혀에 있어서는 말을 하며, 손에 있어서는 잡아 쥐고, 다리에 있어서는 달립니다. 두루해서는 항사恒沙세계를 다 싸고, 거두

어들이면 한 티끌에 있나니, 아는 사람은 이것이 바로 불성佛性임을 알고, 모르는 사람은 정혼精魂이라 이름 지어 부릅니다."

이견왕異見王이 듣고, 곧바로 마음을 깨쳤다.

某解

몸을 빌리고 세상에 거니므로 사람으로 행세한다. 그 행세의 실實에 진심眞心이 보고 듣고 말하지 아니함이 없다. 학인이 문득 진심眞心의 소재所在를 통해通解하면, 보고 듣고 말할 때, 당체當體를 반조返照하면, 성성惺惺히 현전現前할 때가 있으리라. 진심眞心이 현전現前한다면 계합契合한 것이요, 진심眞心이 성성惺惺함에 거처하면 무심無心이 익은 것이다. 이는 상대인上大人을 넘은 최상승最上乘의 경지境地이다. 사유思惟와 언어言語에 미루어 짐작하는 바는 측지測知의 소처所處라 무심無心의 경지를 논論할 처지處地가 아니다.

이견왕異見王은 달마대사達磨大師의 속가俗家 형兄이라 한다.

그대가 바로 부처이다. 한번 눈이 가려지면 헛꽃이 어지러이 떨어진다(一翳在眼 空花亂墜).

又僧이 問歸宗和尙호대 如何是佛이닛고 宗云하사대 我
우 승 문 귀 종 화 상 여 하 시 불 종 운 아
今向汝道언마는 恐汝不信이로다 僧云호대 和尙誠言을
금 향 여 도 공 여 불 신 승 운 화 상 성 언
焉敢不信이리잇고 師云하사대 卽汝是니라 僧云호대 如何
언 감 불 신 사 운 즉 여 시 승 운 여 하
保任하리잇고 師云하사대 一翳在眼에 空花亂墜니라 僧-
보 림 사 운 일 예 재 안 공 화 난 추 승
聞卽時大悟라 上來所擧古聖의 入道因緣이 明白簡
문 즉 시 대 오 상 래 소 거 고 성 입 도 인 연 명 백 간
易하야 不妨省力이로소니 因此公案하야 若有信解處하면
이 불 방 성 력 인 차 공 안 약 유 신 해 처
卽與古聖으로 把手共行하리라
즉 여 고 성 파 수 공 행

또 어느 스님이 귀종歸宗스님에게 여쭈었다.

"무엇이 부처입니까?"

귀종歸宗스님이 답하였다.

"내가 이제 그대에게 말해주고자 하나 그대가 믿지 않을까 염려스럽다."

그 스님이 여쭈었다.

"스승의 지극한 말씀을 어찌 감히 믿지 않겠습니까."
귀종歸宗스님이 말하였다.
"그대가 바로 부처[佛]이다."

그 스님이 여쭈었다.
"어떻게 보림保任해야 합니까?"
귀종歸宗스님이 말하였다.
"한 번 눈이 가려지면 헛꽃이 어지럽게 떨어진다."
그 스님이 귀종歸宗스님의 말을 듣고 바로 깨쳤다.

- 위에 든 바와 같이 옛 성인의 도道에 든 인연因緣이 명백明白하고 간명簡明하며 쉬워서 깨치는데 힘들지 않으니, 이 선문답禪問答을 듣고 만약 믿고 신해信解하는 바가 있다면, 곧 옛 성인聖人과 더불어 손을 잡고 함께 나아갈 것이다.

某解

"그대가 바로 부처이다."라는 말끝에 개오開悟하고, "한 번 눈이 가려지면 헛꽃이 어지럽게 떨어진다."라는 말에 명백明白하여졌다. 이로써 또한 개오開悟 이후의 공부를 알았다고 하겠다. 운문雲門스님이 이른다.

萬里足下靑　萬里 虛空이 발아래 푸르나니
東山水上行　東山이 물 위를 가누나.
吾道此是中　나의 道는 이 가운데 있나니
行之貴日惺　修行에 나날이 惺惺해짐을 貴히 여기노라.

돈오돈수頓悟頓修는 최상근기의 공부이다.

問호대 汝言見性이 若眞見性인댄 即是聖人이라 應現
문 여언견성 약진견성 즉시성인 응현
神通變化하야 與人有殊어늘 何故로 今時修心之輩는
신통변화 여인유수 하고 금시수심지배
無有一人도 發現神通變化耶잇가
무유일인 발현신통변화야

학인學人이 묻는다. "말씀하신 견성見性이 만약 참 견성見性이라면 곧 바로 성인聖人이어서 응당 신통변화神通變化를 나타내어 보통 사람과 다름이 있을 것인데, 어찌하여 지금 세상에 마음을 닦는 사람들은 한 사람도 신통변화를 나타내는 사람이 없습니까?"

答하사대 汝不得輕發狂言하라 不分邪正이면 是爲迷
답 여부득경발광언 불분사정 시위미
倒之人이라 今時學道之人이 口談眞理호대 心生退屈
도지인 금시학도지인 구담진리 심생퇴굴
하야 返墮無分之失者는 皆汝所疑니라 學道而不知先
반타무분지실자 개여소의 학도이부지선
後하고 說理而不分本末者는 是名邪見이라 不名修學
후 설리이불분본말자 시명사견 불명수학
이요 非唯自誤며 兼亦誤他라 其可不愼歟이리오 夫入
비유자오 겸역오타 기가불신여 부입

道에 夛門이나 以要言之컨댄 不出頓悟漸修兩門이니라
도 다문 이요언지 불출돈오점수양문

雖曰頓悟頓修라하나 是最上根機의 得入也니라 若推
수왈돈오돈수 시최상근기 득입야 약추

過去컨댄 已是夛生에 依悟已修하야 漸熏而來하야 至
과거 이시다생 의오이수 점훈이래 지

於今生하야 聞卽發悟하야 一時頓畢이니 以實而論컨댄
어금생 문즉발오 일시돈필 이실이론

是亦先悟後修之機也라 則而此頓漸兩門은 是千聖
시역선오후수지기야 즉이차돈점양문 시천성

軌轍也니 則從上諸聖이 莫不先悟後修하야 因修乃
궤철야 즉종상제성 막불선오후수 인수내

證이시니라 所言神通變化는 依悟而修하야 漸熏所現이
증 소언신통변화 의오이수 점훈소현

非謂悟時에 卽發現也니라
비위오시 즉발현야

墮: 떨어질 타 歟: 어조사 여 軌: 길 궤 轍: 바퀴자국 철

스님이 답答하였다.

"그대는 미친 견해를 가벼이 내뱉지 말라. 삿된 것과 바른 것을 구분하지 못하면 바로 미혹迷惑에 빠진 사람이다. 지금 세상에 도道를 배우는 사람들은 입으로는 진리眞理를 말하면서 생각은 어리석어 도리어 삿된 것과 바른 것을 구분하지 못하는 실수에 빠지나니 모두 그대가 의심하는 바이다. 도道를 배우면서 선후先後를 알지 못하고, 이치를 말하면서 본말本末을 구분하지 못하는 것은 삿된 견해見解일 뿐 공부工夫라 할 수 없는 것이니, 오직 자신을 그르칠 뿐만 아니라 남도 그르치게 할 것이다. 어찌 삼가지

않겠는가? 무릇 도道에 들어가는 문門은 많으나 요점要點을 말하자면 돈오頓悟와 점수漸修의 두 가지 문을 벗어나지 않는다.

비록 돈오돈수頓悟頓修뿐이라 말하지만, 이는 최상의 근기根機에게 해당하는 공부이다. 만약 과거를 미루어 본다면 이 최상근기最上根機도 이미 다생多生에 걸쳐 깨달음에 의지하여 수행하여 차차 익어 온 것이 금생今生에 이르러 듣는 즉시 깨달음이 열려 한 순간瞬間에 문득 일체의 공부工夫를 마친 것이니, 그 실實을 말하자면 이(最上根機)도 또한 먼저 깨닫고 점차 닦은 근기였다. 곧 이 돈頓과 점漸 양문兩門은 모든 성인聖人들이 밟아간 길이니, 위로부터의 모든 성인聖人이 먼저 깨닫고 점차 닦아 이로 인하여 증득證得하지 아니함이 없었다. 말한 바 신통변화神通變化는 깨달음을 의지해 닦아 가면서 차츰 순숙純熟했기 때문에 나타나는 것이지, 깨닫자마자 바로 나타나는 것이 아니다."

某解

도道를 배우면서 선후先後와 본말本末을 구분하지 못하는 것은 삿된 견해見解일 뿐 공부工夫라 할 수 없다. 불법佛法의 요체要諦를 알지 못하면서 경론經論의 문자文字를 외워 사견邪見을 광설狂說하는 이가 많은 것이 어제 오늘의 일이 아니다. 예전의 수행자는 정견正見이 열리기 전에는 설법說法하지 않았으며, 정견正見이 열렸더라도 순숙純熟을 기다려 때에 맞게 설하였다. 사견광설자邪見狂說者는 자신을 그르칠 뿐만 아니라 남도 그르치게 하는 것이요, 그 죄업罪業이 무겁다.

돈오돈수頓悟頓修는 최상근기最上根機의 공부이다. 그럼에도 스스로의 분수를 돌아보지 아니하고 광설狂說하는 자가 허다히 나타니 서글픈 일이다. 옛사람은 개오開悟한 이후에 다시 경經과 논論을 섭수攝收하여 미진처未盡處를 돌아보아 통연명백通然明白한 연후에 대지大智를 얻었다. 그런 연후에 때를 거두어 설하였으니 지금의 자가당착自家撞着의 설자說者와 같지 아니하다.

수심론修心論 第11目

이치는 돈오頓悟이나 정습情習은 차츰 없앤다.

如經에 云하사대 理卽頓悟라 乘悟併消어니와 事는 非頓
여 경 운 이 즉 돈 오 승 오 병 소 사 비 돈
除이니 因次第盡이라시니라 故로 圭峰이 深明先悟後修
제 인 차 제 진 고 규 봉 심 명 선 오 후 수
之義하고 曰하되 識氷池而全水나 借陽氣以鎔消요 悟
지 의 왈 식 빙 지 이 전 수 차 양 기 이 용 소 오
凡夫而卽佛이나 資法力而熏修니라 氷消卽水流潤하
범 부 이 즉 불 자 법 력 이 훈 수 빙 소 즉 수 류 윤
야 方呈漑滌之功하고 妄盡則心靈通하야 應現通光之
방 정 개 척 지 공 망 진 즉 심 영 통 응 현 통 광 지
用이라하시니
용

併: 나란할 병 鎔: 녹일 용 呈: 나타날 정 漑: 물댈 개 滌: 씻을 척

경經에 이르되, "이치는 바로 돈오頓悟이나 깨달음과 함께 일체 정념情念이 함께 없지만, 습習은 한꺼번에 없앨 수 없어 차츰 다해야 한다."고 하였다. 그러므로 규봉圭峰스님이 먼저 깨닫고 뒤에 닦는 뜻을 깊이 밝히고 말씀하되 "얼어붙은 못이 온전히 물인 줄 알지만 햇빛을 빌려야 녹일 수 있듯이, 범부가 바로 부처인 줄 깨달았다하더라도 깨달음의 힘을 바탕으로 점차 닦아야 한다. 얼음이 녹아 물이 되어 흘러 땅을 적셔야 바야흐로 논에 물을 대고 씻을 수 있는 공功이 나타나듯이, 망념妄念이 다하여

마음이 신령스럽게 통해야 신통광명神通光明의 용用이 나타난다."고 하였다.

▒ 某解

"이치理致는 돈오頓悟이나 정습情習은 차츰 없앤다.(理卽頓悟 事非頓除)"는 말씀이 돈오돈수설頓悟頓修說과 같지 않다고 주장하는 학자들이 작금에 보이나, 그들이 화엄팔지華嚴八地의 멸진정滅盡定 경지境地를 통해通解하는지 의심스럽다. 어느 세월이라도 월분과도越分過度하는 자들의 광언狂言이 있는 것이다.

바람이 불어 지나간 뒤에도 풀잎은 남은 흔들림이 있으며, 얼음의 성질이 물인 줄 알지만 녹은 때를 기다린 연후에 마실 수 있는 것이다. 십지十地의 보살菩薩이라야 망심불생妄心不生의 무생인無生忍을 자증自證하는 경지이다. 약간의 지견知見으로 돈오돈수설頓悟頓修說을 읊조리는 병病은 공부의 경지가 순효純曉의 밝음에 순숙純熟하지 못하면서 교사憍思가 앞서기 때문에 나타나는 말일 따름이다.

만약 망심妄心이 불생不生하면 허통적정虛通寂靜이 부동不動하여 신통광명神通光明이 자재自在할 것이니 그런 연후에 참다이 범부를 제도濟度할 수 있는 것이다. 지눌知訥과 규봉圭峰을 지해종도知解從徒라 이르는 이는, 조사비방祖師誹謗의 업業이 중重하여 필시 다세多世에 고초苦楚가 있을 것이다.

규봉圭峰스님이 "망념妄念이 다하여 마음이 신령스럽게 통해야 신통광명神通光明의 용用이 나타난다."고 한 말씀 가운데 고로古路가 있나니, "망념妄念이 다하여" 라는 말씀이다. 경經에 이르기를 "십지十地의 보살지에 이르러야 망심불생妄心不生의 인印을 얻는다."고 하였다. 망심불생妄心不生의 경지에 합해야 능소能所가 온전히 적멸寂滅하는 줄 알아야 하는 것이다.

밝지 못하면서 해오解悟의 경지境地를 업수이 여기는 것은 성현聖賢을 믿지 않는 것이다.

是知事上神通變化는 非一日之能成이라 乃漸熏而
시 지 사 상 신 통 변 화 비 일 일 지 능 성 내 점 훈 이

發現也니라 況事上神通이 於達人分上에 猶爲妖怪
발 현 야 황 사 상 신 통 어 달 인 분 상 유 위 요 괴

之事요 亦是聖末邊事니 雖或現之나 不可要用이니라
지 사 역 시 성 말 변 사 수 혹 현 지 불 가 요 용

今時迷癡輩가 妄謂一念悟時에 卽隨現無量妙用과
금 시 미 치 배 망 위 일 념 오 시 즉 수 현 무 량 묘 용

神通變化라하니 若作是解인댄 所謂不知先後며 亦不
신 통 변 화 약 작 시 해 소 위 부 지 선 후 역 불

分本末也니라 旣不知先後本末하고 欲求佛道인댄 如
분 본 말 야 기 부 지 선 후 본 말 욕 구 불 도 여

將方木하야 逗圓孔也이니 豈非大錯이리오 旣不知方
장 방 목 두 원 공 야 기 비 대 착 기 부 지 방

便故로 作懸崖之想하야 自生退屈하야 斷佛種性者가
편 고 작 현 애 지 상 자 생 퇴 굴 단 불 종 성 자

不爲不多矣니라 旣自未明일새 亦未信他人의 有解悟
불 위 부 다 의 기 자 미 명 역 미 신 타 인 유 해 오

處하야 見無神通者하고 乃生輕慢하나니 欺賢誑聖이라
처 견 무 신 통 자 내 생 경 만 기 현 광 성

良可悲哉로다
양 가 비 재

況 : 하물며 황 逗 : 던질 두 懸 : 매달 현 崖 : 벼랑 애 慢 : 모멸할 만
欺 : 속일 기 誑 : 속일 광

모름지기 신통변화神通變化는 하루아침에 이룰 수 있는 것이 아니라 차츰 순숙純熟해져서 나타나는 것임을 알아야 한다. 하물며 진심眞心을 통달通達한 이에게는 신통이 오히려 요사妖邪스런 일이 되며, 성인聖人도 본분사本分事로 여기지 않는 것이니, 비록 간혹 신통神通을 나타낸다 하더라도 방편方便으로 쓸 뿐이다. 요즈음 미혹迷惑하여 어리석은 무리들은 '한 생각 깨달으면 바로 헤아릴 수 없는 묘용과 신통변화가 따라 나타난다.'고 망령되이 말한다. 만약 이렇게 알고 있다면 소위 공부工夫의 선후先後를 모르는 것이며 또한 본말本末도 모르는 것이다. 곧 공부의 선후先後와 본말本末을 모르고서 불도佛道를 구하고자 한다면, 마치 모난 나무로 둥근 구멍을 메우려하는 것과 같으니 어찌 큰 착각錯覺이 아니겠는가?

처음부터 공부工夫의 선후先後와 본말本末을 알지 못하므로, 오를 수 없는 경지라 여기고 스스로 퇴굴심退屈心을 내어 깨달음의 인연을 끊는 자가 적지 않다. 이미 스스로 밝지 못하므로 다른 사람의 해오解悟를 믿지 못하여 신통이 없음만을 보고 업신여기니, 이는 성현聖賢을 속이는 짓이다. 참으로 슬프지 아니한가.

某解

신통神通은 십지十地 이후에 절로 온전히 나타난다고 한다. 수행 중에 정식情識이 맑아져 숙명통宿命通이나 타심통他心通이 열리더라도 가리고 멀리해야 도道가 순숙純熟하게 나아가는 것이다. 수행자는 오로지 진심眞心이 현전現前하여 나날이 성성惺惺함이 더욱 밝아져 망념妄念이 불생不生함을 귀貴하게 여겨야 한다. 이 길을 등지면 외도外道에 떨어지고 마는 것이다.

돈오頓悟하면 번뇌煩惱가 본래 없는 줄 안다. 그러나 무시無始의 습기習氣는 한꺼번에 모두 없애지 못한다.

問호대 汝言頓悟漸修兩門이 千聖軌轍也라 하시니 悟旣頓悟인 悟旣頓悟인댄 何假漸修며 修若漸修인댄 何言頓悟리오 頓漸二義를 更爲宣說하사 令絶餘疑케 하소서

학인學人이 묻는다. "돈오頓悟와 점수漸修의 두 문門이 모든 성인의 공부길이라 말씀하셨는데, 깨달음이 단박에 깨닫는 것이라면 어찌 헛되이 점차 닦을 것이며, 닦음이 만약 점차 닦는 것이라면 어찌 단박에 깨닫는다고 하십니까? 돈오頓悟와 점수漸修의 두 가지 뜻을 다시 한 번 설하시어 나머지 의심마저 끊게 해주십시오."

答하사대 頓悟者는 凡夫迷時에 四大로 爲身하고 妄想으로 爲心하야 不知自性이 是眞法身하며 不知自己靈知가 是眞佛也하야 心外覓佛하야 波波浪走라가 忽被善

知識의 指示入路하야 一念廻光하야 見自本性하면 而
지식 지시입로 일념회광 견자본성 이

此性地는 原無煩惱하고 無漏智性이 本自具足하니 卽
차성지 원무번뇌 무루지성 본자구족 즉

與諸佛로 分豪不殊일새 故로 云 頓悟也요 漸修者는
여제불 분호불수 고 운 돈오야 점수자

雖悟本性이 與佛無殊이나 無始習氣를 卒難頓除故로
수오본성 여불무수 무시습기 졸난돈제고

依悟而修하야 漸熏功成하나니 長養聖胎하야 久久成
의오이수 점훈공성 장양성태 구구성

聖일새 故로 云 漸修也니라 比如孩子가 初生之日에 諸
성 고 운 점수야 비여해자 초생지일 제

根具足이 與他無異라 然이나 其力이 未充이라 頗經歲
근구족 여타무이 연 기력 미충 파경세

月하야사 方始成人이니라
월 방시성인

孩: 어린아이 해 頗: 자못 파

스님이 답答하였다.

"돈오頓悟란 범부가 미迷할 때엔 사대四大로써 몸을 삼고 망상妄想으로써 마음을 삼아, 스스로의 성품이 바로 참 법신法身임을 알지 못하고 자기의 영지靈知가 바로 참 부처임을 알지 못하여, 스스로의 마음을 버려 두고 밖으로 부처를 찾아 떠돌아다닌다. 홀연히 선지식善知識의 가르침을 받아 올바른 공부 길에 들어, 한 마음을 되비추어 스스로의 본성本性을 보면, 이 성품자리는 본래 번뇌가 없고, 샘[漏]이 없는 지혜 성품을 본래 스스로 갖추었으니, 곧 제불諸佛과 더불어 털끝만큼도 다르지 아니하다. 그러므로 돈오頓悟라 한다.

점수漸修란 비록 본성이 부처와 더불어 다르지 않음을 깨달았다 하더라도 무시無始의 습기習氣를 한꺼번에 모두 없애기 어렵기에, 깨달음에 의지해 닦아 점차로 훈습薰習하여 공을 이루는 것이니, 길이 성태聖胎를 길러 오래도록 닦아서 성인聖人이 된다. 그러므로 점수漸修라 한다. 비유하면 어린아이가 태어날 때, 육근六根은 어른과 다름없이 모두 갖추었으나 그 힘이 충분치 못하다가, 자못 세월이 가면 드디어 어른이 되는 것과 같다."

찾는 마음이 본래의 진심眞心이어늘 어찌 다시 구하고 찾으려 하는가?

問호대 作何方便하야사 一念廻起하야 便悟自性하리잇고
문 작하방편 일념회기 변오자성

答하사대 只汝自心이어니 更作什麽方便이리오 若作方
답 지여자심 갱작십마방편 약작방

便하야 更求解會인댄 比如有人이 不見自眼하고 以謂
편 갱구해회 비여유인 불견자안 이위

無眼이라하며 更欲求見이니 旣是自眼이어니 如何更見이
무안 갱욕구견 기시자안 여하갱견

리오 若知不失하면 卽爲見眼이라 更無求見之心이어니
약지부실 즉위견안 갱무구견지심

豈有不見之想이리오 自己靈知도 亦復如是하야 旣是
기유불견지상 자기영지 역부여시 기시

自心이어니 何更求會리오 若欲求會인댄 便會不得이니
자심 하갱구회 약욕구회 변회부득

但知不會하면 是卽見性이니라
단지불회 시즉견성

什麽 : 어찌 시마 會 : 알 회

학인學人이 묻는다. "어떤 방편方便으로 공부해야 한 생각을 돌이켜 문득 자성自性을 깨달을 수 있습니까?"

스님이 답答하였다.

"다만 그대 자신의 마음일 뿐이거늘 다시 무슨 방편方便을 지으려 하는가? 만약 방편을 지어 다시 앎을 구하려 한다면, 비유컨대 어떤 사람이 자기 눈이 보이지 않는다고 눈이 없다 하면서 다시 눈을 찾으려하는 것과 같다. 본래부터 스스로 갖추고 있는 눈인데 어찌 다시 찾으려 하는가. 눈을 잃은 것이 아님을 알면 바로 눈을 보는 것이라, 다시 눈을 구하려 찾는 마음이 없을 것이니 어찌 눈을 볼 수 없다는 생각인들 하겠는가. 자기의 영지靈知도 역시 이와 같아서, 찾는 이 마음이 이미 스스로의 마음인데, 어찌 다시 구하거나 찾으려 하는가. 만약 구하거나 찾으려 한다면 찾을 수 없으니, 단지 스스로의 마음 밖에서 찾을 수 없음을 알면 이것이 곧 견성見性이다."

■ 某解

마음이 마음을 찾으려함이 다시 병통病痛이 아니겠는가? 더구나 마음은 바로 자기自己인데 찾는 이 마음이 이미 스스로의 마음이 아닌가? 이곳의 물음에 문득 청명晴明해 진다면 한 순간에 먹구름이 열어져서 가이없는 허공이 나타날 것이다. 구하거나 찾는 것은 병통을 깨치는 것과 같지 아니하다.

지눌知訥스님이 이른다. "다만 그대 자신의 마음일 뿐이거늘 다시 무슨 방편方便을 지으려 하는가?"

오직 공적영지空寂靈知의 마음이 진실眞實하다.

問호대 上上之人은 聞卽易會어니와 中下之人은 不無
문 상상지인 문즉이회 중하지인 불무

疑惑하여 更說方便하사 令迷者로 趣入케하소서 答하사대
의혹 갱설방편 영미자 취입 답

道不屬知不知니라 汝除却將迷待悟之心하고 聽我
도불속지부지 여제각장미대오지심 청아

言說하라 諸法이 如夢하고 亦如幻化라 故로 妄念이 本
언설 제법 여몽 역여환화 고 망념 본

寂하고 塵境이 本空하니 諸法皆空之處에 靈知不昧니라
적 진경 본공 제법개공지처 영지불매

卽此空寂靈知之心이 是汝의 本來面目이며 亦是三
즉차공적영지지심 시여 본래면목 역시삼

世諸佛과 歷代祖師와 天下善知識의 密密相傳底法
세제불 역대조사 천하선지식 밀밀상전저법

印也라 若悟此心하면 眞所謂不踐階梯하고 徑登佛地
인야 약오차심 진소위불천계제 경등불지

하야 步步超三界하야 歸家頓絶疑니 便與人天爲師하
보보초삼계 귀가돈절의 변여인천위사

야 悲智相資하야 具足二利하야 堪受人天供養하매 日
비지상자 구족이리 감수인천공양 일

消萬兩黃金하니라 汝若如是인댄 眞大丈夫라 一生能
소만량황금 여약여시 진대장부 일생능

事를 已畢矣니라
사 이필의

踐: 밟을 천 梯: 사다리 제

학인學人이 묻는다. "상상인上上人은 듣고 바로 쉽게 알겠지만 중하인中下人은 의혹疑惑이 없을 수 없으니, 다시 방편을 설하시어 어리석은 자들을 깨달음으로 나아가게 해주십시오."

스님이 답答하였다.

"도道는 알거나 모르는데 속하지 않는다. 그대는 깨달을 것이 있다고 기대하는 어리석은 생각을 버리고 내 말을 들어라. 모든 법法이 꿈과 같고 또한 허깨비[幻]와 같다. 그러므로 망념妄念이 본래 고요하고, 육진六塵경계가 본래 비었으니, 모든 법이 다 공空한 그 곳에 신령한 지혜智慧가 항상 밝다. 바로 이 공적空寂하고 신령스럽게 아는 마음이 바로 그대의 본래 모습이며, 또한 삼세제불三世諸佛과 역대 조사祖師와 천하 선지식善知識이 마음에서 마음으로 서로 전한 법인法印이다. 만약 이 마음을 깨닫는다면 참으로 이른바 단계를 밟지 않고 바로 불지佛地에 올라, 걸음마다 삼계三界를 초월超越하고 본성本性에 계합契合하여 문득 모든 의심을 끊을 것이니, 곧 인천人天의 스승이 되어 자비慈悲와 지혜智慧의 덕德으로 자리이타自利利他하기에, 인천人天의 시주施主를 받아 하루에 만금萬金을 소비하더라도 되갚지 못함이 없을 것이다. 그대가 만약 이와 같다면 참 대장부大丈夫로써 평생平生에 할 일을 마친 것이다."

▒ 某解

공적영지空寂靈知의 마음이 참마음[眞心]이다. 참마음[眞心]이 스스로 원만圓滿하므로 "도道는 알거나 모르는데 속하지 않는다."라고 하는 것이다. 망념妄念이 본래 고요하고, 육진경계六塵境界가 본래 비었으니, 모든 법法이 다 공空하다. 공空한 그 곳에 신령神靈한 지혜智慧가 항상 드밝다. 그러므로 망심妄心이 쉬어 진심眞心이 드러난 연후에 제법諸法이 본래 공空하다는 말씀을 증오證悟하는 것이다.

수심론修心論 第16目

능히 보고 듣고 움직이는 것이 그대의 본심本心이요, 그대의 색신色身이 아니다.

問호대 據吾分上컨댄 何者是空寂靈知之心耶잇가 答
문 거오분상 하자시공적영지지심야 답

하사대 汝今問我者가 是汝의 空寂靈知之心이니 何不
여금문아자 시여 공적영지지심 하불

返照하고 猶爲外覓고 我今據汝分上하야 直指本心하
반조 유위외멱 아금거여분상 직지본심

야 令汝便悟케하리니 汝須淨心하야 聽我言說하라 從朝
영여변오 여수정심 청아언설 종조

至暮히 十二時中에 或見或聞하며 或笑或語하며 或嗔
지모 십이시중 혹견혹문 혹소혹어 혹진

或喜하며 或是或非하는 種種施爲運轉이 且道하나니 畢
혹희 혹시혹비 종종시위운전 차도 필

竟是誰가 能伊麽運轉施爲耶아 若言色身이 運傳인댄
경시수 능이마운전시위야 약언색신 운전

何故로 有人이 一念命終에 都未壞爛하야도 即眼不自
하고 유인 일념명종 도미괴란 즉안불자

見하며 耳不能聞하며 鼻不便香하며 舌不談論하며 身不
견 이불능문 비불변향 설부담론 신부

動搖하며 手不執捉하며 足不運奔耶아 是知하되 能見
동요 수부집착 족불운분야 시지 능견

聞動作은 必是汝의 本心이요 不是汝의 色身也로다 況
문동작 필시여 본심 불시여 색신야 황

此色身이 四大性空함이 如鏡中像하며 亦如水月하니
차색신 사대성공 여경중상 역여수월

豈能了了常知하야 明明不昧하야 感而遂通恒沙妙
기 능 요 요 상 지 명 명 불 매 감 이 수 통 항 사 묘

用也리오 故로 云하되 神通併妙用이여 運水及搬柴라하
용 야 고 운 신 통 병 묘 용 운 수 급 반 시

니라 且入理多端이나 指汝一門하야 令汝還源하리라
차 입 리 다 단 지 여 일 문 영 여 환 원

據 : 의거할 거 都 : 도무지 도 爛 : 문드러질 란 捉 : 잡을 착 柴 : 땔나무 시

학인學人이 묻는다. "저의 분수에서는 어떤 것이 공적영지空寂靈知의 마음입니까?"

스님이 답하였다.

"그대가 지금 나에게 묻는 이것이 바로 그대의 공적영지空寂靈知의 마음인데, 어찌 돌이켜 비추어 보지 않고 오히려 밖으로 찾는가! 내가 이제 그대의 분수에 맞게 바로 본심本心을 가리켜 그대로 하여금 문득 깨닫게 할 것이니, 그대는 모름지기 마음을 깨끗이 하여 내 말을 들어라. 아침부터 저녁까지 하루 종일 혹은 보고 혹은 들으며, 혹은 웃고 혹은 말하며, 혹은 성내고 혹은 기뻐하며, 혹은 맞다 혹은 그르다하는 온갖 생각과 행위에 있어서, 말해보라! 필경에 어떤 물건이 능히 생각하고 움직이는가. 만약 색신色身이 행위 하는 자라면 어찌하여 사람이 한 생각 목숨을 마칠 때, 몸은 온전하게 그대로 있는데도 눈은 스스로 보지 못하며, 귀는 능히 듣지 못하며, 코는 냄새 맡지 못하며, 혀는 말하지 못하며, 몸은 움직이지 못하며, 손은 쥐지 못하며, 다리는 달리지

못하는가! 이렇게 알아야 한다. 능히 보고 듣고 움직이는 것은 반드시 그대의 본심本心이요, 그대의 색신色身이 아니다. 하물며 이 색신色身은 사대四大로 이루어져 그 성품의 헛됨이 마치 거울 속의 그림자 같으며, 또한 물속에 비친 달과 같으니, 어찌 능히 분명하게 항상 분별할 수 있겠으며, 밝고 밝아 어둡지 않아서 감각에 따라 무량한 묘용妙用에 통할 수 있겠는가. 그러므로 '신통묘용神通妙用이란, 물 긷고 땔감을 나르는 것이다.'라고 하였다. 또 진리眞理에 드는 방편方便은 많지만, 그대에게 한 문[一門]을 가리켜 그대로 하여금 근원根源으로 돌아가게 하겠다."

듣는 성품을 돌이켜 보라. 원래로 공空하지 않으며, 밝고 밝아 어둡지 아니하다.

汝還聞鴉鳴鵲噪之聲麼아 曰 聞하나이다 曰 汝返聞
여 환 문 아 명 작 조 지 성 마 왈 문 왈 여 반 문

汝聞性하라 還有許夛聲麼아 曰 到這裏하야는 一切聲
여 문 성 환 유 허 다 성 마 왈 도 저 리 일 체 성

一切分別을 具不可得이니이다 曰 奇哉奇哉라 此是觀
일 체 분 별 구 불 가 득 왈 기 재 기 재 차 시 관

音入理之門이니라 我更問你하노니 你道到這裏하야 一
음 입 리 지 문 아 갱 문 이 이 도 도 저 리 일

切聲과 一切分別을 總不可得이라하니 旣不可得인댄 當
체 성 일 체 분 별 총 불 가 득 기 불 가 득 당

伊麼時하야 莫是虛空麼아 曰 元來不空하며 明明不
이 마 시 막 시 허 공 마 왈 원 래 불 공 명 명 불

昧니이다 曰作麼生이 是不空之體오 曰 亦無相貌라 言
매 왈 작 마 생 시 불 공 지 체 왈 역 무 상 모 언

之不可及이니이다
지 불 가 급

鴉 : 갈가마귀 아 鵲 : 까치 작 噪 : 떠들 조 這 : 이 저

"그대는 까마귀와 까치 소리를 듣느냐?"

"듣습니다."

"그대는 그대의 듣는 성품을 돌이켜 들어라. 얼마나 많은 소리가 있느냐?"

"이 성품性品 가운데서는 일체 소리와 일체 분별分別을 모두 얻을 수 없습니다."

스님이 답하였다.

"기특하고 기특하다. 이것이 바로 관음보살觀音菩薩께서 진리에 드신 문門이다. 내가 다시 그대에게 묻겠다. 그대가 이 성품性品 가운데서는 일체 소리와 일체 분별을 얻을 수 없다하니, 얻을 수 없다면 허공虛空이란 말인가?

학인學人이 답하였다.

"원래 공空하지 않으며, 밝고 밝아 어둡지 않습니다."

"어떤 것이 공空하지 않는 체體인가?"

"또한 모습이 없어 말로 할 수 없습니다."

▒ 某解

청어무성聽於無聲이요, 시어무형視於無形이라 함은 자성自性의 체體를 가리킨 말이요, 운수運水와 반시搬柴는 자성自性의 묘용妙用을 드러낸 말이다. 지금 체體와 용用으로 이름 하였으나 체용體用이 두 물건이 아니다. 자성自性을 설명하는 말에 진공묘유眞空妙有와 공적영지空寂靈知가 간명簡明하다.

진공묘유眞空妙有란 자성自性이 진공眞空이면서 묘유妙有를 나툰다는 뜻이요, 공적영지空寂靈知란 공적空寂하면서 영지靈知를 드러낸다는 뜻이다. 고로 진공眞空과 공적空寂은 같은 뜻이요, 묘유妙有와 영지靈知는 다른 말이 아니다.

진공묘유眞空妙有와 공적영지空寂靈知의 설명을 지우더라도 그대의 자성自性은 청정광명淸淨光明하여 장덕부지藏德不止인 것이다. 이 도리道理에 의심을 품으면 도道에서 멀어지나니 반드시 통해通解할지라.

수심론修心論 第18目

본심本心은 모습이 없는지라, 언어言語로 닿을 수 없다. 이가 바로 모든 부처님과 조사祖師의 근본이니 다시는 의심치 말라.

曰 此是諸佛諸祖의 壽命이니 更莫疑也니라 旣無相
왈 차시제불제조 수명 갱막의야 기무상
貌인댄 還有大小麽아 旣無大小인댄 還有邊際麽아 無
모 환유대소마 기무대소 환유변제마 무
邊際故로 無內外하고 無內外故로 無遠近하고 無遠近
변제고 무내외 무내외고 무원근 무원근
故로 無彼此하고 無彼此則無往來하고 無往來則無生
고 무피차 무피차즉무왕래 무왕래즉무생
死하고 無生死則無古今하고 無古今則無迷悟하고 無
사 무생사즉무고금 무고금즉무미오 무
迷悟則無凡聖하고 無凡聖則無染淨하고 無染淨則
미오즉무범성 무범성즉무염정 무염정즉
無是非하고 無是非則一切名言을 俱不可得이라 旣總
무시비 무시비즉일체명언 구불가득 기총
無하야 如是一切根境과 一切妄念과 乃至種種相貌와
무 여시일체근경 일체망념 내지종종상모
種種名言을 俱不可得인댄 此豈非本來空寂하고 本來
종종명언 구불가득 차기비본래공적 본래
無物也리까 然이나 諸法皆空之處에 靈知不昧하야 不
무물야 연 제법개공지처 영지불매 부
同無情하니 性自信解하니라 此是汝의 空寂靈知며 淸
동무정 성자신해 차시여 공적영지 청

淨心體며 而此淸淨空寂之心이 是三世諸佛의 勝淨
정 심 체 이 차 청 정 공 적 지 심 시 삼 세 제 불 승 정

明心이시며 亦是衆生의 本源覺性이니라
명 심 역 시 중 생 본 원 각 성

스님이 답하였다.

"이것이 바로 모든 부처님과 조사의 근본이니 다시는 의심치 말라. 이미 모습이 없는데 다시 대소大小가 어찌 있으랴. 이미 대소大小가 없는데 다시 변제邊際가 어찌 있으랴! 변제邊際가 없으므로 내외內外가 없고, 내외內外가 없으므로 원근遠近이 없고, 원근遠近이 없으므로 피차彼此가 없고, 피차彼此가 없으면 왕래往來가 없고, 왕래往來가 없으면 생사生死가 없고, 생사生死가 없으면 고금古今이 없다. 고금古今이 없으면 미오迷悟가 없고, 미오迷悟가 없으면 범성凡聖이 없고, 범성凡聖이 없으면 염정染淨이 없고, 염정染淨이 없으면 시비是非가 없고, 시비是非가 없으면 일체의 이름과 언설言說을 모두 얻을 수 없다. 이미 다 없어서 일체의 근원根源과 경계境界와 일체의 망념妄念, 내지 갖가지 모습과 이름을 모두 얻을 수 없다면, 이 어찌 본래 공적空寂함이 아닐 것이며, 본래 한 물건도 없음이 아니겠는가! 그러나 모든 법法이 다 공空한 자리에 영지靈知가 어둡지 않아서 무정無情과 같지 않으니, 성품이 스스로 신묘神妙하게 안다. 이것이 그대의 공적영지空寂靈知며, 청정淸淨한 심체心體이며, 이 청정淸淨하고 공적空寂한 마음이 바로 삼세三世제불諸佛의 수승殊勝한 정명심淨明心이며,

또한 이것이 중생의 본래 근원인 '깨달음의 성품[覺性]'이다."

■ 某解

자성自性에는 변제邊際와 고금古今과 미오迷悟와 시비是非가 없으므로 일체의 이름과 언설言說과 사상思想이 없는 것이다. 그러므로 제법諸法이 본공本空하다. 자성自性은 오직 공적영지空寂靈知의 청정심체淸淨心體가 무구정명無垢精明할 따름이다.

수심론修心論 第19目

친히 그 맛을 보아 스스로의 밝은 성품性品과 계합契合하면, 이것이 바로 마음 닦는 사람의 해오처解悟處이다.

悟此而守之者는 坐一如而不動解脫하고 迷此而背
오 차 이 수 지 자 좌 일 여 이 부 동 해 탈 미 차 이 배

之者는 往六趣而長劫輪廻하니라 故로 云하되 迷一心
지 자 왕 육 취 이 장 겁 윤 회 고 운 미 일 심

而往六趣者는 去也며 動也요 悟法界而復一心者는
이 왕 육 취 자 거 야 동 야 오 법 계 이 부 일 심 자

來也며 靜也라하니라 雖迷悟之有殊나 乃本源則一也
래 야 정 야 수 미 오 지 유 수 내 본 원 즉 일 야

니라 所以로 云하되 言法者는 謂衆生心이라하니 而此空
소 이 운 언 법 자 위 중 생 심 이 차 공

寂之心이 在聖而不增하며 在凡而不減이라 故로 云하
적 지 심 재 성 이 부 증 재 범 이 불 감 고 운

되 在聖智而不燿하고 隱凡心而不昧라하니라 旣不增
재 성 지 이 불 요 은 범 심 이 불 매 기 부 증

於聖하고 不少於凡인댄 佛祖가 奚以異於人이리오 而
어 성 불 소 어 범 불 조 해 이 이 어 인 이

所以異於人者는 能自護心念耳니라 汝若信得及하야
소 이 이 어 인 자 능 자 호 심 념 이 여 약 신 득 급

疑情을 頓息異於人者는 能自護心念耳니라 汝若信
의 정 돈 식 이 어 인 자 능 자 호 심 념 이 여 약 신

得及하야 疑情을 頓息하고 出丈夫之志하야 發眞正見
득 급 의 정 돈 식 출 장 부 지 지 발 진 정 견

解하며 親嘗其味하야 自到自肯之地하면 則是爲修心
해 친 상 기 미 자 도 자 긍 지 지 즉 시 위 수 심

人의 解悟處也라 更無階級次第일새 故로 云 頓也니
인 해오처야 갱무계급차제 고 운 돈야

如云於信因中에 契諸佛果德하야 分毫不殊하야사 方
여운어신인중 계제불과덕 분호불수 방

成信也니라
성신야

燿: 빛날 요

(-이어 말한다) "각성覺性을 깨달아 지키는 이는 지혜智慧가 한결같아 흔들림이 없어 생사生死를 벗어나고, 각성覺性을 미혹迷惑하여 등지는 자는 육도六度에 떨어져 오래도록 윤회輪廻한다. 그러므로 '참 마음을 미혹하여 육도를 떠도는 자를 거去라 하며, 동動이라 하는 것이요, 법계法界를 깨달아 참 마음을 회복한 이를 래來라하며 정靜이라 한다.'고 하였다. 비록 미오迷悟가 다르지만 본래의 근원根源은 하나이다. 그러므로 이르기를 '법法이란 중생심衆生心을 말한다.'하였다.

이 공적空寂한 마음은 성인聖人이라 해서 더하지 않고, 범부凡夫라 해서 덜하지도 않다. 그러므로 이른다. '성인聖人의 지혜智慧라 해서 더 밝지도 않고, 가려진 범부凡夫의 마음이라 해서 어둡지도 않다.' 이미 성인이라 하여 더하지 않고 범부라 해서 모자라지 않다면, 부처와 조사祖師라 해서 어찌 범부凡夫와 다르겠는가. 범부凡夫와 다른 점은 능히 스스로의 마음을 잘 지키는 것이다.

그대가 만약 믿음을 얻어 의심하는 마음을 문득 쉬고, 장부丈夫의 뜻을 내어, 참으로 바른 견해見解를 일으킴으로서, 친히 그 맛을 보아 스스로의 밝은 성품性品과 계합契合하면, 이것이 바로 마음 닦는 사람의 해오처解悟處이다. 다시금 계급과 점차漸次가 없으므로 돈頓이라 하는 것이니, 이른바 신인信因 가운데 제불諸佛의 과덕果德에 계합契合하여 털끝만큼이라도 다르지 않아야 바야흐로 정신正信을 이룬 것이다."

某解

진정견해眞正見解하여 그 맛에 이르면 해오처解悟處라 한다. 이는 곧 천망지견天網知見이라, 이로부터 대착大錯이 일지 않으니 정견正見이라 하는 것이다.

수심론修心論 第20目

해오解悟 후를 이를진대, 바람은 멎어도 물결은 높고, 이치理致는 밝으나 망념妄念을 막지 못한다.

問호대 既悟此理하야 更無階級인댄 何假後修하야 漸熏
문 기오차리 갱무계급 하가후수 점훈

漸成也잇가 答하사대 悟後漸修之義를 前已具說이어늘
점성야 답 오후점수지의 전이구설

而復疑情을 迷釋하니 不妨重說이로소니 汝須淨心하야
이복의정 미석 불방중설 여수정심

諦聽諦聽하라 凡夫가 無始曠大劫來로 至於今日히 流
체청체청 범부 무시광대겁래 지어금일 유

轉五道하야 生來死去에 堅執我相하야 妄想轉倒와 無
전오도 생래사거 견집아상 망상전도 무

明種習으로 久與成性일새 雖到今生하야 頓悟自性本
명종습 구여성성 수도금생 돈오자성본

來空寂하야 與佛無殊나 而此舊習을 卒難除斷故로 逢
래공적 여불무수 이차구습 졸난제단고 봉

逆順境에 瞋喜是非가 熾然起滅하야 客塵煩惱가 與前
역순경 진희시비 치연기멸 객진번뇌 여전

無異하니라 若不以般若로 加功着力이면 焉能對治無
무이 약불이반야 가공착력 언능대치무

明하야 得到大休大歇之地리오 如云頓悟雖同佛이나
명 득도대휴대헐지지 여운돈오수동불

多生習氣深이라 風停波尙湧하고 理現念猶侵이요
다생습기심 풍정파상용 이현념유침

釋 : 풀 석 諦 : 자세히 살필 체

학인學人이 여쭌다. "이미 이러한 이치를 깨달아 다시 계급이 없다면 어찌하여 오후悟後에 수행修行을 빌려 점차 훈습薰習하며 차차次次로 이루어 갑니까?"

스님이 답答하였다.

"깨달은 후에 점차 닦는다는 뜻을 앞에서 이미 모두 설했거늘 또 다시 의심을 풀지 못하는구나. 다시 설할 것이니 그대는 모름지기 마음을 깨끗이 하여 자세히 들으라."

스님이 이른다.

"범부가 비롯 없는 오랜 세월을 거쳐 오늘에 이르기까지 오도五道에 나고 죽고 하면서, 아상我相에 집착하여, 망상妄想으로 뒤바뀐 어리석은 온갖 버릇을 오랜 세월동안 성품性品으로 여겨 왔다. 비록 금생今生에 이르러 스스로의 성품이 본래 공적空寂하여 부처와 더불어 다름이 없음을 단박에 깨달았어도, 오래된 습習을 갑자기 끊어 없애기 어려우므로, 싫어하고 좋아하는 경계를 만나면 성내고 기뻐함과 시비是非와 분별分別이 불붙듯 일어나고 사라지나니, 객진客塵의 번뇌煩惱가 깨닫기 전과 다름이 없다. 만약 지혜智慧로써 공功을 더하고 힘을 보태지 않으면 어찌 능히 무명無明을 다스려, 크게 쉬고 쉰 경지境地에 이르겠는가! 그러므로 '문득 깨달아 성품이 비록 부처와 같다하나 다생多生의 습기習氣가 깊어, 바람은 멎어도 물결은 여전히 솟고, 이치는 밝으나 망념妄念은 오히려 침범한다.'고 하였다."

■ 某解

돈오頓悟 후라도 객진번뇌客塵煩惱는 깨닫기 전과 다르지 아니하다. 그러므로 육조께서 "진심眞心을 지키는 것이 시방의 부처를 섬기는 것보다 나으니라."하였다. 돈오頓悟 이후에 참다이 참선하여야 삼독三毒을 쉼 없이 쉴 줄을 알게 되는 것이다. 이른바 무수지수無修之修이다.

오후午後의 수행修行이라, 무념無念으로 종宗을 삼는다.
깨달은 뒤에도 모름지기 오랫동안 비추어 살펴, 망념妄念이 홀연히 일어나면 도무지 따르지 말고, 버리고 또 버려서 함이 없음無爲에 이르러야 바야흐로 비로소 구경究竟인 것이다.

又杲禪師云하사대 往往利根之輩가 不費夛力하고 打
우 고 선 사 운 왕 왕 이 근 지 배 불 비 다 력 타

發此事하면 便生容易之心하야 更不修治라가 日久月
발 차 사 변 생 용 이 지 심 갱 불 수 치 일 구 월

深하며 依前流浪하야 未免輪廻라하시니 則豈可以一期
심 의 전 유 랑 미 면 윤 회 즉 기 가 이 일 기

所悟로 便撥置後修耶아 故로 悟後에 長須照察하야 妄
소 오 변 발 치 후 수 야 고 오 후 장 수 조 찰 망

念이 忽起어든 都不隨之하고 損之又損하야 以至無爲하
념 홀 기 도 불 수 지 손 지 우 손 이 지 무 위

야사 方始究竟이니 天下善知識의 悟後牧牛行이 是也
방 시 구 경 천 하 선 지 식 오 후 목 우 행 시 야

니라 雖有後修나 已先頓悟하여 妄念이 本空하고 心性이
수 유 후 수 이 선 돈 오 망 념 본 공 심 성

本淨하야 於惡에 斷호대 斷而無斷이요 於善에 修호대 修
본 정 어 악 단 단 이 무 단 어 선 수 수

而無修라 此乃眞修眞斷矣니라 故로 云하사되 雖備修
이 무 수 차 내 진 수 진 단 의 고 운 수 비 수

萬行이나 唯以無念으로 爲宗이라하시니라
만 행 유 이 무 념 위 종

撥: 없앨 발 置: 버려둘 치

(一이어 말한다) 또한 대혜종고大慧宗杲선사가 이른다.

"간혹 영리한 무리들이 별로 힘들이지 않고 중생과 부처가 다르지 않음을 알게 되면 공부工夫를 쉽게 생각하여, 습習을 다스리지 않고 세월만 보내며 공부하기 전과 다름없이 휩쓸려 다니다가 결국 윤회輪回를 면치 못한다."

어찌 한 때의 깨달음에 자만하여 깨달은 이후의 수행修行을 팽개치겠는가. 그러므로 깨달은 뒤에도 모름지기 오랫동안 비추어 살펴, 망념妄念이 홀연히 일어나면 도무지 따르지 말고, 버리고 또 버려서(損之又損) 함이 없음에 이르러야(至於無爲) 바야흐로 비로소 구경究竟이니, 천하 선지식善知識의 깨달은 후의 목우행牧牛行이 이것이다. 비록 오후悟後의 수행修行이 있으나 이미 망념妄念이 본래 공空하고 심성心性이 본래 깨끗함을 문득 깨달았으므로, 악惡을 끊되, 끊어도 끊음이 없고, 선善을 닦되, 닦아도 닦음이 없으니, 이것이 참으로 닦음이요 참으로 끊음이다. 그러므로 이른다. '비록 만 가지 행을 갖추어 닦는다하더라도 오로지 무념無念으로 종宗을 삼는다.'

■ 某解

육조六祖스님이 "무념無念으로 종宗을 삼고, 무상無相으로 체體를 삼으며, 무주無住로써 본本을 삼는다." 함이 언교言敎의 정正이다. 망상심妄想心 없음이 무념無念이요, 진심眞心이 해맑게 드러나야 무상無相을 체증體證한 것이며, 망상심妄想心에 머무름이 없어야 무수無修의 수修에 나아간 것이다. 오悟와 오후悟後의 수행修行이 여기에 갖추어 있는 것이다. 무수無修의 수修는 선善과 악惡 밖의 일이라, 범부의 사량思量으로 헤아릴 수 있는 것이 아니다.

수심론修心論 第22目

어리석은 수행修行은 오래 앉아 몸과 마음을, 마치 돌로 풀을 누르듯이 하는 것이다.

圭峰이 總判先悟後修之義云하사대 頓悟此性이 元無
규 봉 총 판 선 오 후 수 지 의 운 돈 오 차 성 원 무

煩惱하고 無漏之性을 本自具足하야 與佛無殊인달하야
번 뇌 무 루 지 성 본 자 구 족 여 불 무 수

依此而修者는 是名最上乘禪이며 亦名如來淸淨禪
의 차 이 수 자 시 명 최 상 승 선 역 명 여 래 청 정 선

也라 若能念念修習하면 自然漸得百千三昧하리니 達
야 약 능 념 념 수 습 자 연 점 득 백 천 삼 매 달

摩門下에 展轉相傳者가 是此禪也라하시니 則頓悟漸
마 문 하 전 전 상 전 자 시 차 선 야 즉 돈 오 점

修之義가 如車二輪하야 闕一不可하니라 或者는 不知
수 지 의 여 거 이 륜 궐 일 불 가 혹 자 부 지

善惡性空하야 堅坐不動하고 捺伏身心을 如石壓草하
선 악 성 공 견 좌 부 동 날 복 신 심 여 석 압 초

야 以爲修心하나니 是大惑矣니라 故로 云하되 聲聞은 心
이 위 수 심 시 대 혹 의 고 운 성 문 심

心斷惑하나 能斷之心이 是賊이라
심 단 혹 능 단 지 심 시 적

闕: 없앨 궐 捺: 누를 날

(-이어 말한다) 규봉圭峰선사가 선오후수先悟後修의 뜻을 총판總判하여 이른다. "이 성품이 원래 번뇌煩惱가 없고 샘이 없는 지혜 성품을 본래 스스로 모두 갖추어 부처와 더불어 다름이 없음을

단박 깨닫고, 이에 의지하여 닦는 것을 바로 최상승선最上乘禪 또는 여래청정선如來淸淨禪이라 이름 한다. 만약 능히 생각마다 습習을 닦으면 저절로 백천삼매百千三昧를 차례로 얻을 것이니, 달마達磨문하에서 펴고 서로 전한 것이 바로 이 선禪이다."

즉 돈오頓悟와 점수漸修는 수레의 두 바퀴와 같아서 하나라도 빠져서는 아니 된다. 어떤 사람은 선악善惡의 성품이 공空함을 알지 못하여, 오래도록 앉아 움직이지 않고, 몸과 마음을 억압하여 굴복시킴을 마치 돌로 풀을 누르듯이 하는 것으로 수심修心을 삼는데, 이는 크게 어리석은 일이다. 그러므로 이른다. "성문聲聞은 생각마다 미혹迷惑을 끊으려 하지만, 끊으려 하는 마음이 바로 도적盜賊이다."

某解

공부工夫의 요체는 무심無心을 배워 통해하고 나아가 깨치는데 있다. 무심無心의 뜻을 통해通解하지 못하면 간경看經하고 좌선坐禪하여도 범부의 견해가 떠나지 않는 것이다. 범견凡見으로써 경논經論을 해석함에 무슨 이익이 있을 것인가? 무심無心이란 '마음이 없다'는 말이니 곧 망상심妄想心이 없다는 뜻이다. 망상심이란 모든 범부가 거처하는 중병처이다. 범부가 중병에 든 줄 알지 못하고, 여러 갈래 길에서 허둥대며 망념妄念따라 고집固執하여 갖은 고초를 겪기에, 불보살이 무심無心을 설하고, 무심無心의 노정路程을 보이며, 본원本源에 돌아가는 지름길을 가르치는 것이다.

그러나 대개의 범부는 무명無明의 업식業識이 두터워 무심無心의 설법說法을 듣고도 요해了解하지 못하므로 부득이 여러 가지 공부문工夫門을 두어 천천辿辿히 수용하고 이끄는 것이다. 무심無心을 통해通解함을 해오解悟라 하고, 무심無心을 증오證悟함을 돈오頓悟라 한다. 돈오頓悟 연후에 돈오점수頓悟漸修의 뜻을 깊이 볼 수 있는 것이다.

생각이 일어날 때 깨어라. 깨달은 즉 마음이 없느니라.

但諦觀殺盜淫妄이 從性而起하면 起卽無起라 當處
단 체 관 살 도 음 망 종 성 이 기 기 즉 무 기 당 처

便寂이니 何須更斷이리오 所以로 云하되 不怕念起하고
변 적 하 수 갱 단 소 이 운 불 파 염 기

唯恐覺遲하니라 又云하되 念起卽覺하라 覺之卽無라하니
유 공 각 지 우 운 염 기 즉 각 각 지 즉 무

라 故로 悟人分上에 雖有客塵煩惱나 俱成醍醐니 但
고 오 인 분 상 수 유 객 진 번 뇌 구 성 제 호 단

照惑無本하면 空華三界가 如風卷煙하고 幻化六塵이
조 혹 무 본 공 화 삼 계 여 풍 권 연 환 화 육 진

如湯消氷하니라
여 탕 소 빙

怕 : 두려워할 파

(-이어 말한다) 단지 살도음망의 생각이 성품에서 일어남을 자세히 관觀하면 일어나도 일어남이 없어서 당처가 고요하니, 어찌 다시 끊을 것이 있겠는가. 따라서 이르되 '생각 일어남을 두려워 말고, 다만 늦게 알까 두려워하라'고 하였다. 또 이르되 "생각이 일어날 때 깨달아라. 깨달은 즉 없느니라."라고 하였다. 그러므로 깨달은 사람에게는 비록 객진번뇌客塵煩惱가 있다하나 모두 제호醍醐가 되니, 단지 망념妄念에 뿌리가 없음을 밝게 알면, 헛된 삼계三界가 마치 바람에 날리는 연기와 같고, 허깨비 육진六塵이 마

치 끓는 물속의 녹는 얼음과 같다.

某解

밖으로 세상을 잊고, 안으로 정념이 고요한 연후에 생각을 두려워 말고, 선정禪定에서 생각이 일어날 때 깨쳐야 하는 것이다.

선정禪定과 지혜智慧를 고루 닦으면, 죄업이 절로 없어지고, 수행의 공이 절로 증진한다.

若能如是念念修習하되 不忘照顧하고 定慧等持하면
약능여시념념수습 불망조고 정혜등지

則愛惡가 自然淡薄하고 悲智가 自然增明하며 罪業이
즉애오 자연담박 비지 자연증명 죄업

自然斷除하고 功行이 自然增進하야 煩惱盡時에 生死
자연단제 공행 자연증진 번뇌진시 생사

卽絶이라 若微細流注가 永斷하고 圓覺大智가 朗然獨
즉절 약미세류주 영단 원각대지 낭연독

存하면 卽現千百億化身하야 於十方國中에 赴感應機
존 즉현천백억화신 어십방국중 부감응기

호미 似月現九霄에 影分萬水하야 應用無窮하며 度有
사월현구소 영분만수 응용무궁 도유

緣衆生하고 快樂無憂하리니 名之爲大覺世尊이니라
연중생 쾌락무우 명지위대각세존

赴: 나아갈 부

(-이어 말한다) 만약 이와 같이 능히 생각 생각에 습習을 닦되, 돌이켜 비춤을 잊지 않고, 선정禪定과 지혜智慧를 고루 닦으면, 곧 좋아하고 싫어하는 마음이 절로 엷어지고, 자비심과 지혜가 절로 더하고 밝아지며, 죄업罪業이 절로 끊겨 없어지고, 수행修行의 공이 절로 증진하여, 번뇌煩惱가 다할 때에 곧 생사生死가 끊어지는 것이다. 만약 미세번뇌微細煩惱마저 아주 끊어지고, 원각

대지圓覺大智가 홀로 우뚝 밝으면, 곧 천백억 화신化身으로 시방十方세계에 나아가 기틀에 따라 응함이 마치 하늘에 달이 나타남에 일만 강에 그 그림자를 나투는 것처럼 응용이 끝이 없으며, 인연 있는 중생을 제도하고, 쾌락하여 근심이 없으니, 이름하야 대각세존大覺世尊이라 한다.

마음은 다만 공적空寂과 영지靈知 두 마디이다.

問호대 後修門中에 定慧等持之義를 實未明了로소니
문 후수문중 정혜등지지의 실미명요
更爲宣說하사 委示開迷하사 引入解脫之門하소서 答하
갱위선설 위시개미 인입해탈지문 답
사대 若說法義인댄 入理千門이 莫非定慧이나 取其綱
약설법의 입리천문 막비정혜 취기강
要컨댄 則但自性上에 體用二義니 前所謂空寂靈知가
요 즉단자성상 체용이의 전소위공적영지
是也라 定是體요 慧是用也니라 卽體之用故로 慧不
시야 정시체 혜시용야 즉체지용고 혜불
離定하고 卽用之體故로 定不離慧니라 定則慧故로 寂
리정 즉용지체고 정불리혜 정즉혜고 적
而常知하고 慧則定故로 知而常寂이니라
이상지 혜즉정고 지이상적

학인이 여쭌다. "선오후수문에 선정禪定과 지혜智慧를 고루 닦는다는 뜻을 분명히 알지 못하니, 다시 자세히 설하시어 저의 미혹을 열어 해탈문에 들게 해 주십시오."

스님이 답答하였다.

"법의法義를 말하자면 진리에 들어가는 천 가지 문이 모두 정혜定慧아님이 없으나, 그 요점을 든다면 다만 자성自性의 체용體用 두 마디이니, 앞에서 말한 공적空寂과 영지靈知가 이것이다.

정定이 곧 체體요, 혜慧가 곧 용用이다. 체에 즉한 용이므로 혜가 정을 여의지 않고, 용에 즉한 체이므로 정이 혜를 여의지 않는다. 정定이 곧 혜慧이므로 고요하면서 항상 깨어있고, 혜慧가 곧 정定이므로 깨어 있으면서 항상 고요하다."

수심론修心論 第26目

차遮와 조照가 둘이 아니다. 돈문頓門의 수행자가 정혜定慧를 쌍雙으로 닦는 것이다.

如曹溪云하사대 心地無難이 自性定이요 心地無癡가
여조계운 심지무난 자성정 심지무치

自性慧라하시니라 若悟如是하야 任運寂知하야 遮照無
자성혜 약오여시 임운적지 차조무

二하면 則是爲頓門箇者의 雙修定慧也니라 若言先以
이 즉시위돈문개자 쌍수정혜야 약언선이

寂寂으로 治於緣慮하고 後以惺惺으로 治於昏住라하야
적적 치어연려 후이성성 치어혼주

先後對治하야 均調昏亂하나니 以入於靜者는 是謂漸
선후대치 균조혼란 이입어정자 시위점

門劣機의 所行也라 雖云惺寂等持나 未免取靜爲行
문열기 소행야 수운성적등지 미면취정위행

이니 則其爲了事人은 不離本寂本知니 任運雙修者
즉기위요사인 불리본적본지 임운쌍수자

也리오
야

(-이어 말한다) 육조六祖 혜능慧能스님께서 말씀하였다. "마음에 어지러움 없음이 자성自性의 정定이요, 마음이 어리석지 않음이 자성自性의 혜慧이다." 깨달음이 이와 같다면, 경계에 자재하며 고요히 깨어 차遮와 조照가 둘이 아니니, 바로 이것이 돈문頓門의 수행자가 정혜定慧를 쌍双으로 닦는 것이다. 만약 먼저 적적寂寂

으로 망념妄念을 다스린 뒤에 성성惺惺으로 혼침昏沈을 다스린다 하면서, 적적寂寂공부와 성성惺惺공부에 선후先後를 두어 따로 다스리고, 망념妄念을 진정鎭靜시킴으로써 깨달음에 들려고 하는 것은 점문漸門의 하열한 근기가 행하는 것이다.

비록 성적惺寂을 같이 닦는다고 하지만 정靜하려는 생각에 사로잡힌 수행을 면치 못하는 것이니, 어찌 본래 공적空寂과 본래 영지靈知를 떠나서, 경계에 자재하며 정혜定慧를 쌍雙으로 닦아 요사인了事人이 되겠는가?

某解

자성自性에 어지러운 정념情念이 일지 않는 것이 선정禪定이요, 자성自性이 정념情念에 속지 않음을 지혜智慧라 한다. 그러나 선정禪定과 지혜智慧는 하나의 두 이름일 뿐, 다른 물건이 아니다. 선지식善知識이 자성自性을 설함에 부득이 선정禪定과 지혜智慧로 나누어 설명하는 것이다. 범부가 공부를 지음에는 반드시 어지러움를 먼저 다스린 연후에 정습情習을 쉬어 자성自性에 계합契合하는 까닭이다.

그러나 자성自性은 본래로 해맑아 선정禪定이란 말이 닿지 아니하나니, 자성自性의 당체가 청정대광명淸淨大光明이라 지혜智慧라는 설명도 군더더기라 할 것이다. 자성이 본래 청정각체淸淨覺體라 함은 범부가 본래 부처라는 설명이다. 그러하나 범부가 각覺을 구해 각覺을 이룰지니, 필경에 그 각覺함을 쉬어 지우는 것은 각覺을 이룬 뒤의 경계를 이르는 가르침이다.

그러므로 성적등지문惺寂等持門은 성惺과 적寂의 천연지天然知로써 비추나니, 차遮와 조照가 둘이 아니다. 천연지天然知가 바로 자성自性의 무용無用의 대용大用인 공적영지空寂靈知이다. 공적영지空寂靈知는 신회神會의 말이요, 본적본지本寂本知는 규봉圭峰의 말이다.

수심론修心論 第27目

깨친 이의 수행은 다툼이 없고, 생각 생각에 앎이 없다.

故로 曹溪云하사대 自悟修行은 不在於諍이니 若諍先
고 조계운 자오수행 부재어쟁 약쟁선
後하면 卽是迷人이라하시니라 則達人分上에 定慧等持
후 즉시미인 즉달인분상 정혜등지
之義는 不落功用하고 元自無爲하야 更無特地時節이
지의 불낙공용 원자무위 갱무특지시절
라 見色聞聲時에도 但伊麼하고 若衣喫飯時에도 但伊
견색문성시 단이마 약의끽반시 단이
麼하고 屙屎送尿時에도 但伊麼하고 對人接話時에도 但
마 아시송뇨시 단이마 대인접화시 단
伊麼하며 乃至行走坐臥와 或語或默과 或喜或怒하는
이마 내지행주좌와 혹어혹묵 혹희혹노
一切時中에 一一如是하야 似虛舟駕浪에 隨高隨下하
일체시중 일일여시 사허주가랑 수고수하
고 如流水轉山에 遇曲遇直하야 而心心無知요
여류수전산 우곡우직 이심심무지

屙 : 뒷간 갈 아　駕 : 탈 가

그러므로 혜능스님께서 말씀하시되 "스스로 깨달아 수행함에는 다툼이 있지 않으니, 만약 선후先後를 다툰다면 곧 미혹한 사람이다." 라고 하였다. 즉 깨달은 사람이 정혜定慧를 함께 닦음에 그 공용에 집착하지 않고 원래 스스로 함이 없어 다시 특별한 장소나 때를 가리지 않는다. 보고 들을 때도 다만 이러하고, 옷 입

고 밥 먹을 때도 다만 이러하고, 대소변 볼 때도 다만 이러하고, 사람을 만나 대화할 때도 다만 이러하고, 내지는 행주좌와行走坐臥할 때와 말하거나 침묵할 때, 기뻐하거나 화를 내는 일체 시時에도 날날이 이와 같아서, 흡사 빈 배가 물결 따라 오르내리듯 하고, 마치 흐르는 물이 산을 만나 돌아가거나 굽게 흐름에 맡기나니, 생각 생각에 앎이 없다.

무심無心에 계합하면 능소能所가 끊어져 한 생각에 정情이 없나니, 어찌 인연을 잊으려 하겠는가?

今日騰騰任運하고 明日任運騰騰하야 隨順衆緣호대
금일등등임운 명일임운등등 수순중연
無障無碍하며 於善於惡에 不斷不修하야 質直無僞하
무장무애 어선어악 부단불수 질직무위
야 視聽이 尋常이라 則絶一塵而作對이니 不假忘緣之
시청 심상 즉절일진이작대 불가망연지
力이어니와 然이나 障濃習重하고 觀劣心浮하며 無明之力
력 연 장농습중 관열심부 무명지력
은 大하나 般若之力은 小하야 於善惡境界에 未免被動
대 반야지력 소 어선악경계 미면피동
靜互換하고 心不恬淡者는 不無忘緣遣蕩工夫矣니라
정호환 심불념담자 불무망연견탕공부의

遣: 놓아줄 견 蕩: 쓸어버릴 탕 假: 빌릴 가

오늘도 무심無心으로 인연因緣을 따르고, 내일도 인연에 무심無心하여, 온갖 인연因緣을 따르되 막히거나 걸림이 없으며, 선善과 악惡을 끊으려 하지 않고 닦으려 하지도 않으며, 솔직하고 거짓이 없어 보고 들음에 늘 무심無心하다. 곧 한 생각에 능소能所가 끊어졌으니 어찌 수고로이 생각을 쓸어 없애려고 애쓸 것이며, 한 생각에 정情이 없으니 어찌 인연因緣을 잊으려고 노력하겠는가? 그러나 업장業障이 두텁고 버릇이 무거우며, 소견所見이 용렬

하고 마음은 들뜨며, 어리석은 집착執着은 강한데 지혜智慧의 힘은 작아서 선악의 경계를 만나면 동정이 서로 뒤바뀜을 면하기 어렵고, 마음이 담담淡淡하지 못한 사람은 반연攀緣을 잊고 쉬는 공부를 하지 않으면 아니 된다.

생각 생각이 무념無念에 돌아가면, 연緣을 만나매 마음이 도道에 절로 합하는 것이다.

如云하되 六根이 攝境하야 心不隨緣을 謂之定이요 心
여운 육근 섭경 심불수연 위지정 심

境俱空하야 照鑑無惑을 謂之慧라하니라 此雖隨相門
경구공 조감무혹 위지혜 차수수상문

定慧라 漸門劣機의 所行也나 對治門中에 不可無也
정혜 점문열기 소행야 대치문중 불가무야

니 若悼擧熾誠커든 則先以定門으로 稱理攝散하야 心
약도거치성 즉선이정문 칭리섭산 심

不隨緣하야 契乎本寂하고 若昏沈이 尤多어든 則次以
불수연 계호본적 약혼침 우다 즉차이

慧門으로 擇法觀空하야 照鑑無惑하야 契乎本知니라
혜문 택법관공 조감무혹 계호본지

以定으로 治乎亂想하고 以慧로 治乎無記하야 動靜相
이정 치호난상 이혜 치호무기 동정상

이 亡하면 對治功이 終하나니 則對境而念念歸宗하고 遇
망 대치공 종 즉대경이념념귀종 우

然而心心契道하나니라 任運雙修하면 方爲無事人이니
연이심심계도 임운쌍수 방위무사인

若如是면 則眞可爲하되 定慧等持하야 明見佛性者
약여시 즉진가위 정혜등지 명견불성자

也니라
야

掉 : 흔들 도 熾 : 성할 치

이른바 "육근六根이 경계를 대함에 마음이 연緣을 따르지 아니함을 정定이라 하고, 마음과 경계가 다 공空하여 미혹迷惑이 본래 없음을 비추어 봄을 혜慧라 한다."고 하였다. 이것이 비록 상문相門의 정혜定慧를 따르는 공부로써 점문漸門의 하열下劣한 근기의 수행이지만, 근기에 맞추어 다스리는 방편으로써 버릴 수 없다.

만일 정념情念이 요동하여 치성熾盛하면 먼저 정문定門으로 이치에 따라 산란散亂을 거두어 마음이 연緣을 따르지 않으면 본적本寂에 계합契合하고, 만약 혼침昏沈이 아주 많으면 지혜智慧로써 법을 삼아 공관空觀하여 미혹迷惑이 본래 없음을 비추어 본지本知에 계합契合한다.

정定으로써 어지러운 생각을 다스리고, 혜慧로써 무기無記를 다스려, 동정動靜하는 모습에 끌려가지 않으면 경계境界에 따라 다스리는 공부가 다할 것이니, 곧 경계境界를 대할 때마다 생각 생각이 무념無念으로 돌아가고, 연緣을 만남에 마음 마음이 도道에 계합한다. 경계境界에 자재自在하여 정혜定慧를 쌍으로 닦는다면 바야흐로 무사인無事人이니, 만약 이와 같다면 진실로 정혜定慧를 고루 닦아 불성佛性을 밝게 본 사람이라 할 수 있다.

某解

초학인初學人은 먼저 공리空理를 배워 공관空觀으로써 간경看經 묵좌默坐하여야 한다. 힘써 노력하면 절로 밝아져 무심無心에 계합契合하는 때가 있을 것이다.

공부는 장원심長遠心을 지니되, 뒤로 물러남이 없는 힘이 서야 필경畢竟에 자기自己의 본래면목本來面目을 만나게 되는 것이다. 이때의 만남을 만남 아닌 만남이라 해 두자.

그러나 마음이 담담淡淡하지 못한 사람은 반연攀緣을 잊고 쉬는 공부를 하지 않으면 아니 된다.

자성自性을 밝히면 문득 마음과 경계가 없다.

問호대 據汝所判컨댄 悟後修門中에 定慧等持之義가
문 거여소판 오후수문중 정혜등지지의

有二種하니 一은 自性之定慧요 二는 隨相之定慧라 曰
유이종 일 자성지정혜 이 수상지정혜 왈

自性門則任運寂知하야 元自無爲하야 絶一塵而作
자성문즉임운적지 원자무위 절일진이작

對어니 何勞遣蕩之功이며 無一念而生情이라 不假忘
대 하로견탕지공 무일념이생정 불가망

緣之力이라하야 判云호대 此是頓門箇者의 不離自性하
연지력 판운 차시돈문개자 불리자성

고 定慧等持也요 定慧요 二는 隨相定慧라 隨相門則
정혜등지야 정혜 이 수상정혜 수상문즉

曰 稱理攝散하며 擇法觀空하야 均調昏亂하야 以入無
왈 칭리섭산 택법관공 균조혼란 이입무

爲라하시고 判云하사대 此是漸門劣機의 所行也라 是故
위 판운 차시점문열기 소행야 시고

判云하사대 此是漸門劣機의 所行也라
판운 차시점문열기 소행야

학인이 묻는다. "말씀하신 바에 의거해 판단컨대, 선오후수문先悟後修門 중에도 정혜定慧를 고루 닦는 뜻이 두 가지가 있으니, 하나는 자성自性의 정혜定慧요, 또 하나는 상相에 따른 정혜定慧입니다."

스님이 이른다. "자성문自性門은 곧 생각마다 고요하고 밝아 원래 스스로 함이 없어, 경계를 대함에 상대적인 생각이 본래로 끊어졌으니 어찌 수고로이 쓸어 없애려 할 것이며, 한 생각도 정념情念을 일으키지 않으니 연緣을 잊으려 헛되이 애쓸 것이 없다. 이는 돈문頓門의 뛰어난 근기가 자성自性을 여의지 않고 정혜定慧를 고루 닦는 것이다. 수상문隨相門은 곧 이치를 밝혀 산란을 거두어 잡고, 이 법에 의지해 일체의 명상名相이 본래 공空함을 관하여 혼침昏沈과 산란散亂을 고루어 무위無爲에 든다. 이는 점문漸門의 하열下劣한 근기根機가 하는 공부이다."

■ 某解

지눌知訥스님이 이문二門을 두어 자성정혜문自性定慧門과 수상정혜문隨相定慧門을 설한다. 자성정혜문自性定慧門은 개오開悟 후의 공부라, 생각마다 고요하고 밝아 원래 스스로 함이 없어, 경계를 대함에 상대적인 생각이 본래로 끊어졌으니 곧 무수지수無修之修의 공부지음이요, 수상정혜문隨相定慧門은 해오측지解悟測知의 공부라, 궁리窮理로써 수습收拾하여 공관空觀으로 닦는 공부이니 유수지수有修之修의 공부지음이다. 다시 말해 자성정혜문自性定慧門은 돈오頓悟 후의 성성무위惺惺無爲를 닦음이요, 수상정혜문隨相定慧門은 측지測知로써 무위無爲를 향함이니 유위有爲의 수상隨相으로 닦음을 삼는 것이다. 황벽스님에 의하면 수만의 수행자 가운데 오륙 인이 자성정혜문自性定慧門에 거닌다고 한다. 그

나머지는 모두가 수상정혜문隨相定慧門에 거처하는 것이다.

뒷사람이 월분과도하여 수상정혜문隨相定慧門을 궁리로 비평함이 보이나 그 소견이 편벽되다.

수심론修心論 第31目

돈문頓門의 닦을 바 없이 닦는 공부로써 마음과 경계를 함께 여의나니, 스스로 자성自性을 닦아 스스로 불도佛道를 이루는 사람이다.

就此兩門定慧하야 不無疑焉호니 若言一人所行也인
취 차 양 문 정 혜 불 무 의 언 약 언 일 인 소 행 야

댄 爲復先依自性門하야 定慧雙修然後에 更用隨相
위 부 선 의 자 성 문 정 혜 쌍 수 연 후 갱 용 수 상

門對治之功耶아 爲復先依隨相門하야 均調昏亂然
문 대 치 지 공 야 위 부 선 의 수 상 문 균 조 혼 란 연

後에 以入自性門耶아 若先依自性定慧하면 則任運
후 이 입 자 성 문 야 약 선 의 자 성 정 혜 즉 임 운

寂知하니 更無對治之功이라 何須更取隨相門定慧
적 지 갱 무 대 치 지 공 하 수 갱 취 수 상 문 정 혜

耶리오 如將皓玉하야 彫文喪德이요 若先以隨相門定
야 여 장 호 옥 조 문 상 덕 약 선 이 수 상 문 정

慧로 對治功成然後에 趣於自性門하면 則宛是漸門
혜 대 치 공 성 연 후 취 어 자 성 문 즉 완 시 점 문

中劣機의 悟前漸熏也니 豈云頓門箇者의 先悟後修
중 열 기 오 전 점 훈 야 기 운 돈 문 개 자 선 오 후 수

하야 用無功之功也리오 若一時無前後라면 則二門定
용 무 공 지 공 야 약 일 시 무 전 후 즉 이 문 정

慧가 頓漸이 有異하니 如何一時並行也리오 則頓門箇
혜 돈 점 유 이 여 하 일 시 병 행 야 즉 돈 문 개

者는 依自性門하야 任運亡功하고 漸門劣機는 趣隨相
자 의 자 성 문 임 운 망 공 점 문 열 기 취 수 상

門하야 對治勞功이니 二門之機의 頓漸이 不同하고 優
문 대 치 노 공 이 문 지 기 돈 점 부 동 우

劣이 皎然이어늘 云何先悟後修門中에 並釋二種耶아
열 교연 운하선오후수문중 병석이종야

請爲通會하사 令絶疑情케하소서
청위통회 영절의정

皓: 흴 호 皎: 밝을 교

학인學人이 또 묻는다. "이 두 문門의 정혜定慧에 대하여 의심이 없지 않습니다. 만약 어떤 이가 수행修行한다고 할 때 먼저 자성문自性門에 의지해 정혜定慧를 함께 닦은 후에 다시 수상문隨相門의 근기根機에 따른 점수漸修의 방편을 써야합니까? 아니면 먼저 수상문隨相門에 의지해 혼침과 산란을 고른 연후에 자성문自性門의 공부에 들어가야 합니까?. 만약 먼저 자성自性의 정혜定慧에 의지하여 수행한다면, 마음 가는대로 고요히 비추어 알아서, 다시 근기根機에 따른 점차漸次의 공부가 필요하지 않을 것이니, 어찌 또 수상문隨相門의 정혜定慧를 취할 까닭이 있겠습니까? 이는 깨끗한 옥에 무늬를 새겨 오히려 그 옥을 상하게 하는 것과 같습니다. 만약 먼저 수상문隨相門의 정혜定慧로 다스려 공을 이룬 연후에 자성문自性門에 나아가는 것이라면, 이는 점수문漸修門의 둔한 근기가 깨닫기 전에 점차漸次로 닦아 익히는 것이니, 어찌 돈문頓門의 뛰어난 근기根機가 닦을 바 없이 닦는 선오후수先悟後修라 하겠습니까? 만약 일시에 닦아서 전후前後가 없는 것이라면, 두 문門의 정혜定慧가 돈점頓漸이 다른데 어찌 일시에 한꺼번에 닦을 수 있겠습니까? 곧 돈문頓門의 뛰어난 근기根機는 자성문自性門에 의지하여 자재한 마음으로 닦을 바 없이 닦고, 점문頓

門의 둔한 근기根機는 수상문隨相門에 나아가 혼침昏沈과 산란散亂을 수고롭게 다스리니, 두 문門의 공부에 돈점頓漸이 같지 않고 우열優劣이 확연한데, 어찌 선오후수문先悟後修門에다 또다시 두 가지를 더하여 설하십니까? 청컨대 통회通會하여 의심을 끊게 해 주십시오."

答하사대 所釋이 皎然이어늘 汝自生疑로다 隨言生解하면
답 소석 교연 여자생의 수언생해

轉生疑惑이요 得意忘言不勞致詰이니라 若就兩門하야
전생의혹 득의망언불노치힐 약취양문

各判所行하면 則修自性定慧者는 此是頓門에 用無
각판소행 즉수자성정혜자 차시돈문 용무

功之功하야 竝運雙寂하나니 自修自性하야 自成佛道
공지공 병운쌍적 자수자성 자성불도

者也요 修隨相門定慧者는 此是未悟前漸門劣機라
자야 수수상문정혜자 차시미오전점문열기

用對治之功하야 心心斷惑하야 取靜爲行者이니 而此
용대치지공 심심단혹 취정위행자 이차

二門所行에 頓漸이 各異하니 不伽叅亂也이니라 然이나
이문소행 돈점 각리 불가참란야 연

悟後修門中에 兼論隨相門中對治者는 非全取漸機
오후수문중 겸론수상문중대치자 비전취점기

所行也라 取其方便하야 假道託宿而已니라 何故오 於
소행야 취기방편 가도탁숙이이 하고 어

此頓門에도 亦有機勝者하며 亦有機劣者하야 不可一
차돈문 역유기승자 역유기열자 불가일

例로 判其行李也니라
예 판기행리야

李 : 다스릴 리

스님이 답答하였다.

"명백하게 설했으나 그대가 스스로 의심을 내는구나. 말을 좇아 이해하려 하면 도리어 의혹이 생기고, 뜻을 얻고 말을 잊는다면 수고로이 따질 것이 없다. 두 문門의 공부를 각기 말하자면, 곧 자성自性의 정혜定慧를 닦는 이는 바로 돈문頓門의 닦을 바 없이 닦는 공부로써 마음과 경계를 함께 여의나니, 스스로 자성自性을 닦아 스스로 불도佛道를 이루는 사람이다. 수상문隨相門의 정혜定慧를 닦는 이는 깨닫기 전의 점차로 닦는 둔한 근기로써 혼침과 산란을 다스림에 생각생각 미혹迷惑을 끊고 고요함을 취하여 수행으로 삼는 이이니, 이 두 문의 수행에 돈점頓漸이 각기 다르므로 혼동해서는 안 된다. 그러나 오후수행문悟後修行門 가운데에 겸하여 수상문隨相門의 대치법對治法을 말한 것은 점차로 닦는 둔근鈍根의 수행법만을 취하려는 것이 아니고, 방편으로 그 방법을 빌려 의탁한 것일 뿐이다. 왜냐하면 이 돈문頓門에도 또한 근기根機가 뛰어난 이가 있고 둔鈍한 이도 있어서, 한 가지만으로는 그 사람에게 맞는 수행법修行法을 정할 수 없기 때문이다."

某解

대저 수행자 가운데 스스로 자기의 근기根機를 높게 여기는 무리가 있다. 스스로를 높게 여기기에 불법佛法의 요체要諦를 통해通解하지 못하면서 곧바로 참선參禪에 들어 화두話頭를 든다. 다만 그러하니 어찌 병통病痛이 심하지 않겠는가? 병통病痛인 줄 알고서도 고치지 않으면 더욱 심하다고 하지 않겠는가?

사교입선捨教入禪이란 불법佛法의 핵심核心을 통해通解한 연후에 가可하다. 버림이란 문자文字의 통해通解를 여의고 진체眞體를 드러내고자함이다. 둔근鈍根이 무작정 화두話頭 들고 씨름하는 기개는 가상嘉祥하나 대개가 화두의 노예가 되고 상기병上氣病을 더할 따름이다. 어찌 안타깝지 아니한가? 불법의 대의를 통해通解한 연후에 문자文字를 버릴 수 있고, 문자文字를 여의고 통명通明한 이후에 진체眞體가 드러나는 것이다.

그러한 연후에 돈오頓悟의 맛을 보고 돈오頓悟 이후의 공부에 눈이 열리는 것이다. 그러므로 미혹迷惑한 이는 돈오頓悟 이후의 도리道理를 미혹迷惑으로 헤아리지 않아야 하는 것이다.

고요히 밝은 이는 천진天眞하여 지음妄作이 없나니, 동動과 정靜에 항상 선禪이다.

若煩惱淡薄하고 身心이 輕安하야 於善에 離善하고 於惡
약 번 뇌 담 박 신 심 경 안 어 선 이 선 어 악

에 離惡하야 不動八風하고 寂然三受者는 依自性定慧
이 악 부 동 팔 풍 적 연 삼 수 자 의 자 성 정 혜

하야 任運雙修하야 天眞無作하니 動靜常禪이라 成就自
임 운 쌍 수 천 진 무 작 동 정 상 선 성 취 자

然之理어니 何假隨相門對治之義也리오 無病에 不求
연 지 리 하 가 수 상 문 대 치 지 의 야 무 병 불 구

藥이요 雖先頓悟나 煩惱濃厚하고 習氣堅重하야 對境
약 수 선 돈 오 번 뇌 농 후 습 기 견 중 대 경

而念念生情하고 遇然而心心作對하야 彼他昏亂의 使
이 념 념 생 정 우 연 이 심 심 작 대 피 타 혼 란 사

殺하니라 昧却寂知常然者는 卽借隨相門定慧하야 不
살 매 각 적 지 상 연 자 즉 차 수 상 문 정 혜 불

忘對治하고 均調昏亂하야 以入無爲함이 卽其宜矣니라
망 대 치 균 조 혼 란 이 입 무 위 즉 기 의 의

三受삼수 ; 苦 · 樂 · 不苦不樂

(–이어 말한다) "만약 번뇌가 탁하거나 두텁지 않고 심신心身이 가볍고 편안하여, 선善에서 선善을 여의고 악惡에서 악惡을 여의어, 온갖 정념情念을 내지 않고, 삼수(三受 ; 苦 樂 不苦不樂)에 고요히 밝은 사람은 자성自性의 정혜定慧에 의지하여 뜻대로 쌍雙으

로 닦아, 천진天眞하여 지음이 없나니, 동정動靜에 항상 선禪이다.

이는 본래 그러한 도리를 성취한 것이니 어찌 수상문隨相門의 대치법對治法을 빌릴 까닭이 있겠는가. 병病이 없으면 약藥을 구함이 없는 것이다.

비록 먼저 깨달았다 하더라도 번뇌가 두텁고 습기習氣가 무거워, 경계境界를 대함에 생각마다 정情을 내고, 연緣을 만나면 마음마다 상대적 견해를 지어 혼침昏沈과 산란散亂에 빠져서 생사生死의 부림을 받는다. 본래의 항상한 공적영지空寂靈知에 미혹迷惑한 자는 곧 수상문隨相門의 정혜定慧를 빌어 다스릴 것을 잊지 말고, 혼침昏沈과 산란散亂을 고루어 무위無爲에 나아가야 함이 마땅하다. –"

某解

온갖 정념情念을 내지 않고, 고苦 락樂 불고불락不苦不樂에 고요히 밝은 사람은 자성自性의 선정禪定과 지혜智慧에 의지하여 뜻대로 쌍雙으로 닦으므로 천진天眞하여 지음妄作이 없다. 이러한 이는 상상上上의 근기根機라 어묵동정語默動靜에 항상 선禪이다.

그러나 잡념雜念이 무시無時로 나타나서 산란散亂이 그치지 아니하는 이는 부득이 수상문隨相門에 의지해서 닦아야 한다.

수상문隨相門에서 돈오頓悟하여도 자성문自性門의 돈오頓悟와 오悟의 내용에 차이差異가 없다. 다만 잡념雜念의 산란散亂함이 거친 이는 방편의 수상문隨相門으로 공부하는 것이 바른 길이다.

단박에 깨치면 열근劣根의 점수漸修수행에 빠지지 아니한다. 그러므로 깨치기 전의 수행은 참수행이 아니다.

雖借對治工夫하야 暫調習氣나 以先頓悟하여 心性이
수차대치공부 잠조습기 이선돈오 심성
本淨하고 煩惱가 本空故로 即不落漸門劣機의 汚染
본정 번뇌 본공고 즉불락점문열기 오염
修也니라 何者오 修在悟前則雖用功不忘하야 念念熏
수야 하자 수재오전즉수용공불망 념념훈
修나 着着生疑하야 未能無碍하매 如有一物이 碍在胸
수 착착생의 미능무애 여유일물 애재흉
中하야 不安之相이 常現在前이라가 日久月深하야 對治
중 불안지상 상현재전 일구월심 대치
功熟하면 則身心客塵이 恰似輕安하리니 雖復輕安이나
공숙 즉신심객진 흡사경안 수부경안
疑根未斷하매 如石壓草하야 猶於生死界에 不得自在
의근미단 여석압초 유어생사계 부득자재
니라 故로 云修在悟前이 非眞修也라하노라
고 운수재오전 비진수야

(―이어 말한다) "비록 대치법에 의지한 공부로 잠시 습기習氣를 고른다고 하지만, 먼저 심성心性이 본래 깨끗하고 번뇌가 본래 비었음을 단박 깨달았으므로, 점문열기漸門劣機의 모습 있는 수행에 떨어지지는 않는다.

깨닫기 전의 수행은 어떤가. 비록 공부를 잊지 않고 생각 생각에 익히고 닦지만, 생각마다 집착하여 의심이 생기고 장애障礙를 없애지 못함이 마치 가슴 속에 덩어리가 맺힌 것 같아 늘 불안하다가, 오랜 세월을 지나 대치하는 공부가 익숙해지면 온갖 경계를 대함에 흡사 편안한 듯하다.

그러나 비록 편안하지만 의심의 뿌리가 끊어지지 않은 것이 마치 돌로 풀을 눌러 놓은 것과 같아, 오히려 생사경계生死境界에서 자재하지 못하게 된다. 그러므로 깨닫기 전의 수행은 참 수행이 아니라고 하는 것이다."

▮ 某解

수행修行에는 오전수행悟前修行과 오후수행悟後修行의 두 길이 있다. 깨치기 전에는 범부의 잡상雜想과 견해見解와 버릇情習이 간섭하여 뜻은 곧질러 가고자하나 스스로의 잡상雜想과 견해見解와 버릇情習이 판단의 집을 지어 필요한 만큼의 결정과 노력에서 벗어나기 어렵다. 그런 까닭에 염불念佛과 간경看經과 사띠의 수행, 혹은 간화선看話禪을 정일精一히 하여 삼매三昧에 들기를 권하는 것이다.

깨친 후의 수행修行은 마음이 없음無心을 한결같이 보기에 전성前聖의 말씀을 잘 알며, 자성自性이 역역고명歷歷孤明하게 현전現前하므로 닦음 없이 닦는無修而修의 도리道理에 절로 합하는 것이다. 그리하여 보살菩薩의 수행에 나아가 그 경지境地의 높고 낮음을 보고 나아가는 것이다. 고로 깨친 이의 수행은 세상을 벗어났기에 범부의 잡상雜想과 견해見解가 없다. 늘 깨어있으면서 다만 무시無始로 익혀온 정습情習을 지우는 것이다.

오전悟前의 수행修行은 약간의 힘을 얻어도 의심疑心을 지우지 못해 허대지만, 오후悟後의 수행修行은 무심無心에 거처하므로 장애障礙가 끊어져 통연명백洞然明白한 것이다.

깨친 이는 비록 다스림의 방편은 있으나, 생각 생각에 의심疑心이 없어, 모습 있는 수행修行에 떨어지지 않는다.

悟人分上에는 雖有對治方便이나 念念無疑하야 不落
오 인 분 상 수 유 대 치 방 편 념 념 무 의 불 낙
汚染하며 日久月深하면 自然契合天眞妙性하야 任運
오 염 일 구 월 심 자 연 계 합 천 진 묘 성 임 운
寂知하야 念念攀緣一切境하되 心心永斷諸煩惱하야
적 지 념 념 반 연 일 체 경 심 심 영 단 제 번 뇌
不離自性하며 定慧等持하야 成就無上菩提하야 與前
불 리 자 성 정 혜 등 지 성 취 무 상 보 여 전
機勝者로 更無差別하니라 則隨相門定慧가 雖是漸機
기 승 자 갱 무 차 별 즉 수 상 문 정 혜 수 시 점 기
所行이나 於悟人分上에는 可謂點鐵成金이라 若知如
소 행 어 오 인 분 상 가 위 점 철 성 금 약 지 여
是하면 則豈以二門定慧로 有先後次第二見之疑乎
시 즉 기 이 이 문 정 혜 유 선 후 차 제 이 견 지 의 호
아 願컨대 諸修道之人은 硏味此語하되 更莫狐疑하야
원 제 수 도 지 인 연 미 차 어 갱 막 호 의
自生退屈이어다 若具丈夫之志하야 求無上菩提者인댄
자 생 퇴 굴 약 구 장 부 지 지 구 무 상 보 자
捨此奚而哉리오
사 차 해 이 재

(―이어 말한다) "깨달은 사람에게는 비록 다스림의 방편은 있으나, 생각 생각에 의심이 없어 모습 있는 수행에 떨어지지 않으며,

오랜 세월 잘 지키면 자연히 천진묘성天眞妙性에 계합契合하여, 경계를 대함에 고요하고 밝으며, 생각 생각 모든 경계를 반연攀緣하되 마음마다 모든 번뇌를 영원히 끊어 자성을 여의지 않으며, 정혜定慧를 고루 닦아 위없는 깨달음을 성취하게 되면, 앞의 뛰어난 근기根機와 차별이 없는 것이다. 즉 수상문隨相門의 정혜定慧공부는 비록 점수열기漸修劣機의 수행이지만 깨달은 사람에게는 가위 쇠를 두드려 금을 만들려 하는 격이라 하겠다.

만약 이와 같이 안다면 어찌 두 문의 정혜定慧공부에 선후先後와 차제次第의 두 가지 견해가 있음을 의심하겠는가? 바라건대, 도道를 닦는 모든 사람들은 이 말의 뜻을 궁구하되 여우같은 의심으로 스스로 퇴굴심退屈心을 내어서는 안된다. 만약 기필코 위없는 깨달음을 이루겠다는 장부丈夫의 뜻을 갖춘 사람이라면 이 뜻을 버리고서 어찌 나아가겠는가?"

某解

깨침의 모든 관문설關門說은 망심妄心이 본공本空함을 마루宗로 하여 가리킨다. 깨친 이는 진심眞心이 드러나서 망심妄心이 환幻인 줄 명백明白하게 안다. 환幻은 본래 있지 아니한 것이다. 그러므로 깨친 이는 망심妄心에 속지 않는 것이다. 옛사람이 '속지 말아라'한 것이 망심妄心에 속지 말라는 뜻이다. 이런 까닭에 "깨친 이는 비록 다스림의 방편方便은 있으나, 생각 생각에 의심疑心이 없어 모습 있는 수행修行에 떨어지지 않는다."라 하는 것이다.

생각 생각에 의심疑心이 없는 까닭은 행주좌와行住坐臥에 진심眞心이 현전現前하여 진심眞心으로 행하기 때문이다. 망심妄心이 진심眞心을 가릴 수 없는 이를 깨친 이라 하는 것이다. 고로 오후悟後의 수행은 성성惺惺에 있으며, 임성수연任性隨緣하는 것이다. 임성수연任性隨緣이 모습 없는 수행修行이다.

진심眞心에 계합契合하면 곧 본래 갖춘 나의 지혜智慧가 절로 나타나고, 천진天眞한 이치가 분명하여 어둡지 않게 된다.

切莫執文하고 直須了義하야 一一歸就自己하야 契合
절막집문 직수요의 일일귀취자기 계합

本宗하면 則無師之智가 自然現前하고 天眞之理가 了
본종 즉무사지지 자연현전 천진지리 요

然不昧하야 成就慧身호대 不有他悟니라 而此妙旨가
연불매 성취혜신 불유타오 이차묘지

雖是諸人分上이나 若非夙植般若種智한 大乘根器
수시제인분상 약비숙식반야종지 대승근기

者면 不能一念而生正信하나니라 豈徒不信이리오 亦乃
자 불능일념이생정신 기도불신 역내

謗讟하야 返招無間者가 比比有之하니라 雖不信受나
방독 반초무간자 비비유지 수불신수

一經於耳하야 暫時結緣하면 其功闕德을 不可稱量이
일경어이 잠시결연 기공궐덕 불가칭량

니라 如唯心訣에 云하사대 聞而不信이라도 尙結佛種之
여유심결 운 문이불신 상결불종지

因이요 學而不成이라도 猶盖人天之福이라하시니 不失成
인 학이불성 유개인천지복 부실성

佛之正因이어다 況聞而信하고 學而成하야 守護不忘
불지정인 황문이신 학이성 수호불망

者야 其功德을 豈能度量이리오 追念過去輪廻之業컨
자 기공덕 기능도량 추념과거윤회지업

댄 不知其幾千劫을 墮黑闇入無間하야 受種種苦며
부지기기천겁 타흑암입무간 수종종고

又不知其幾何而欲求佛道호대 不逢善友하고 長劫
우 부 지 기 기 하 이 욕 구 불 도 불 봉 선 우 장 겁

沈淪하야 冥冥無覺하야 造諸惡業이런고 時惑一思에 不
침 륜 명 명 무 각 조 제 악 업 시 혹 일 사 불

覺하면 長吁로소니 其可放緩하야 再受前殃가
각 장 우 기 가 방 완 재 수 전 앙

夙: 일찍 숙 讟: 비방할 독 吁: 탄식할 우 緩: 느슨할 완

(-이어 말한다) "결코 글에 집착하지 말고 모름지기 참 이치에 올곧게 사무쳐, 일일이 자기自己를 돌이켜서 진심眞心에 계합契合하면 곧 스승의 가르침에 의한 것이 아닌 본래 지혜智慧가 절로 나타나고, 천진天眞한 이치理致가 분명하여 어둡지 않아 지혜智慧의 몸을 성취하지만, 스스로에 인因한 것일 뿐 다른 것에 인해서 깨닫는 것이 아니다. 이 묘妙한 이치理致가 비록 모든 사람에게 해당하는 것이지만, 일찍이 반야般若의 지혜智慧를 심은 대승근기大乘根機가 아니면 능히 한 생각에 바른 믿음을 내지 못할 것이다. 어찌 한갖 믿지 못할 뿐이겠는가? 또한 이를 비방하여 도리어 무간지옥無間地獄을 자초自招하는 자가 적지 않다. 비록 믿고 받아들이지는 못하더라도 한번이나마 듣고 잠시라도 연緣을 맺는다면 그 공덕을 가히 헤아릴 수 없을 것이다.

그런고로 유심결唯心訣에 '듣고 믿지 않더라도 오히려 불종佛種의 인을 맺고, 배워서 이에 계합契合하지 못하더라도 오히려 인천人天의 복福을 덮는다.'고 하였으니, 성불成佛할 바른 인因을 잃지 말아야 하는 것이다. 하물며 정법正法을 들어서 믿고, 배워서

계합하여 잊지 않고 잘 지키는 사람이라면 그 공덕을 어찌 다 헤아릴 수 있겠는가? 숙세宿世의 윤회업輪回業을 생각건대, 흑암黑暗지옥에 떨어지거나 무간無間지옥에 들어가 갖가지 고통을 받은 것이 그 몇 천겁인지 알 수 없으며, 또 불도佛道를 구하고자 하여도 눈 밝은 스승을 만나지 못해 오랜 세월 생사윤회生死輪回에 빠져 깨닫지 못하고 캄캄한 가운데 온갖 악업을 저지른 것이 그 얼마이던가! 때로 한 생각에 깨닫지 못하면 길이 탄식하게 될 것이니, 게을리 지내다가 또 다시 전과 같은 재앙災殃을 받겠는가."

某解

사교입선捨敎入禪하여 자기를 돌이켜서 진심眞心에 계합契合하면 곧 본래 갖춘 나의 지혜智慧가 절로 나타나고, 천진天眞한 이치가 분명하여 어둡지 않게 된다. 스스로의 반야般若를 깨쳐 지혜智慧를 성취하지만, 자기를 밝힌 것일 뿐, 다른 원인을 인해서 깨닫는 것이 아니다. 깨침은 자기自己를 자증自證하는 것이요, 필경에 밖에서 구할 수 있는 것이 아니다. 그러나 세속의 영리한 재사才士라도 신해문信解門을 열지 못하고 불법을 비방하는 자가 적지 않다. 한유韓愈는 불법佛法을 비방하다가 태전太顚화상을 마나 참회하였고, 정이程頤는 약간의 선리禪理를 배워 원용援用하면서도 애써 외면하여 속유俗儒의 길을 걸었으며, 소옹邵雍은 무현금無絃琴의 도리를 배워 지견知見이 열렸으나 독로獨露라 자고自高하였고, 주희朱熹는 대혜大慧의 서장書狀으로 공부했으나 견처

見處가 없어 끝내 외면하고 억설臆說을 늘어놓았다. 임희일은 경經을 배우고 궁리하여 노자해老子解를 지었으나 미혹迷惑의 말이 대부분이요, 이지李贄는 유불儒佛을 꿰어 말한다하여 여러 설을 지었으나 모습에 치우쳐 본말本末을 잃었다. 최남선은 중년에 불법을 배웠으나 종래 불해不解하고는 종년終年에 야소耶蘇에 귀의하였으니 세재世才의 견해가 허망한 것이다. 이 밖에 수많은 세재世才들이 불법을 배우다가 돌아서는 것은 신해문信解門을 열지 못했기 때문이다. 졸재拙才라도 신해문信解門을 열면 곧바로 이들을 뛰어 넘는 것이다.

수심론修心論 第36目

최상승最上乘의 깊고 깊은 법문法門을 잠시라도 믿으면, 이룰 바 공덕은 조금이라도 비할 데가 없는 것이다.

又不知誰復使我로 今値人生하야 爲萬物之靈하야 不
우부지수부사아 금치인생 위만물지령 불

昧修眞之路런고 實謂盲龜遇木이요 纖芥投針이라 其
매수진지로 실위맹구우목 섬개투침 기

爲慶行을 曷勝道哉리오 我今에 若自生退屈하고 惑生
위경행 갈승도재 아금 약자생퇴굴 혹생

懈怠하야 而恒常望後라가 須臾失命하야 退墮惡趣하면
해태 이항상망후 수유실명 퇴타악취

受諸苦痛之時에 雖欲願聞一句佛法하야 信解受持
수제고통지시 수욕원문일구불법 신해수지

하야 欲免辛酸인들 豈可復得乎리오 及到臨危하야는 悔
욕면신산 기가복득호 급도임위 회

無所益이니 願諸修道之人은 莫生放逸하고 莫着貪淫
무소익 원제수도지인 막생방일 막착탐음

하며 如久頭燃하야 不忘照顧어다 無常이 迅速하야 身如
여구두연 불망조고 무상 신속 신여

朝露하고 命若西光이라 今日雖存이나 明亦難保니 切
조로 명약서광 금일수존 명역난보 절

須在意하며 切須在意어다 且憑世間有爲之善하야도
수재의 절수재의 차빙세간유위지선

亦可免三途苦輪하야 於天上人間에 得殊勝果報하야
역가면삼도고륜 어천상인간 득수승과보

受諸快樂이어든 況此最上乘甚深法門은 暫時生信이
수제쾌락 황차최상승심심법문 잠시생신

라도 所成功德을 不可以比喩로 說其少分이니라
소성공덕 불가이비유 설기소분

纖: 작을 섬 曷: 어찌 갈 憑: 기댈 빙

(-이어 말한다) "또 누가 다시 나로 하여금 이제 사람의 몸을 받아 만물萬物의 영장靈長이 되게 하여 도道 닦는 길에 어둡지 않게 할지 알 수가 없다. 실로 눈 먼 거북이가 망망대해에서 나무토막을 만난 격이요, 하늘에서 바늘을 던져 땅위의 겨자씨를 뚫는 것과 같으니, 그 다행함을 어찌 말로 다 할 수 있으랴! 내가 이제 만약 스스로 물러나거나 나태하여 늘 뒤로 미루기만 하다가, 잠깐 사이에 목숨을 잃고 악취惡趣에 떨어지면, 온갖 고통을 받을 때에 비록 한 구절의 불법佛法이라도 들어서 신해信解수지하여 고통을 면해 보고자 한들 어찌 다시 벗어날 수가 있겠는가! 위태로운데 이르러서는 뉘우쳐도 소용이 없나니, 원컨대 도道닦는 이들은 방일放逸하지 말고 탐욕貪欲과 음욕淫欲에 집착하지 말며, 마치 머리에 불이 붙은 듯 잊지 말고 참 마음을 반조返照하라. 덧없는 세월은 신속迅速하여, 몸은 아침이슬 같고 목숨은 지는 해와 같다. 오늘 비록 살아있다 하나, 내일을 기약하기 어려우니 간절히 새기고 또 새겨야 한다. 또 세간世間의 유위선有爲善에 의지해도 삼악도三惡道의 고苦를 면할 뿐만 아니라 천상天上과 인간의 수승한 과보果報를 얻어 모든 쾌락을 받는데, 하물며 이 최상승最上乘의 깊고 깊은 법문法問을 잠시라도 믿으면 이룰 바 공덕은 가히 조금이라도 비할 데가 없는 것이다."

▮ 某解

최상승最上乘의 무위법문無爲法問을 잠시라도 듣고 믿는 공덕功德은 세상의 무엇과도 비교할 수 없다. 누가 있어 세상世上과 정념情念이 그림자 같고 환幻 같은 줄 일러 주며, 그 가운데 그대의 진심眞心이 청정淸淨하여 불멸의 광명光明을 나투는 것을 가리키고 보여주겠는가?

한 생각 깨끗한 마음은 정각正覺을 이룬다.

如經에 云하사대 若人이 以三千大千世界七寶로 布施

여경 운 약인 이삼천대천세계칠보 포시

供養爾所世界衆生하야 皆得充滿하며 又敎化爾所

공양이소세계중생 개득충만 우교화이소

世界一切衆生하야 令得四果하면 其功德이 無量無邊

세계일체중생 영득사과 기공덕 무량무변

이나 不如一食頃에 正思此法하야 所獲功德이라하시니

불여일식경 정사차법 소획공덕

是知我此法門이 最尊最貴하야 於諸功德에 比況不

시지아차법문 최존최귀 어제공덕 비황불

及이로다 故로 經에 云하사대 一念淨心이 是道場이라 勝

급 고 경 운 일념정심 시도량 승

造恒沙七寶塔이로다 寶塔은 畢竟碎爲塵이어니와 一念

조항사칠보탑 보탑 필경쇄위진 일념

淨心은 成正覺이라하시니 願諸修道之人은 研味此語하

정심 성정각 원제수도지인 연미차어

야 切須在意어다 此身을 不向今生度하면 更待何生度

절수재의 차신 불향금생도 갱대하생도

此身이리오 今若不修하면 萬劫差違요 今若强修하면 難

차신 금약불수 만겁차위 금약강수 난

修之行이라도 漸得不難하야 功行이 自進하리라 嗟夫라

수지행 점득불난 공행 자진 차부

今時人이 飢逢王饍호대 不知下口하고 病遇醫王호대

금시인 기봉왕선 부지하구 병우의왕

不知服藥하니 不曰如之何如之何者는 吾末如之何

부지복약 불왈여지하여지하자 오말여지하

也已矣로라 且世間有爲之事는 其狀을 可見이며 其功
야 이 의 차 세 간 유 위 지 사 기 상 가 견 기 공

을 可驗일새 人得一事라도 歎其稀有어니와 我此心宗은
가 험 인 득 일 사 탄 기 희 유 아 차 심 종

無形可觀이며 無狀可見하니 言語道斷하고 心行處滅
무 형 가 관 무 상 가 견 언 어 도 단 심 행 처 멸

이니라 故로 天魔外道가 毁謗無門이요 釋梵諸天이 稱
고 천 마 외 도 훼 방 무 문 석 범 제 천 칭

讚不及이어든 況凡夫淺識之流가 其能髣髴이리오
찬 불 급 황 범 부 천 식 지 류 기 능 방 불

饍 : 반찬 선　髣髴방불 : 비슷하게

(—이어 말한다) 경經에 이르기를 "만일 어떤 사람이 삼천대천세계三千大天世界의 칠보七寶로써 그 세계의 중생에게 보시하고 공양하여 다 만족하게 하고, 또 그 세계의 중생을 교화하여 사과四果를 얻게 한다면 그 공덕이 한량없고 끝이 없을 것이다. 그러나 밥 한 그릇 먹는 짧은 시간이라도 이 법을 바르게 생각하여 얻는 공덕만 같지 못하다."하시니, 그러므로 이 법문法問이 그 어떤 공덕功德보다 가장 높고 귀하여 견줄 수 없다는 것을 알아야 한다.

그러므로 경經에 이르되 "한 생각 깨끗한 마음이 곧 도량이니 항사수의 칠보탑을 짓는 것보다 뛰어나다. 보배탑은 결국 부숴져 먼지가 되지만, 한 생각 깨끗한 마음은 정각正覺을 이룬다."고 하시니, 원컨대 도道를 닦는 모든 사람들은 이 말씀을 궁구窮究하여 간절히 새기길 바란다. 이 몸을 금생今生에 제도濟度하지 못하면, 다시 어느 생을 기다려 제도할 것인가. 이제 만일 닦지 않으면

만겁萬劫토록 어긋날 것이요, 이제라도 만일 힘써 닦으면 닦기 어려운 수행修行이라도 점차 어렵지 않게 되어 수행의 공덕이 절로 나아질 것이다. 안타깝게도 요즘 사람들은 주린 몸으로 진수성찬을 만나고도 먹을 줄 모르고, 병든 몸으로 의왕醫王을 만나고도 주는 약조차 먹을 줄 모르니, 어찌 해야 할 지 걱정조차 하지 않는 자는 나도 어쩔 수 없을 뿐이다. 또 세간의 유위사有爲事는 그 상태를 볼 수 있고 그 공과를 증거할 수도 있기에 어떤 사람이 한 가지 일만 성취해도 그 희유함을 찬탄하지만, 나의 이 진심眞心은 모습으로 가히 볼 수 없으며 어떤 상태인지 가히 알 수 없으므로 언어로 말할 수 없고 마음으로 헤아릴 수도 없다. 그러므로 천마天魔와 외도外道가 훼방하려 해도 방법이 없고, 제석천帝釋天과 범천梵天의 모든 하늘들이 칭찬하려 해도 할 수가 없다. 하물며 범부의 천박한 지식으로 어찌 짐작조차 할 수 있겠는가?

■ 某解

"한 생각 깨끗한 마음[淨心]은 정각正覺을 이룬다."고 한다. 일념정심一念淨心이 무슨 뜻이기에 수많은 법문이 일념정심一念淨心으로 귀결되는 것인가? 범부는 갖가지 정습情習의 기억記憶과 관찰觀察을 통해 사유思惟하여 판단判斷한다. 그 판단으로 가치관을 세우고 인생을 꾸려가는 것이다.

그 판단에는 해맑은 통찰력洞察力이 없다. 오직 정습情習의 때와 허물에 가려져 굴러가기에 미혹迷惑한 것이다. 정심淨心이란 정습情習의 때와 허물이 없는 마음이므로 진심眞心을 의미한다. 진심眞心에 거처하고자하는가? 다만 망심妄心을 쉬면 진심眞心이 나타나는 것이다.

나의 이 진심眞心은 모습으로 볼 수 없으며, 그 내용을 알 수 없으므로 언어言語로 닿을 수 없고 생각으로 헤아릴 수도 없다. 다만 망심妄心을 쉬어 자증自證으로 확인할 수 있을 따름이다. 어찌 범부의 천박淺薄한 지식知識으로 헤아림이 가능하겠는가?

수심론修心論 第38目

반야般若의 법문法問에 능히 신심信心을 내는 이는 한량없는 부처님 처소에서 모든 선근善根을 심은 사람이다.

悲夫라 井蛙가 焉知滄海之闊이며 野干이 何能獅子
비부 정와 언지창해지활 야간 하능사자

之吼리오 故知末法世中에 聞此法問하고 生稀有想하
지후 고지말법세중 문차법문 생희유상

야 信解受持者는 已於無量劫中에 勝事諸聖하고 植
신해수지자 이어무량겁중 승사제성 식

諸善根하야 深結般若正因한 最上根性也로다 故로 金
제선근 심결반야정인 최상근성야 고 금

剛經에 云하사대 於此章句에 能生信心者는 當知是人
강경 운 어차장구 능생신심자 당지시인

은 已於無量佛所에 種諸善根이라하시고 又云하사대 爲
기어무량불소 종제선근 우운 위

發大乘者說이며 爲發最上乘者說이라하시니라
발대승자설 위발최상승자설

髣: 비슷할 방 髴: 비슷할 불 蛙: 개구리 와 闊: 넓을 활

(-이어 말한다) 애석하다! 우물 안 개구리가 어찌 창해滄海의 넓음을 알며, 여우가 어찌 사자獅子의 포효咆哮를 하리오. 그러므로 말법末法 세상에 이 법문法問을 듣고 희유希有하다는 생각을 내어 신해수지信解受持하는 사람은 이미 한량없는 겁劫 동안에 모든 성인聖人을 받들어 섬기고, 온갖 선근善根을 심어, 반야般若의 정인正因을 깊이 맺은 뛰어난 근기根機임을 알아야 한다.

그러므로 금강경金剛經에 이르되 "이 법문法門에 능히 신심信心을 내는 사람은 마땅히 한량없는 부처님 처소處所에서 모든 선근善根을 심은 사람이니라."고 하였으며 또 이르셨다. "대승大乘을 일으킨 이를 위해 설說하며, 최상승最上乘을 일으킨 이를 위해 설說한다."

▮ 某解

범부가 반야般若의 설說을 듣고, 반야般若를 신해信解하여 반야般若의 정인正因을 깊이 맺었다면 이는 이미 뛰어난 근기根機요, 최상승最上乘을 일으킨 사람이다.

그러므로 금강경金剛經에 이르되 "이 법문法門에 능히 신심信心을 내는 사람은 마땅히 한량없는 부처님 처소處所에서 모든 선근善根을 심은 사람이니라."고 하였던 것이다.

오늘 반야般若를 배워 증득證得하여, 내일 반야般若를 행하며, 다음 세월에 반야般若를 후배後輩에게 설說하여 넓히는 이가 그대가 아니고 누구이겠는가? 뒷세상의 드밝은 설자說者가 바로 그대인 것이다.

지금 닦지 않는다면, 비록 숙세宿世의 선근이라 하더라도 곧 끊어져서 오래도록 어렵게 되고 점점 멀어질 것이다.

願諸求道之人은 莫生怯弱하고 須發勇猛之心이니라
원제구도지인 막생겁약 수발용맹지심

宿劫善因을 未可知也니라 若不信殊勝하고 甘爲下劣
숙겁선인 미가지야 약불신수승 감위하열

하야 生艱阻之想하야 今不修之하면 則縱有宿世善根
생간조지상 금불수지 즉종유숙세선근

이라도 今斷之故로 彌在其難하야 展轉遠矣니라 今旣到
금단지고 미재기난 전전원의 금기도

寶所라 不可空手而還이니라 一失人身하면 萬劫難復
보소 불가공수이환 일실인신 만겁난복

이니 請須信之어다 豈有之者가 知其寶所하고 反不求
청수신지 기유지자 지기보소 반불구

之하야 長怨孤貧이리오 若欲獲寶인댄 放下皮囊하라
지 장원고빈 약욕획보 방하피낭

怯: 겁낼 겁 阻: 험할 조 縱: 놓을 종 彌: 오랠 미

(—이어 말한다) 원컨대 도道를 구하는 모든 사람들은 겁내거나 약한 마음을 내지 말고, 모름지기 용맹심勇猛心을 내야 한다. 오랜 겁劫 동안 쌓은 선인善因을 알 수 없는 것이다. 만약 정법正法을 만난 이 인연이 수승함을 믿지 않고 스스로 하열下劣하다고 여겨서 어렵다는 생각으로 지금 닦지 않는다면, 비록 숙세宿世의 선근善根이라 하더라도 곧바로 끊어져서 오래도록 어렵게 되고

점점 멀어질 것이다. 이제 이미 보배 있는 곳에 이르렀으니 빈손으로 돌아가지 말라. 한번 사람 몸을 잃으면 만겁萬劫토록 돌이키기 어려우니 부디 신중愼重하라. 어찌 지혜로운 사람이 보배 있는 곳을 알고도 구하지 않아서 오래도록 외롭고 가난한 것만 원망하겠는가? 보배를 얻으려면 가죽 주머니인 육신肉身을 놓아 버려야 하니라.

某解

모든 불佛과 보살菩薩들이 범부가 자기自己의 진심眞心을 밝혀야하는 까닭을 설하고, 공부의 방법을 자세히 보이며, 본래의 내가 부처와 다르지 아니하다는 가르침을 간곡히 전하는 연유가 무엇이겠는가? 사람사람이 오직 깨끗한 본심本心을 밝혀 육도六度에 윤회輪回하는 고달픔을 끊어주기 위해서인 것이다. 당금에 지눌知訥스님의 목소리가 귓전을 울리지 않는가? 정법正法을 믿지 않고 스스로 열등하다고 여기며, 불법이 어렵다고 생각하여 닦음을 미룬다면, 오래도록 어렵고 어렵게 되어 점점 정법正法과 멀어지고 세욕世欲의 정념情念을 짊어지고 갖은 고초를 겪게 될 것이다.

만약 도道를 구하려면 자기를 낮추어 두려워말고, 큰 용기를 내어 자기自己의 진심眞心을 밝히는데 힘을 다해야 한다. 공부길에 나선 이는 신장神將이 외호外護하나니, 다세多世에 쌓은 선인善因을 믿고 공부의 마음을 내면 이미 보성寶城앞에 닿은 것이요,

세상과 몸을 잊으면 문門을 연 것이요, 망심妄心을 쉬고 쉬어 선정禪定에 젖으면 가까운 것이 불법佛法이다. 이같이 알고도 구하지 않음은 누구의 허물이겠는가? - 休歇

普照知訥 著

著者 – 노치허盧菑虛.

號 : 菑虛, 愚虛, 町碧子.

拙跡 – 避世陋居, 片農. 無學.
檀紀4282년 蘆谷紫巖生.

著書 – 선객禪客 (학자원)
육경촬요六經撮要 (학자원)
선객 소동파禪客 蘇東坡 (명문당)
장자직해莊子直解 (학자원)
누가 莊子의 無何有에 逍遙하는가? (학자원)
三先生 方外詩 (학자원)
禪理로 읽는 菜根130目(학자원)

노자직해老子直解 (학자원) 未刊.
노자쇄관老子瑣觀 (학자원) 未刊.
반야심경칠가해般若心經七家解 未刊.
술몽쇄언述夢鎖言 (학자원) 未刊.

선심사가론

2019년 1월 25일 초판 1쇄 발행

저　자 : 노치허
발행인 : 김병환
발행처 : 학자원
주　소 : 서울 강동구 천호대로 1121
전　화 : 02) 6403-1000
팩　스 : 02) 6338-1001
E-mail : hakjaone@daum.net
등　록 : 2011년 3월 24일 제2011-14호

ISBN 979-11-6247-082-4 03820
값 25,000원

잘못된 책은 교환 가능하며 구입 서점이나 본사로 연락주세요.